KAROI

Erich Dauzenroth

Janusz Korczak

Erfahrungen und Begegnungen

Herausgegeben von Michael Kirchner

ISBN-13
978-3-925863-22-6
ISBN-10
3-925863-22-2

Bibliografische Information der Deutschen Nationalbibliothek
Die Deutsche Nationalbibliothek verzeichnet diese Publikation in der Deutschen Nationalbibliografie; detaillierte bibliografische Daten sind im Internet über http://dnb.d-nb.de abrufbar.

Printed in Germany

Herausgeber: Michael Kirchner
Textzusammenstellung: Michael Kirchner
Umschlaggestaltung: Helga Zumholte
Gesamtherstellung: Reinhard Bornemann

Inhaltsverzeichnis

Vorwort

In dem Bestseller *Ein Leben für Kinder*[1] hat der Gießener Erziehungswissenschaftler Erich Dauzenroth (1931–2004) auf bewegende Weise sowohl das Leben als auch das Werk des polnisch-jüdischen Schriftstellers, Kinderarztes und Pädagogen Janusz Korczak vergegenwärtigt. Dies „GTB-Bändchen“ (E.D.) macht viele hundert anderer Textseiten zu Korczak überflüssig, ist also ein wirkliches „opus magnum“[2] und gehört inzwischen zur „Pflichtlektüre“ für jeden, der sich mit Janusz Korczak beschäftigt.

Die im vorliegenden Band vereinten Aufsätze, Reden, Glossen und Gedichte stammen aus den Jahren 1972 – 2004 und geben umfassende Einblicke in die „Werkstatt“ Erich Dauzenroths. Die eine oder andere Kostbarkeit aus dem GTB-Buch wird hier, dem aufmerksamen Leser wird das nicht entgehen, im Laufe der Jahre „geschliffen“ mit dem klaren Blick für das Wesentliche und in überzeugend einfacher Sprache.

Aus einer Fülle von mehr als 150 Zeitschriftenartikeln, fertigen Manuskripten und Textentwürfen wurde eine Sammlung zusammengestellt, in der sich die enorme Vielfalt der von Erich Dauzenroth geleisteten Korczak-Arbeit widerspiegelt. Wir finden hier kritische (historische und philologische) Aufsätze zu Detailfragen neben ausgesprochen ausgreifenden Hinweisen auf die polnische Literatur und Geschichte, vor allem aber werden uns in Erfahrung gereifte Ermutigungen für den pädagogischen „Alltag“ und Visionen eines grenzüberschreitenden Miteinander der Menschen geschenkt.

Soweit möglich, sollten bei der Auswahl der Texte Wiederholungen und Überschneidungen vermieden werden. Es mussten daher einige Arbeiten gekürzt werden.

Das vorliegende Material versteht sich im Verhältnis zum präzise und knapp formulierten GTB-Buch als erläuternder Kommentar. Zur Sprache kommen:

---

[1] Dauzenroth, E.: Ein Leben für Kinder. Janusz Korczak. Leben und Werk. Gütersloh 1981. (5. völlig neu bearbeitete Auflage.) Gütersloh 2002.

[2] Inzwischen liegt „Ein Leben für Kinder“ auch in einer polnischen Übersetzung vor: Dauzenroth, E.: Janusz Korczak. Życie dla dziecki. Kraków 2005,

– das Leben Korczaks,
– die Interpretation und Rezeption seines Werks,
– die Verständigungs- und Versöhnungsarbeit sowie die
– Freundschaften im Geiste Janusz Korczaks.

Herzensanliegen von Erich Dauzenroth war es, über seine im wahrsten Sinne grund-legende Korczak-Forschung hinaus, in Wort und Tat Versöhnungsarbeit im Geiste des „Alten Doktor aus der Krochmalna“ zu leisten. Dies vor allem im „brennenden Dreieck“[1]: Israel – Polen – Deutschland.

Als für sich selbst und für seine Freunde maß-gebenden Ehrentitel Janusz Korczaks empfahl er immer wieder: „pons inter nationes“ (Brücke zwischen den Nationen). Erich Dauzenroth hat solche Brücken nicht nur entworfen und gebaut, sondern er hat sie auch immer wieder betreten und ist über Grenzen und Gräben hinweg auf „den Anderen“ zugegangen – mit freiem Geist, offenem Herzen, ausgestreckten Armen und – mit gefüllten Jackett- oder Hosentaschen.

Bevor ich dieses kleine „Korczak-Dauzenroth-Kompendium“ nun endgültig dem werten Leser übergebe, möchte ich mich bei Frau Johanna Dauzenroth und ihrer Familie für die großzügige Bereitstellung des gesamten Nachlasses bedanken. Die umfangreiche „Sammlung Dauzenroth“ wird künftig im „Collegium Polonicum“ der Europa-Universität Viadrina in Frankfurt (Oder) / Słubice zugängig sein.

Besonderer Dank gebührt auch Frau Evita Wiecki für das kritische Korrektur-Lesen (nicht nur der „Polonica“).

Möge diese aus Anlass des 75. Geburtstags von Erich Dauzenroth zusammengestellte Text-Sammlung die Erinnerungen an einen großen Korczak-Forscher, einen Botschafter des Friedens und nicht zuletzt an ein „Genie der Freundschaft“ auffrischen und zum Weiterwirken im Geiste Korczaks „verleiten“ und ermutigen.

Harsewinkel, August 2006 Michael Kirchner

[1] Prof. Henri Wermus (Prof. der Mathematik und Psychologie) prägte diesen tiefsinnigen Terminus. Vgl. Fußnote S. 123.

Janusz Korczak

geboren in Warschau,
ermordet in Treblinka,
Arzt,
Schriftsteller,
Erzieher,
Jude,
Pole,
für das Kind,
kein Professor,
kein Lehrstuhl für Erziehungswissenschaft,
keine Lehrkanzel für Reden über...,
zuständig für:
zerschlagene Fensterscheiben,
zerrissene Handtücher,
schmerzende Zähne,
erfrorene Finger,
für das Gerstenkorn im Auge,
den verlorenen Schlüssel,
den Streit an der Schaukel,
das gestohlene Buch,
die Kartoffeln,
das Brot,
für Tränen,
für Lachen,
für Schlaf.
Zuständig für
Aaron Najmajster,
Shimon Jakubowicz,
Róża Weinthal, Staschek Kowalski
und andere.
Der Mann ist geboren vor 100 Jahren, 1878,
am 22. Juli

(In: Arnolshainer-Texte Bd. 2/1981)

Janusz Korczak

Die internationale Literatur hat Janusz Korczak mit ehrenvollen Dekorationen überschüttet:

Pionier einer zeitgemäßen Erziehung
Der gute Mensch aus der Krochmalna
Vater fremder Kinder
Anwalt der Kinder
Lehrer von Warschau und Treblinka
Champion of children
König der Kinder
Erster Präsident der Kinderrepublik
Der polnische Pestalozzi
Der Pestalozzi aus Warschau
Der König ohne Glück
Symbol der Moral und der Religion für die Welt von heute
Europäische Botschaft für das Jahrhundert
"pons inter nationes" (J. Bogusz)[1]
Der traurige Menschenfreund
Einstein der Pädagogik
Bleibender Mythos
Arztpädagoge des Herzens und der Vernunft
Der Zauberer
Pädagoge der Realität und des Traumes
Verkannter Pädagoge
Treuhänder der Hoffnung
St. Martin der Kinder
Der 15. Nothelfer
Der gute Hirt
Der Heilige ohne Aureole
Der heilige Janusz von Treblinka

---

[1] Józef Bogusz (1904 – 1993), international anerkannter Krakauer Chirurg, Mitglied wissenschaftlicher Akademien und Senior der „Internationalen Janusz-Korczak-Gesellschaft. Vgl. hierzu S. 167.

Dies alles sind Rahmen, „die einsperren, was sich für den Käfig nicht eignet“, wie es mein alter Freund, der Poet Jan Twardowski[1] einmal gesagt hat. Daher vielleicht „nur“ dieser eine Ehrentitel: „Vater fremder Kinder“.

Korczak war Vater für:
Alinka Gerberbaum, Heniuś Edelsburg, Madzia Markuze, Hanna Frydmanówna, Jadwiga Sieradzka, Henio Justman, Oleś Wertheim, Róża Gutmanówna, Mietek Wolfowicz, Jerzy Ellenband, Zosia Rówińska, Samuel Bornstein, Leon Zalkind, Irenka Guterman, Wandzia Weinsztok, Bolek Lebendiger, Hala Brylant, Janek Ehrenreich, Itka Wiśniewska, Manfred Jakobson, Bella Frank, Pola Miller, Józio Lipski, Basia Cymerman, Felek Chabański, Aleksander Goldberg, Natan Lewartowski, Marek Szapiro, Lolek Hildebrand, Anna Brettówna, Janek Hamburger, Lutek Rajzman, Emanuel Seidenman, Ruta Bugajska, Liza Lewin, Boluś Jonas, Kuba Traub.
Damals auch zuständig für meine in Israel noch lebenden Freunde:
Abramek Hurman, Szlamek Nadel, Yitzhak Belfer...
Und noch viele andere Abrameks und Franeks, Julians und Szlameks, Wandas, Hindas, Basias, Elżunias aus Warschau, aus Piotrków, Kielce, Łódź und anderswoher authentische Namen, die Sie gehört haben. Sie sind uns aus Korczaks Zeitschrift „von Kindern für Kinder", der *Kleinen Rundschau*, erhalten.
Und hier noch ein Katalog aus der Psychologie des „ersten Eindrucks“, aufgelesen, aufgesammelt aus den Schriften von Direktor Korczak:
Sonderlinge, Rappelköpfe, Frechdachse, Clowns, Übeltäter, Krawallmacher, Lebhafte, Schwätzer, Lümmel Wildfänge, Rohlinge, Waschlappen, Lausejungen, Halunken, Dummköpfe, Strolche, Kriminelle, Ordentliche, Hilflose, Dummerjahne, Schnösel, Diebe, Verschlossene, Radaubrüder, Schwindler, Schauspieler, Possenreißer, Gerüchtemacher, Anschwärzer, Leichtsinnige, Unausgeglichene, Muttersöhnchen, Zierpüppchen, Schmarotzer, Wuchertypen, Mürrische, Aufbegehrende, Spaßvögel, Karikaturisten, Witzbolde, Hampelmänner, Grünschnäbel, Habichte, Verlassene, Störenfriede, kleine Stricke,

[1] Jan Twardowski (1915-2006), kath. Priester, bekannter polnischer Dichter. E.D. hat ihn während jedes Aufenthaltes in Warschau aufgesucht. Vgl. das Gedicht Jan Twardowski gewidmete „Wanderer“ auf Seite 163.

Trotzköpfe, Stille, Hilflose, In-sieh-Gekehrte, Aktive, Selbständige, Friedfertige, Räuber, Schwache, Passive, Vernachlässigte, Ausgenutzte, Verwahrloste, Mißhandelte, Ehrgeizige, Unbequeme, Verdrossene, Mißtrauische, Schmutzige, Leichtsinnige, Poeten, Philosophen, Primusse, Knirpse, Raufbolde, Heulsusen, Luftikusse, Irrwische, Faulpelze, Heuchler, Denunzianten, Speichellecker, Disziplinlose, Ruhige, Abwägende, Stille Wässerchen, Krakeeler, Vorsichtige, Disponible, Naseweise, Schreihälse, Beleidigte, Vorlaute, Schandmäuler, Grobiane, Schweinigel, Schmollende, Eigenbrötler, Mimosen.

Mit der in Polen, Deutschland und Israel parallel herausgegebenen literarischen, journalistischen und wissenschaftlichen Hinterlassenschaft Korczaks rd. 10.000 Seiten in 16 voluminösen Bänden, beginnt die Eroberung Korczaks durch die Wissenschaft. Es entstehen Arbeiten an den Universitäten, wissenschaftliche Zeitschriften veröffentlichen Abhandlungen wie: Korczak und Kant, Korczak und Nietzsche, Korczak und Freud, Korczak und Adler. Angemessener wäre: Korczak und Cechov, Korczak und Prus, Korczak und Asnyk, Korczak und Tetmajer, Korczak und das „Junge Polen“.
Diese und ähnliche Aufsätze mögen akademisch wertvoll, lesenswert – vielleicht sogar lesbar sein – sie können aber auch, und das ist meine Sorge – die eigentliche Botschaft: „ein Lebenszeugnis für die Menschenrechte“ verfehlen. Muß man denn das alles wissen: dieses Korczak und Kant, dieses Korczak und Nietzsche, Freud und Adler? Nein!
Ich will meinen hessischen Landsmann Goethe, den der ganz junge Korczak in der satirischen Wochenschrift *Kolce* (Stacheln) „einen der ganz großen Toten des feindlichen Lagers" genannt hat, zitieren: „Habt doch einfach die Courage, euch den Eindrücken hinzugeben, euch ergötzen zu lassen, euch rühren zu lassen, euch erheben zu lassen". Ich füge noch das Wort „erschüttern" hinzu. Und ich zitiere noch einen großen Frankfurter, eigentlich einen „Lodscher Mensz“, meinen Freund Karl Dedecius:[1] „Korczaks Werk will nicht ausgeklügelt gedeutelt werden, es will, daß wir es mit allen Sinnen empfangen. Dann führt es weiter und gibt etwas von seiner Kraft ab – auch uns, die wir ohne oder

[1] Vgl. hierzu S. 177.

jenseits seiner Erfahrung leben..." Bei der Beherzigung dieser Frankfurter Mahnungen läßt sich Korczak aus der wissenschaftlichen Umschlingung, aus Rhetorik und Phrase (die imposante Bildung vortäuschen), die den Autor nur von der Seite und nicht von Angesicht zu Angesicht ansehen, befreien. Die liebenswerte Warschauerin Maria Bronikowska schrieb das Gedicht *O tobie* (*Über Dich*). Ich lese es in der Übertragung von Karl Dedecius:[1]

Die Wahrheit

Die Wahrheit ist in uns,
wenn wir sie suchen,
ihr dienen – die Treue halten.
Die Wahrheit können wir töten,
fälschen, für immer verraten.
Sie ist der Stern der Unendlichkeit,
dem wir uns nähern
und den wir erreichen
im Augenblick des Todes.

Wunderbare Zeilen der Annäherung an Korczak – nicht nur Poesie, inzwischen ein notwendiges Gebet, das aller Korczak-Disputation vorausgeschickt werden muß, immer flehentlicher, denn, wie schon gesagt, über das Korczak-Vermächtnis – und jetzt eine Formulierung Korczaks: „grübeln hundert stumpfsinnige Professoren" – zählen die Meßknechte und Buchhalter aus...
(Ein Beispiel für das, was ich meine: Der Schriftsteller Horst Bienek wurde von einem englischen Doktoranden gefragt, warum die Frauen in seinem Werk immer grüne Hüte tragen. Bienek wusste das gar nicht. Leute mit solchen Fragen könnten Korczak um Antwort bitten, warum in seinen Texten die Kinder feiner Leute immer gelbe Schuhe tragen.)
Korczak war nach eigenem Eingeständnis, Urteile aus seiner Umgebung bestätigen das, von „heftiger Gemütsart": „Weder olympische Ruhe, noch philosophischer Gleichmut sind mein Teil. Das ist nicht gut. Aber was soll ich machen? So ist es nun einmal..."

---

[1] In: Korczak, J.: Das Kind lieben. Polnische Bibliothek. Frankfurt a.M. 1984, S. 268.

Korczak sah früh menschliches Elend, Niedrigkeit, Erniedrigung und Verkommenheit – schon als Schüler und Student, wenn er sich in der Warschauer Altstadt herumtrieb, die Elendsquartiere kennen lernte, die Kellerlöcher der Lastenträger, der *Wasserträger Gottes* (mit Manes Sperber[1] gesagt), die Höfe der Nalewki-Straße, der Nowolipie im Warschau ohne Sonne.

Korczak wußte, was das „Hotel Europa“ ist: ein Kanal, das „Hotel Röhre“: eine Behausung unter der Agrikola-Allee, das „Karpaten-Hotel“: Kellerlöcher in der Aleje Ujazdowskie hinter dem „Kindlein-Jesu-Spital“. Dreiundzwanzigjährig veröffentlichte er in der Monatsschrift des *Polnischen Kuriers* seine Reportage *Warschauer Elend* – wahrscheinlich angeregt durch die Milieuskizzen des Priesters Włodzimierz Kirchner[2] *Der Kampf mit dem Elend in Bałuty* (1901), jenem verkommenen Stadtteil im *Gelobten Land* (Reymond[3]), in Łódź, der Vielvölkerstadt.

Im gleichen Jahr erscheint Korczaks Buch – ich scheue mich, von Roman zu sprechen – *Kinder der Straße,*[4] die Geschichte von Antek und Mańka, mit allen Elementen der Rührseligkeit und einem Happy End. Kein Ruhmesblatt der Literatur – aber die Genrebilder!

Die Erzählung wird zur Reportage aus den Weichselquartieren, aus Solec und Powiśle, aus Buchten und abgetakelten Weichselkähnen – authentische Kapitel zur Geschichte der Armut, der Ausschweifung, des moralischen Elends. Hier begegnet der junge Henryk Goldszmit Kindern, die den Begriff „Morgen“ nicht kennen, Kindern, die gereift in einem vergifteten Milieu, verurteilt, in der Fäulnis – oder mit dem Titel eines berühmten Romans von Wacław Berent[5] gesagt: im *Moder* zugrunde zu gehen. In diesem literarischen Erstling Korczaks steht dieser Satz: „Es gibt Kinder, bei deren Geburt die Engel die Hände über den Köpfen zusammenschlagen und der Herrgott Tränen in den Augen hat. Finsternis hüllt diese Waisen ein. Sie ziehen alles Leid dieser Welt auf sich; ihr Name ist Legion...“. (Ein von Korczak-Autoren noch nicht strapazierter Satz!)

---

[1] Sperber, M.: Die Wasserträger Gottes. Wien 1974.

[2] Kirchner, W. (1875 – 1970): Priester, Maler, Photograph.

[3] Reymont, W. St. (1867 – 1925), polnischer Nobelpreisträger (1924).

[4] Nahezu zeitgleich erscheint Heinrich Zilles Album „Kinder der Straße“ (1908).

[5] Berent, W. (1873 – 1940): Próchno. Warszawa 1903. dt. unter dem Titel „Moder oder Edelfäule“. Berlin 1908 und unter dem Titel „Pestilenz“, Leipzig / Weimar 1986.

Die Erstbegegnung mit dem Milieu, seinen Schicksalen, die Begegnung mit den „Pflastertypen", mit der „Andruseria" – aber auch mit der Aristokratie der Straße und ihrer Sprache und Poesie reicht, wie schon gesagt, in Goldszmits / Korczaks Schüler- und Studienzeit zurück. Wie oft ist er als Kind, als Schüler, als Student am Haus Nummer 62 in der Warschauer Prachtstraße Krakowskie Przedmieście, dem Haus der „Warschauer Wohltätigkeitsgesellschaft" vorbeigegangen, auf dem Sims des Gebäudes in klassischen Lettern die Inschrift: „res sacra miser"- ein Wort von Seneca: „Das Elend oder Der Elende ist eine heilige Angelegenheit." Unter Lateinern müsste man eine Übersetzungsdiskussion eröffnen, ob es nicht heißt: „Der Elende ist eine Sache" oder wie der Schriftsteller Marian Gawalewicz ironisiert: „miserable Wohltätigkeit".
Der Gymnasiallehrer Siegfried Steiger aus Günzburg stellt seinem Gedankenzyklus „Inmitten weiter Ferne – Janusz Korczaks Weg ins Licht"[1] ein Wort aus Exodus 3,7- 8 voraus: „Ich habe das Elend meines Volkes gesehen... Ich bin herabgestiegen, um es aus jenem Land herauszuführen..." – ich glaube: hier wird Korczak richtig verstanden.
Im Jahre 1896 debutierte Goldszmit / Korczak unter dem Signum „Henryk" mit einer Humoreske unter dem symbollastigen Titel *Der Gordische Knoten.*[2] Alexander der Große hat bekanntlich den kunstvollen Knoten des Gordios, der Joch und Deichsel seines Ochsenwagens fest umspann, mit dem Schwert durchschlagen. Hen.Ryk. versuchte sich als knotenlösender Jüngling, versuchte mit dem „Wort" als Journalist, als Literat, Umschlingungen, Verknotungen („Verknotigungen" heißt es im Lied „Ännchen von Tharau") zu lösen. In rund 100 polnischen Zeitungen und Zeitschriften unterschiedlicher Coleur meldete er sich im Laufe der Jahre zu Wort, anklagend und mahnend, ungeduldig, eiferte mit Humoresken und Satiren, Geschichten und Erzählungen, mit Belehrungen und Betrachtungen, auch mit *Albernem Zeug* (so der Titel eines Buches von 1905), mit Essays und wissenschaftlichen Abhandlungen und 24 selbständigen Büchern für Würde, Achtung, Menschenrecht.
1906 schrieb er in seinem autobiographisch satten Roman *Kind des Salon*: „Ich spüre, wie sich in mir unbekannte Kräfte sammeln, die mir

---

[1] Steiger, S., Günzburg 1994.
[2] Korczak, J.: Sämtliche Werke. Bd. 2. Gütersloh 2002, S. 17f.

die Erleuchtung bringen, – und das Licht, das mich bis zum letzten Augenblick begleiten wird...“

Der Arzt Henryk Goldszmit wird zum Erzieher Janusz Korczak, 1911 übernimmt er das Haus der Waisen in der Warschauer Krochmalna 92, in einer Straße, die durch Isaak Bashevis Singer[1] zu einem literarischen Topos, durch Korczak zu einem pädagogischen geworden ist.
Die Straße von Moshe Blecher, Todros Bendiner, Jenta Flederbaum, Lejzor Przepiórko und Reb Ascher, dem Milchmann, erhielt 1911 einen Palast, „das weiße Haus“ in der Krochmalna im grauen Warschau. Die übelbeleumundete Straße – man lese die Erzählung *Max der Schlawiner* (eigentlich shojm = Abschaum) – wurde nun Adresse eines schöpferischen Labors, geleitet von einem „Mann des einsamen Weges“ (so hat sich Janusz Korczak selbst begriffen).
Von Anfang an schwebte ihm so etwas vor wie eine Kinderrepublik, deren Strukturen in einer demokratisch verfaßten Erwachsenengesellschaft vorgegeben waren. Eine gemäße Form von Dreiteilung der Gewalten, ergänzt durch die vierte Gewalt, die Presse, sollte diese „Res publica“, diese „Rzeczpospolita“ regulieren. Über dieses „System“, wenn man das so nennen darf, ist viel geschrieben worden, vornehmlich Studenten und Journalisten stürzen sich darauf, in der eiligen Annahme, hier sei das für Korczak Eigentliche, das Originale, das Originelle, das Aktuelle gefunden. Die Geschichte der Erziehung lehrt uns aber, daß vieles in diesem Korczak'schen „System“ in Traditionen steht, auch in Traditionen der polnischen Pädagogik. Ich möchte hier eine Diskussion – die ich mit Unterstützung der kritischen Urteile ehemaliger Mitarbeiter und Zöglinge führen könnte – nicht eröffnen. Es genügt zu sagen: „In der Erziehung ist alles Experiment, ich versuche es mit Milde und Strenge, ich versuche zu untertreiben und zu übertreiben. Wir haben nicht die Absicht, unser Versuchsprogramm für ein despotisches Dogma aufzugeben. Der Versuch sollte vorsichtig und besonnen durchgeführt werden und niemanden in Gefahr bringen – ein solcher Versuch ist unser ganzes Erziehungssystem.“ Pädagogik mit anderen Mitten, denn Ehrgeiz des Erziehers muß es sein, günstigste Ergebnisse auf dem Wege geringster Verletzungen des Menschenwürde zu erzielen.

---

[1] Singer, I.B.: Eine Kindheit in Warschau. Ravensburg 1981.

Ein russisches Sprichwort sagt: „Für jeden Menschen muß, wie für jedes Schloß, der passende Schlüssel gefunden werden.“ Und so suchte er, probierte er aus, um aufzuschließen. Einen Dietrich hatte er nicht, und einen pädagogischen Schlüsseldienst gab es auch nicht...
Lesen Sie dazu Korczaks berühmtes Buch *Wie liebt man ein Kind*, ein Buch so groß wie Pestalozzis Buch *Wie Gertrud ihre Kinder lehrt.*
Korczak schreibt einmal nach einem Gespräch mit einem Richter: „Wenn ein Drittel der Warschauer Bevölkerung Kinder und Jugendliche sind, dann sollte jedes dritte Haus, jedes dritte Geschäft, jede dritte Straßenbahn zu ihrem Nutzen sein...Der Hüter des Rechts hörte aufmerksam zu und antwortete nach kurzer Überlegung: ‚Wissen Sie: Das ist für mich neu. Ich habe noch nie daran gedacht, daß Kinder – auch Bevölkerung sind.’“
Für diese Bevölkerung schuf er ein eignes Organ, die 1926 gegründete *Kleine Rundschau.* Diese *Zeitschrift von Kindern für Kinder*, war die wöchentliche Beilage der polnisch schreibenden jüdischen Tageszeitung *Nasz Przegląd* (*Unsere Rundschau*). Nach einem polnischen Sprichwort haben Kinder und Fische keine Stimme. Die Beiträge der *Kleinen Rundschau*[1] sind Schreie für die Menschenrechte des Kindes: Das Kind wird nicht erst Mensch, es ist bereits Mensch so immer wieder von Korczak formuliert.
In seinen Antworten auf Fragen und Klagen der jungen Leser geht es nicht um die großen Rechte – es geht um die „kleinen“ Rechte des heutigen Tages:
– es geht um den Stacheldraht im Krasiński-Park in Warschau, mit dem man den Spielplatz der Kinder eingezäunt hat,
– es geht um den Fahrpreis für Kinder in den Warschauer Trambahnen,
– es geht um die Klo-Frau im Sachsischen Garten, die 20 Groszy will,
– es geht um das Recht „Himmel und Hölle" auf den Gehsteigen zu spielen,
– es geht um das Papier der Schulhefte,
– um die kratzende Stahlfeder,
– um den Ball, der im Sächsischen Garten auf den Rasen fällt,
– um den 12-jährigen Judenjungen Zygmunt, der von einer Krankenschwester im Spital genötigt wird, sich zu bekreuzigen,
– um ein Fahrrad,

[1] Korczak, J.: Sämtliche Werke. Bd. 14. Gütersloh 2005.

– um eine Uhr, die der Onkel versprochen hat,
– um Grünanlagen,
– um ein Stück „Bodenreform“ zugunsten der Kinder,
– es geht um das Eigentum des Kindes, beispielsweise um den Radiergummi. (Ein Lehrer sagte, er brauche sich keinen zu kaufen, er nehme ihn dem Kind einfach ab, wenn er damit „spiele“.),
– es geht um Achtung des jüdischen Kindes, um seine Traurigkeit und Verletzung auf der Straße.

Korczak wußte früh von den Tränen. Ich weiß nicht, ob in einer pädagogischen Hinterlassenschaft dem Weinen, dem Schluchzen, dem tränenlosen Weinen so viel Beachtung geschenkt wurde. Im schon erwähnten Roman *Kinder der Straße*[1] taucht ein Verrückter auf, ein Sonderling, den man ein verrücktes Huhn nennt, ein „Tränensammler“, der glaubt, daß das Schlechte durch Tränen aus der Seele gespült wird und der den Straßenjungen Antek in die Früchte seiner vierzigjährigen Arbeit einweihen will. In Fläschchen gesammelt hat er 7.675 Arten von Tränen und zu jeder Art die Geschichte.

Der verwirrte Träumer und das Kind der Straße verstanden sich.

„‚Gib mir die Hand zum Einverständnis und zur Freundschaft‘. Er drückte Anteks Kopf an die Brust, und Antek küßte, ohne zu wissen warum, dem Alten die Hand und weinte. (22 Jahre war Korczak, als er dies schrieb.) Der wirre Alte zuckte zusammen wie vom elektrischen Schlag getroffen, zog behend ein Fläschchen aus der Tasche und rief: ‚Antek, mein Gott, wein in das Fläschchen und nicht auf die Erde.‘ Antek lachte unter Tränen, und indem er die salzigen Tränentropfen in die Flasche sammelte, fühlte er, daß er noch nie im Leben so viel Wärme für jemanden empfunden hatte wie für diesen Alten...“

In Gerhart Hauptmanns Märchendrama *Die versunkene Glocke* – bereits 1899 ins Polnische übertragen – begegnen wir auch diesem Motiv. Der 21-jährige Korczak schrieb sofort darüber und zitiert etliche Stellen, u.a.: „Was habt ihr in dem Krüglein, liebe Kinder? Was Salziges, was Bittres, Mutters Tränen...“

In der polnischen Volkskunst gibt es die Gestalt des „Christus Frasobliwy“, des betrübten, kummervollen Christus, sitzend den Kopf gestützt auf den Arm, traurig, unendlich traurig.

Zu den unvergänglichen Sätzen Korczaks gehört dieser:

---

[1] Korczak, J.: Sämtliche Werke. Bd.1. Gütersloh 1996, S. 142ff.

„Alle Tränen sind salzig, wer das begreift, der kann Erzieher werden, wer das nicht begreift, kann nicht Erzieher werden." Möge dieser Satz über unseren pädagogischen Fakultäten und Erzieherschulen stehen.
Der israelische Schriftsteller David Grossman – sein bekanntes Buch *Stichwort Liebe*[1] – spricht in einem kleinen Text, Korczak sei mit einer eigenartigen Alchemie ausgestattet gewesen, mit einer Alchemie, die Menschen zu Menschen mache. In der 1993 erschienenen Autobiographie des polnischen Schriftstellers Jan Kott *Leben auf Raten*[2] lesen wir von seinem Besuch in einem Kinderferienlager bei Paris, in das man jüdische Kinder aus Polen nach dem Pogrom von Kielce (1946) gebracht hatte: „Alle, Mädchen und Jungen, bekamen denselben Namen: Korczak. Peter Korczak und Isidor Korczak, Isa Korczak und Suse Korczak. Alle wurden Korczak... Wie verlief das weitere Schicksal der knapp hundert Korczaks? Niemand hat sie auch nur mit einem Wort erwähnt..."
Die jüdischen Kinder damals in Frankreich „Korczak" zu nennen, ist mehr als ein Erinnern an Doktor Janusz Korczak, den berühmten „Vater fremder Kinder" (Jan Piotrowski); mit diesem Namen sollte – von wem auch immer diese Idee stammte – den Kindern ein Schutzmantel umgelegt werden, ein Schutzbrief ausgestellt werden; denn dieser Name ist synonym mit Schutz, Schirm, Bewahrung und Verteidigung.
Damit könnte ich meinen Beitrag beenden, denn es ist alles gesagt. – Ist alles gesagt?

Ich habe vielleicht gegen die Erwartungen gesprochen:
– nichts über den Juden Korczak gesagt
– nichts über seine zwei Reisen nach Palästina
– nichts über den frommen Mann in seinen Gebeten „Allein mit Gott"
– nichts über sein ärztliches Denken und Handeln
– nichts über Korczak und Deutschland
– nichts über die internationale Rezeption seines Werkes
– nichts über seine engste Mitarbeiterin Stefania Wilczyńska
– auch nichts über die letzte Entscheidung des Janusz Korczak auf dem Umschlagplatz im Warschauer Ghetto, wohl am 5. August 1942: Er

[1] Grossman, D. (geb. 1954), israelischer Schriftsteller. „Stichwort Liebe" erschien dt. 2003 in Frankfurt.
[2] Kott, J. (1914 – 2001), polnisch-jüdischer Schriftsteller / Theaterwissenschaftler. „Leben auf Raten" erschien auf dt. 1993 in Berlin.

begleitete seine Kinder, nicht um Märtyrer zu werden, sondern damit seine Kinder weniger Angst haben, weniger Angst – so hat es die berühmte jüdische Philosophin Jeanne Hersch[1] bei ihren *Wiener Vorlesungen* 1992 gesagt...

(Vortrag am 05.06.2002)

---

[1] Hersch, J. (1910 – 2000), Schweizer Philosophin und Schriftstellerin, Schülerin von Karl Jaspers. Hauptthema ihrer philosophischen Studien ist die „Freiheit des Menschen".

Ich bin Warschau

Am 22. Juli vor 125 Jahren wurde Henryk Goldszmit, weltbekannt unter dem Namen Janusz Korczak, in Warschau geboren. In der Stadt an der Weichsel lebte er 64 Jahre, leidend, kämpfend, liebend. In seinen Tagebuchblättern, geschrieben im Ghetto Warschau, notierte er im Mai 1942, ein Vierteljahr vor der Deportation ins Todeslager Treblinka: „Warschau ist mein, und ich bin sein. Ich gehe noch weiter: Ich bin Warschau."

Warschau, nicht das des „Sommersalons" Sächsischer Garten, nicht das der Paläste der Radziwiłłs und Tarnowskis und Ludomirskis und Potockis – die Quartiere des Elends und die Löcher der Verkommenheit waren die „Werkstätten" seiner Arbeit. Der „Traurige Menschenfreund", wie man Goldszmit-Korczak genannt hat, sah Armseligkeit und Erbärmlichkeit gerade bei denen, die den Ton angaben, den feinen Pinkeln, Spießern, Philistern. Im satirischen Wochenblatt *Stacheln*[1] hat er achtzehnjährig begonnen, seinem „Warszawski", wie die Bauern den Warschauer nannten, den Spiegel vorzuhalten, Zeitgenossen, die sich zufrieden „Hinter dem Ofen", in „Verschlaf", in „Überdumm", „Geldhabsdorf" und „Dummenpolenwaldau" behaglich eingerichtet hatten. Als Korczak seine Berufung erkannte und annahm, als Arzt, Journalist und Schriftsteller Erzieher des Kindes zu sein und im „weißen Haus" in der tristen Krochmalna-Straße im grauen Warschau seine Vision einer Republik für abgegebene und aufgegebene Kinder erprobte, war er befreit von Illusionen, doch hoffend und betend. Seit Jugendtagen war ihm die Inschrift auf dem Architrav des Hauses der „Warschauer Wohltätigkeitsgesellschaft" in der Krakauer Vorstadt vertraut, ein Wort von Seneca: res sacra miser, der Elende ist eine heilige Angelegenheit.

Die vom Jüdisch-Historischen Institut und dem Goethe-Institut Warschau veranstaltete Ausstellung *Die Warschauer Juden 1861-1943* begleitet ein eindrucksvoller Katalog. Die Herausgeber schreiben einleitend: „Janusz Korczak, Symbol, Personifizierung der Menschlichkeit und des Besten, was das Warschauer jüdische Gemeinwesen zu bieten hatte..."

(In: Christ in der Gegenwart, 28/2003)

[1] Vgl. hierzu: Korczak, J.: Sämtliche Werke. Bd. 2. Gütersloh 2002.

Im Sächsischen Garten

Ausruhzeit auf der Einfriedung. Hintergrund: der klassische Bau der berühmten Galerie Zachęta in Warschau. Auf dem Architrav die Inschrift „Artibus“, Schritte nur zur Evangelisch-Augsburgischen Kirche, das plumpe Hotel Victoria im Rücken. Von Säulenresten eingefaßt das „Grab des Unbekannten Soldaten“, unbeweglich die Wache. Der eherne Marschall Piłsudski nimmt von der Ecke des Europejski den weiten, nach ihm benannten Platz streng ins Auge, Tummelplatz der Rollschuhfahrer. Dann noch hundert Meter zum Sächsischen Garten, Warschaus Sommersalon, angelegt unter König August II. Die Fontäne plätschert noch nicht, die Brunnenschale aber frisch gestrichen. Allegorische Figuren, eiserne Bänke, blühende Rabatten.

Ich denke an Janusz Korczak, den Warschauer Bürger. Der Kinderarzt und Sozialpädagoge begleitete 1942 freiwillig 200 Kinder seines Waisenhauses ins KZ nach Treblinka und wurde dort ermordet. Im Sächsischen Garten war er oft, hier ging und saß er, redete er mit den Zeitungsjungen, belauschte die Alten, so auch jenen Herrn Ignacy, der immer für 15 Kopeken Karamalbonbons kauft, vielleicht bei Wedel in der Spitalna Nr. 8 – wo es noch immer verführerisch duftet – dessen Pädagogik den jungen Korczak beeindruckte: „In drei Fällen würde ich Kindern Bonbons geben: Wenn ein Kind weint, weil ihm Unrecht geschehen war. Zum Beispiel, wenn jemand ihm Kastanien weggenommen hatte... Zweitens würde ich ein Bonbon nicht nur als Entschädigung für ein zugefügtes Unrecht geben, sondern auch für geleistete Arbeit. Zum Beispiel, wenn ein kleiner Junge den schweren Frühstückskorb für seinen Vater getragen hatte... Drittens dann, wenn ich ein Kind sah, das irgendwo saß und gedankenlos auf einen Punkt starrte...“ Sächsischer Garten 1899! Von Korczak erzählt in einem katholischen Wochenblatt. Auch damals schon: Der Ball auf dem Rasen. Korczak, der Einfallsreiche, empfiehlt, einen Mann mit Spazierstock zu bitten, den Ball herauszuangeln oder ein kleines Kind, das noch nichts zertrampeln kann, auf den Rasen zu schicken – da muß dann auch kein Parkwächter ein Auge zudrücken.

Ein Denkmal für den „Vater fremder Kinder“ fehlt im Sächsischen Garten. In der Nähe der Dichterin Maria Konopnicka wäre doch noch ein Plätzchen? 2002, Kinderwagenparade in der Frühlingssonne, Zeitungsleser, Kartenschreiber, sparsam die Mitteilung: „Gruß aus Warschau“.

(In: Christ in der Gegenwart 22/2002)

Mein Heiliger Janek

Die Kunstgalerien kennen Menschen, die nur in einziges Ausstellungsstück vernarrt sind. Mein „Heiliger Janek von Murillo in einem Wiener Museum...“, schrieb der „Vater fremder Kinder“, Janusz Korczak (1878 ?- 1942), im Mai 1942 in sein *Ghetto-Tagebuch*. Es war ein Vierteljahr vor seiner Deportation vom „Umschlagplatz“ Warschau nach Treblinka. Dieser Tagebuchnotiz wird in verschiedenen Editionen eine Fußnote gewährt, nichtssagend, Daten zu Bartolome Esteban Murillo (1618?-1682). In welchem Museum das Werk hängt, wird nicht gesagt. Es geht um das Bild „Der kleine Johannes der Täufer“, um San Juanito, um „Święty Janek“, das sich im „Kunsthistorischen Museum“ in Wien befindet. Ob Korczak je in Wien war, je das Original gesehen hat – so wichtig ist das nicht.[1] Vielleicht kannte er das Bild nur von frommen Gebetszetteln oder Andachtsbildchen, die bei Kindern von Hand zu Hand gingen (warum nicht auch bei nichtkatholischen). Der Täufer als Kind, noch nicht jener, dessen Nahrung Heuschrecken und wilder Honig waren. Vorbild ein Straßenjunge von Sevilla, ein Bettelkind, eines von jenen, die der Kunsthistoriker Carl Justi im Werk Murillos als „höhere Naturen“ versteht, des Malers bildlicher Kommentar zu dem Wort: „Ihrer ist das Himmelreich.“ Warum wohl Korczak dieses Bild zu seinem Bild erklärt? Vielleicht wußte er ein wenig aus der Biographie Murillos und fand sich nahe: von Murillo kennt man nicht seinen Geburtstag (nur seinen Tauftag, den 1. Januar 1618), von Korczak nicht sein Geburtsjahr (1878 oder 1879), beide waren früh vaterlos, beiden lieb war die Gassenjugend, Zerlumpte in Sevilla, *Kinder der Straße* in Warschau. Der eine malte das Kind, der andere schrieb das Kind. Zwei Weisen, eine Botschaft.

(In: Christ in der Gegenwart, 7/1995)

[1] Korczak übernachtete zumindest einmal in Wien. „In Wien habe ich meinen Stock vergessen, ein Andenken aus Zakopane. Verärgert darüber gehe ich am nächsten Tag zum Bahnhof und frage...“ In: Die Schweizreise. Korczak, J.: Sämtliche Werke. Bd. 6. Gütersloh 2000, S. 347.

Annäherungen an Korczak

Das Leben des Janusz Korczak, geboren 1878 als Henryk Goldszmit in Warschau, ermordet 1942 in Treblinka, ist vielfach beschrieben worden, und diese Beschreibungen haben ihren Ort zwischen authentischer Erinnerung und Legende, zwischen Hagiographie und kritischer Geschichtsschreibung. Aspekte, Details, Fragmente zur Familiengeschichte, zu den jüdischen Wurzeln im galizischen Hrubieszów, ferner zu den „Berufen" – besonders zum erzieherischen, neuerdings zum ärztlichen, sind in wissenschaftlichen Periodica und in Zeitungen publiziert. Sie vollenden die Bekanntmachung eines Warschauer Lebens. Begleitet sind die historischen Arbeiten von literarischen Skizzen, Szenen, dramatischen Entwürfen, Trauerliedern, Epilogen bis zu Zeilen japanischer Haiku-Tradition; Verse und Rhythmen auf Korczak, pochende Zeilen und Geflüster vereinigen sich zu einer poetischen Sammlung eindrücklichen Nachgesangs. Nachruhm und *Nachgetragene Liebe* (Härtling)!
Viele haben Korczaks Leben auf die Bühne gebracht.
Am Anfang stand Erwin Sylvanus[1] mit seinem Stück *Korczak und die Kinder* (1957), das seit mehr als fünfundzwanzig Jahren im Programm des internationalen Theaters einen festen Platz hat. „Meditation und Imagination" haben Erwin Sylvanus die erstaunliche Wahrnehmung eines Menschen und eines Schicksals gelingen lassen. Die Spuren zu Korczak, dem „Lehrer von Warschau und Treblinka“ (Dow Marmur), waren damals noch zugeweht, obwohl Tagebücher aus dem Warschauer Ghetto, in denen Korczaks Name auffindbar ist, bereits in England, den USA und in Israel veröffentlicht waren. Wissenschaftliche Nachforschungen Korczak betreffend, auch journalistische Arbeiten waren spärlich und unerreichbar. Auch der Suchdienst des „Inter-nationalen Roten Kreuzes“ konnte keinen Dokumentenauszug erstellen und lediglich auf die Ghetto-Notizen des Emmanuel Ringelblum[2] verweisen. Dazu noch: Wer suchte auch schon nach einem jüdischen Waisenvater

---

[1] Vgl. zu E. Sylvanus S. 178.
[2] Vgl. zum „Ringelblum-Archiv“ / Korczak: Sakowska, Ruta: Menschen im Ghetto. Die jüdische Bevölkerung im besetzten Warschau 1939 – 1943. Osnabrück 1999, Und: Sakowska, R.: Die zweite Etappe ist der Tod. NS-Ausrottungspolitik gegen die polnischen Juden, gesehen mit den Augen der Opfer. Berlin 1993.

aus Warschau, wer interessierte sich für einen Arzt und Poeten, der im nationalen Polen seiner Zeit nun auch nicht gerade geliebt war! Allerdings war im Jahre 1935 in Berlin, Verlag Williams und Co., ein Kinderbuch dieses polnischen Juden *Der Bankrott des kleinen Jack, Ein amerikanischer und finanzieller Roman* herausgekommen, entgangen der Zensur, entgangen der Verbrennung, wohl kaum gelesen und nur einmal rezensiert (auch in der Sowjetunion Stalins 1929 gedruckt!). Nun wurde ein Deutscher der Kriegsgeneration von einem Namen verfolgt, berührt von einem Opfergang...
Die erste Fassung des Stücks enthält grobe Irrtümer: Korczak war nicht deutscher Militärarzt im Ersten Weltkrieg, Korczak trug nicht das Eiserne Kreuz; deutsche Auszeichnungen besaß er überhaupt nicht – auch keine akademischen – vielleicht eine Bescheinigung des „Kaiser und Kaiserin Friedrich-Kinderkrankenhauses", Berlin, Reinickendorferstraße 61, aus Anlaß seines neunmonatigen Aufenthaltes 1907/08 in der Hauptstadt des Deutschen Reiches. Dem Deportationskommando auf dem „Umschlagplatz", Nähe Danziger Bahnhof in Warschau, hätte er allerdings die deutsche Edition seines *Jack* übergeben können, hinschleudern können, wenn „deutsche Vergangenheit" in dieser Gegenwart überhaupt noch gefragt war...
Sylvanus hat in der revidierten Fassung von 1979 die unbedingt notwendigen Korrekturen vorgenommen; die verbliebenen Errata stören nicht einmal den wissenschaftlichen Biographen. Dieses Stück der kalten Szenerie hat jene so folgenreiche Nebenwirkung erreicht, daß weltweit – das Stück ist in fünfzehn Sprachen übersetzt – die Suche nach dem historischen Korczak eröffnet wurde.
Die biographische Korczak-Forschung und der editorische Impuls sind durch das „Stück" von Erwin Sylvanus erst ausgelöst worden. Im Oktober 1942 hatte Izabella Gelbard, genannt „Leutnant Kiebitz", in ihren Ghetto-Portraits den wohl ersten Gesang auf Korczak angestimmt, ihr folgte Bella Abramowna Dizur 1943 mit einem Poem in russischer Sprache. Ebenfalls in russischer Sprache widmete der Rhapsode Alexander Galic, gestorben im Pariser Exil 1975, Jahre später dem polnischen Juden ein Lied...
Korczaks bevorzugte literarische Form, es sei denn er schreibt für Kinder, ist das Fragment, die Miniatur. Eine Auswahl seiner literarischen Hinterlassenschaft bedarf nicht unbedingt der Einbettung, ein Fragment nicht des „Vorher" und „Nachher". Wir haben es mit

Literatur zu tun, ähnlich den Bildern großer Maler, deren Detail „Bild genug“ ist.

Das *Korczak-Lesebuch* der *Polnischen Bibliothek Suhrkamp* (herausgegeben von Erich Dauzenroth und Adolf Hampel, Frankfurt 1984) vermittelt exemplarisch den Teil und das Ganze.

Eröffnet wird es durch den Schrei eines Kindes in die Stille toter Gelehrsamkeit eines Lesesaals. Diese „naive, unbewußte, helle, junge, unvergleichliche Stimme“ tut kund: „Ich bin“... Dem Schrei folgt die Mutter: „Ich neige mich über dich, mein holdes Kind...“

Es schließt sich *Bobo* an, Korczaks Ansehung eines kleinen Kindes, Korczaks Entzifferung der Sprache der Augen, des Mundes, der Bewegung, des Saugens... „Ein Kind ansehen“, bleibt auch auf Mose, den „Schilfjungen“ (Thomas Mann), bezogen – übrigens das ägyptische Wort für „Kind“ ist „Mose“! Große Nöte kleiner Leute vertrauen der Junge und das Mädchen dem lieben Gott an. Korczaks pädagogische Beobachtungen, Schlüsse, Zweifel, Fragen und seine Lektion vom *Recht des Kindes auf Achtung,* seine Träume von der Herrschaft des Kindes werden beschlossen im *Gebet eines Erziehers*, der großen Bitte – „aufrecht stehend (...), denn ich verlange nichts für mich...“ – für den schönsten Weg des Kindes, nicht den leichtesten, durch eine unparadiesische Welt.

Aus dem dialogischen „Ich-Du“ tritt Korczak *Schamlos kurz* mit ungewöhnlichen gesellschaftskritischen Skizzen heraus; sie münden in den Monolog des „Traurigen Bruders" aus dem „Senat der Verrückten" – Vision und Wirklichkeit. Bilder und Sätze aus dem *Tagebuch* sind Niederschrift des 64-jährigen Korczak im Angesicht des Todes – Rechenschaft und eine Summe von Barmherzigkeit „Wer ist dieser Mann?“, sollen die Deutschen gefragt haben, als der Jüdische Ordnungsdienst des Ghettos „Hab-Acht-Stellung“ vor dem Alten Doktor und seinen Schutzbefohlenen einnahm, als diese in Richtung „Umschlagplatz" getrieben wurden... „Wer ist dieser Mann?“ – Zeugen der Zeit suchen Antwort und Annäherung.

Die internationale Korczak-Literatur verleiht ihrem Helden viele rühmliche Titel, die Kärrner sorgen für Unterbringung. Dabei handelt es sich doch nur um einen Einfältigen aus Warschau, der mit Pestalozzi aus Zürich hätte schreiben können: „Mir ist wohl, wenn ich ein Kind auf meinen Armen habe...“

Der Literat Korczak kann in kein Gespann gezwungen werden; nicht dem „Jungen Polen“ zugehörig, obwohl viele Elemente dieser Bewegung – Sehnsucht, Trauer, Melancholie – auch Korczaks tragende Stimmungen waren und blieben.[1] Er gehörte nicht zur „Awangarda“, obwohl er so sehr avangardistisch war. Als Literat blieb er der Einzelgänger, der von Richtungen und der Boheme unverdorbene.
Dies gilt auch für den Pädagogen Korczak. Die Pädagogik vergibt schließlich auch ihre Etiketten: „Vom Kinde aus“... zum Beispiel. Dies gilt ebenso für den Arzt Janusz Korczak, der mit unorthodoxer Methoden der Schulmedizin entfloh. Dies gilt endlich für den Theologen Korczak, der „durch den Haufen der Gehilfen, Vermittler, Stellvertreter und Henker... mein Gott dennoch zu Dir“ strebte.
Korczak neigte zu Randfiguren der Wissenschaften, zu Grenzgängern, vor denen die Hohen Schulen die Tore zumachen, auch zu Autodidakten mit vielseitigen Interessen, er holte die Meinung der Dienstboten und Aschenputtel ein – nicht nur die „Meinung der Stabsoffiziere“...
Annäherung an Korczak kann sich zunächst einmal über die europäische Reformpädagogik der zwanziger Jahre vollziehen, deren Literatur, deren Stiftungen und Gründungen Korczak-nahe Themen und Konzepte formuliert haben, deren Einrichtungen und Innovationen Korczaks Sympathie, auch Zustimmung hätten finden können. Die Forschung kann keine Beteiligung Korczaks an Treffen, Begegnungen, Tagungen ermitteln, es sei denn, man nimmt Namen aus der reformpädagogischen Szene Europas, die in seinen Schriften auftauchen, als hinreichenden Beleg für Kenntnis und Beteiligung. Wir bleiben beim „Einzelgänger“. Korczak war kein Mann der Reisen und der Kongresse, ungläubig gegenüber der „Kaste der Autoritäten“. Annäherung an Korczak kann ferner über die polnische Nationalliteratur geschehen, die früh das Kind in den Mittelpunkt stellte. Erinnert sei an Stanisław Jachowicz, Juliusz Słowacki, Klementyna Hoffmanowa-Tańska, Eliza Orzeszkowa, Maria Konopnicka, Bolesław Prus, Adolf Dygasiński. Innerhalb der polnischen Nationalliteratur sollte man über die „Arzt-Schriftsteller“ und die jüdischen Poeten Annäherung suchen.

[1] Vgl. hierzu: Kirchner, M.: Über Trauer, Einsamkeit und Tragik im Lebenswerk Janusz Korczaks. In: Ungermann, S. / Brendler, K. (Hrg.): Janusz Korczak in Theorie und Praxis, Gütersloh 2004, S. 67ff.

Und dies sei dazu gesagt: Korczaks frühe Entscheidung für den Beruf des Arztes darf nicht allzu idealistisch als „Berufung“ interpretiert werden: es galt im Polen der Jahrhundertwende als eine „patriotische Pflicht", Arzt oder Ingenieur zu werden. Darauf hat Isaac Bashevis Singer aufmerksam gemacht, der übrigens die farbige, hektische, stinkende Händlergasse Krochmalna, in der Korczaks Rettungshaus für die jüdischen Kinder aus dem „Milljöhll aus den Warschauer Quartieren Solec und Powiśle stand, in seinen Romanen beschrieben hat...
„Patriotische Pflicht“ und nicht nur „Lust am Fabulieren“ war es natürlich auch, mit dem Wort einzustehen: polnische Kultur durch Sprache zu erhalten, zu verbreiten als Schriftsteller und Erzieher,
Literatur und Erziehung als Elemente des nationalen Existenzkampfes. Die meisten Annäherungen wissenschaftlicher und literarischer Art sind zugänglich, nachgewiesen in der *Gießener Korczak-Bibliographie* (4. Aufl. Gießen 1983), herausgegeben von Erich Dauzenroth und Adolf Hampel. Diese Bibliographie offenbart das ungewöhnliche Interesse an Werk und Leben Korczaks in aller Welt. Hinter diesem Interesse verbirgt sich die weltweite Suche nach einer neuen Sprache, nach einer anderen Sprache der Erziehung, Sprache im zwiefachen Verständnis, im Verständnis von „Ideen“ und im Verständnis von „Worten und Wörtern“. Korczak war frei von der sogenannten Wissenschaftssprache, frei von Mode-Vokabular. Korczak ist aufgrund seiner Sprache glaubhaft geblieben.
Der internationalen Bibliographie entnimmt man natürlich auch die Perioden der Annahme und der Verleugnung Korczaks in Polen. Weiter wird die noch nicht ausgestandene wissenschaftlichliche Auseinandersetzung mit solcher Erbschaft offenbar. Nüchterne Analyse, kühle Wertung sind auch in Polen, wo keine Sprachbarriere Annäherung hindert, noch sehr anfänglich. Verehrung wird groß geschrieben. Der sympathische polnische Hang zu sentimentaler Errichtung von Monumenten spielt hier mit, auch der schwierige Zugang zu den Quellen, denn noch immer kann man nicht von einer historisch-kritischen Werkausgabe, von der „Akademie-Ausgabe“ sprechen. Ausgewählte Werke liegen vor (*Wybór pism*,Warszawa 1958; *Wybór pism pedagogicznych*,Warszawa 1958; *Pisma wybrane*,Warszawa 1978), die Zensur einer Volksrepublik läßt aber nicht alles durchgehen – auch nicht in Polen. In der Warschauer Asche ist vieles verglüht, doch gibt es noch Funde, gibt es Entdeckungen, denn Korczak hat hinter vielen Kürzeln (in

rund 90 polnischen Periodica): J. K., dr J. K., h. g., Hen-Ryk, hen el tam, Stary Doktor, St. dr J.K., Gewürztes und Gewitztes veröffentlicht.

Das *Korczak-Lesebuch* des Suhrkamp Verlags zeigt den Autor in verschiedenen literarischen Formen vom Aphorismus bis zum dramatischen Versuch. Vielleicht wird der Leser nach dem Gedicht suchen. Diese Episode, von Igor Newerly verbürgt, beantwortet auch grundsätzlich diese Frage: Als „Gymnasialpoet" gelang es Henryk Goldszmit, dem gewaltigen Aleksander Świętochowski (1849-1939), in Leipzig promoviert über die *Entstehung der Moralgesetze*, Herausgeber bekannter Zeitschriften und Autor von Romanen und Novellen, ein Gedicht vorzulesen. Es schloß: „Gestattet mir, ins finstre Grab zu steigen". Świętochwski antwortete ungerührt: „Ich gestatte..."

Danach gab es keinen Reimer Henryk Goldszmit mehr, auch keinen reimenden Janusz Korczak. Den Kinderautoren seiner *Kleinen Rundschau* untersagte Korczak später, Gedichte zu schreiben. Sie sollten alles ohne Reim sagen – vielleicht auch, weil die Welt so ungereimt ist.

Hermann Kesten sagte 1973 vor dem jugoslawischen PEN-Club: „Die Juden wohnen seit 2000 Jahren im Exil, und wo sie sich festsetzten, wurden sie ins nächste Exil getrieben, jene Juden, die in viele Literaturen der Welt das kritische Salz und den aufsässigen Pfeffer bildeten und in manchen Literaturen, wie der russischen und deutschen, der amerikanischen und polnischen oder in der spanischen sich ausgezeichnet haben, so dass man vom Ewigen Juden mit dem Nobelpreis für Literatur sprechen könnte..."

Zu Lebzeiten ein bißchen Anerkennung, ein wenig Bewunderung, viel Kopfschütteln, kein Dank, kein Ruhm: Korczak. Deutsche Annäherung an Korczak war nicht möglich ohne die Übertragung der Werke durch Armin Dross, Wolfgang Grycz, Monika Heinke, Wilfried Lipscher, Nina Roos, Shoshana Sachs, Katja Weintraub, Ilse Renate Wompel und Karl Dedecius. Aber noch sei auf eine Annäherung anderer Qualität aufmerksam gemacht: Annäherung von Menschen über die Begegnung mit Korczak. Die letzten Jahre haben es bewegend gezeigt: West und Ost, Gläubige und Ungläubige, Polen, Juden, Deutsche treffen sich im Eifer um Korczaks Erbe – nicht unbedingt zu Gedenkstunden, auch im Nachdenken *Wie ein Kind lieben*. Viele haben bekannt, ohne Korczak, ohne ein Zusammen in seinem Namen auch mit Deutschen, wäre es nicht möglich gewesen, mit Deutschland, mit Deutschen, wieder einen persönlichen Kontakt aufzunehmen.

Es geschah Annäherung mit Menschen, die aufgrund erlittener Erfahrungen es für nicht mehr möglich gehalten haben: Überlebende des Warschauer Ghettos, Überlebende des Warschauer Aufstands, Überlebende von Auschwitz, Treblinka, Majdanek...
So wurde neben dem Polen Maximilian Kolbe auch der Jude Korczak zu einer Symbolgestalt deutsch-polnischer, deutsch-jüdischer Annäherung, Annäherung über die, die sich geopfert „für den erniedrigten Menschen, den leidenden und bedürftigen Bruder“ (Johannes Paul II.). Dies ist in der Tat der „posthume Sieg von Janusz Korczak... des Ersten Präsidenten der Kinderrepublik“ (Józef Bogusz). Korczak hat gottlob kein „System der Erziehung“ errichtet, keine „Allgemeine Pädagogik“ entworfen, kein Buch mit wissenschaftlichem Protz aufgebläht – er hat sehr konkret dem Kind zum Recht auf den heutigen Tag verholfen, und mangelndes Wissen machte seine Hingabe wett. Nichts von gelernter Pädagogik, aber viel von eingeborener Menschenfreundlichkeit, Und so konnte er auch nicht die Sprache der Fachgelehrten sprechen, sondern blieb einsässig in den so menschlichen Wörtern wie: heilen, stillen, pflegen, verbinden...

(In: Schweizer Schule, 14/1984)

Die Straße, das Haus und die Erben

„Vergeblich sucht man heute die Krochmalna 92“, klagt Ida Meržan in ihrer Monographie über das Waisenhaus von Janusz Korczak in Warschau.[1] Wer kann ein Cicerone sein, der uns in eine Straße, durch eine Straße führt, die nicht mehr ist, die großteils unter der Trümmerwüste von 20 Millionen qm des zerstörten Warschau liegt, die aber „Schätze enthält, die... noch nicht gehoben..“[2] Vertrauen wir uns einem *unauslöschlichen Gedächtnis*[3] an: Isaac Bashevis Singer. In einem Gespräch mit Richard Burgin sagte Singer: „In meinen Büchern kehre ich immer wieder in die Krochmalnastraße 10 zurück. Ich kann mich noch genau an jeden Winkel und an jeden Bewohner erinnern. Andere graben nach Gold, das Gott vor Milliarden Jahren geschaffen hat, aber für mich ist diese Straße meine Goldader. Ich kehre immer wieder zu ihr zurück...“[4] Singer ist der authentische Cicerone bis in archäologische Schichten einer Warschauer Straße, die durch ihn, den *Spinoza aus der Krochmalna*[5], literarische Ortschaft und durch den Pestalozzi aus Warschau“[6] pädagogischer Schauplatz geworden, geblieben ist.

Im Jahre 1908 waren die Singers – Pinchos Menachem mit Bathseba und den Kindern Hinde Esther, Israel Joshua, Isaac Bashevis und Mojsche – aus Radzymin nach Warschau gekommen. „Mein Vater hatte in der Krochmalna 10 eine Wohnung gemietet, in der er einen rabbinischen Gerichtshof einrichten wollte... Plötzlich sagte der Kutscher: ‚Dies ist die Krochmalna‘. Die Häuser schienen noch höher als anderswo zu sein. Die enge Straße war voller Menschen. Das Gedränge, das Gestoße und Geschrei erinnerten mich an das Feuer, das ich einige Wochen zuvor in Radzymin gesehen hatte, und ich glaubte

---

[1] Meržan, I.: Aby nie uleglo zapomnieniu (Auf daß nichts in Vergessenheit gerät), Warszawa 1987, S. 9.

[2] Singer, I.B.: Ich bin ein Leser – Gespräche mit Burgin, R. dtv-Bd. 10882. München 1986, S. 161.

[3] Alexander, E.: Das unauslöschliche Gedächtnis. In: du – Die Zeitschrift der Kultur. Zürich. Heft 10 / 1990, S. 49.

[4] Singer, I. B. a.a.O., S. 161.

[5] Vgl. Jagodzińki. T,: Spinoza z ulicy Krochmalnej, In: Tygodnik Powszechny. Kraków 1991.

[6] Dauzenroth, E.: Janusz Korczak – der Pestalozzi aus Warschau. Zürich 1978.

felsenfest, hier in Warschau sei auch ein Feuer ausgebrochen. Jungen brüllten, rannten durcheinander, pfiffen und rempelten einander an. Mädchen lachten schrill. Es begann dunkel zu werden, und ein Mann zündete mit einem langen Stock, dessen Ende brannte, die Straßenlaternen an. Frauen boten alle möglichen Waren feil... In der Krochmalna wuchsen keine Bäume. In der Nähe von Nr. 24, wo ich in den Cheder ging, stand ein Baum... Am Sabbat schickte mich mein Vater nach dem Mittagsmahl immer zum Heißwasserkaufen in Itscheles Lebensmittelgeschäft. Itscheles Laden war Laden, Wohnung und Teestube in einem und lag in der Krochmalna 15... Jeder kannte uns in der Krochmalna... Mein Freund Mendel war der Sohn eines Kohlenträgers... Seine Familie lebte in einem einzigen Zimmer in der Krochmalna 13... Lange war bei uns darüber gesprochen worden, ob wir aus unserer Wohnung in der Krochmalna 10 ausziehen sollten. Wir benutzten dort Petroleumlampen, weil wir kein Gas hatten, und das Klosetthäuschen im Hof teilten wir mit allen anderen im Haus. Das Klosetthäuschen war der Schrecken meiner Kindheit. Es war dort immer dunkel, und alles starrte vor Dreck. Überall liefen Mäuse und Ratten herum, über den Boden und auf dem Dach. Viele Kinder litten aus Angst vor dem Klosetthäuschen an Verstopfung und nervösen Störungen. Im Treppenhaus war es fast ebenso schlimm, weil einige Kinder es dem Klosetthäuschen vorzogen. Zu allem Überfluß luden Frauen aus dem Haus auch noch ihren Abfall dort ab... Alle rieten uns, die Wohnung zu mieten... Unsere Wohnung lag im Erdgeschoß und war frisch gestrichen. Gegenüber war eine Bäckerei, durch das Küchenfenster blickte man auf eine Mauer. Es gab noch fünf oder sechs Stockwerke über uns. Das Haus Nr. 12 war wie eine Stadt für sich... Ich werde nie vergessen, wie wir die zweiflammige Gaslampe zum ersten Mal anzündeten... Die Toilette war eine wahre Wonne für mich, ebenso der Gasherd in der Küche...“[1] In der siedenden und brodelnden Schtetl-Atmosphäre der Armenstraße Krochmalna wurde aus offenen Türen „Schmutzwasser auf die Straße geschüttet und der Dreck rann die Gosse hinunter; ein Fenster wurde geöffnet und Abfall flog heraus... Die Ställe zogen die Fliegen an. Die Straße wimmelte von tausend Tätigkeiten. Schuster saßen draußen auf ihren Bänken und reparierten Schuhe. Auf

[1] Singer, I. B.: Eine Kindheit in Warschau. Ravensburg 1981, S. 19, 21, 59, 97, 107, 139.

Schemeln und Türschwellen saßen Frauen, die ihre Babys stillten..."[1] – Legenden zu Roman Vishniak's Fotos der *Versunkenen Welt.*[2]
„Später war die Krochmalna eine Brutstätte des Kommunismus geworden. In dieser Gegend fanden immer kommunistische Demonstrationen statt. Junge Kommunisten hingen rote Fahnen über die Drähte der Straßenbahnen und des Telefons – sogar über die Fenster der Polizeistation. Auf dem Platz, dem Gebiet zwischen Nr. 9 und Nr. 13 und in der Spelunke, wo die Diebe, Zuhälter und Huren sich herumgetrieben hatten, wurden jetzt Pläne für die Diktatur des Genossen Stalin geschmiedet. Die Polizei machte dauernd Razzien..."[3]
Die Straße von Moshe Blecher, Todros Bendiner, Jenta Flederbaum, von Leiser Przepiorko und Reb Ascher, dem Milchmann, wurde auch die Straße von Doktor Henryk Goldszmit / Janusz Korczak als am 14. Juni 1911 der Grundstein für ein Haus der Waisen auf dem Grundstück Krochmalna 92 gelegt wurde. Die Straße der „Schneider, Schuster, Kürschner, Besenbinder"[4], die Armenstraße mit übelbeleumundeten Ecken, erhielt einen „Palast", das „weiße Haus in der Krochmalna, im grauen Warschau" nach einem Entwurf von Henryk Stifelmann, der mit namhaften Bauten für jüdische Einrichtungen hervorgetreten war, u. a. mit dem „Israelicki Instytut Wychowawczy" (Israelitisches Erziehungsinstitut) 1911-1914. Singers Erkundungen und Innenansichten der Krochmalna bewegen sich in den niederen Nummern der Straße. Nur die alte Waschfrau der Singer's wohnte am Ende der Straße – „fast in Wola. Mindestens einundeinehalbe Stunde Weg hatte sie..."[5] Rechnen wir das Alter und die Wäschelast, dann war's so eine Stunde vom Anfang bis Ende, von der Zelazna bis zur Ecke Karolkowa.
Der Singer- und Korczak-kundige Leser stellt spätestens hier die Frage nach der Bekanntschaft der beiden. Singer war bei Baubeginn des Waisenhauses 7 Jahre,
Korczak bereits 33 Jahre. Als „Einsammler" hatte Isaac Bashevis aber schon als Bub Blicke „hinter die Kulissen"[6] und in „Kindheiten" genommen: „durch ein unglaublich schmutziges Treppenhaus, vorbei an

---

[1] Singer, I. B.: Das Landgut. München 1979, S. 202.
[2] Vishniac, R.: Verschwundene Welt. München 1983.
[3] Singer, I. B.: Schoscha. München 1980, S, 21f.
[4] Singer, I. B.: Mein Vater der Rabbi. Rororo 5085, S. 151.
[5] Singer, I. B.: Mein Vater der Rabbi. Rororo 5085, S. 34.
[6] Ebd. S. 151.

barfüßigen, grindigen, mit Scherben und Dreck spielenden Kindern, gelang ich bis unters Dach. Einem der Jungen hatte man den Schädel blank rasiert. Er war blaß, hatte geschwollene Ohren und lange, ungekämmte Schläfenlocken. Ein Mädchen spuckte ihn an und schrie ihm laut irgendein Schimpfwort zu...“[1] Vielleicht hat Isaac Bashevis bei seinen Sammelgängen das Entstehen des Korczak'schen Dom Sierot beobachtet, auch die „Neuen“ in der Krochmalna, die ersten Zöglinge seit Oktober 1912, gemustert, die offizielle Eröffnung am 27. Februar 1913 mitbekommen. Vielleicht...

Im Jahre 1988 schrieb mir I. B. Singer: "Thank you for your interesting letter. You possess a great amount of knowledge on the subject of Mr. Korczak and he certainly was a great man especially with children. I was familiar with him and knew of his great deeds, however, I was not intimate enough with him to connect him to one of my novels ..."[2] Singers Bekanntschaft mit Korczak ist in der späteren Warschauer Literatenszene zu suchen.

Die Warschauer Gesellschaft „Hilfe für Waisen“, zu deren Vorstand Janusz Korczak gehörte, hatte im Jahre 1910 einen Bauplatz in der Krochmalna erworben. Er grenzte an die Plattier-Fabrik der Brüder Henenberg. Das zweistöckige Haus mit großzügigem Kellergeschoß und Entresol, einer Dachgaupe mit venezianischem Fenster, war von einer Mauer umgeben, der Zugang führte durch ein Eisentor. Nicht einmal Ida Meržan weiß,[3] ob am Eingang ein Schild „Dom Sierot“ angebracht war. Sie erinnert sich aber sonst an viele Einzelheiten und nennt auch die Kosten: 114.000 Rubel! Auch erwähnt sie, daß im Parterre Fotos hingen von Marschall Józef Piłsudski, Präsident Herbert Hoover und von Esther Weintraub, Stefas Hilfe und einstiger Schützling aus dem Kinderhaus in der Franciszkańska, 1917 im Alter von 20 Jahren gestorben.

Korczak, der am Planen des Hauses beteiligt war, wußte, daß die „Kunst, ein Internat zu führen... in ihren kleinen, aber entscheidenden Einzelheiten von dem Gebäude abhängig (ist), in dem es untergebracht ist, und von dem Gelände, auf dem es erbaut wurde...“[4] Viel zitiert ist Korczaks Erinnerung: „Niemals habe ich das Gebet der Arbeit und die Schönheit einer sachlichen Tätigkeit besser verstanden. Was heute noch

---

[1] Ebd., S. 152.
[2] Brief im Besitz des Verfassers.
[3] Vgl. Meržan. I.: A.a.O., S. 21 und 24.
[4] Korczak, J.: Wie man ein Kind lieben soll. Göttingen 1967, S. 279.

als kleines Viereck auf dem Bauplan zu sehen war, nahm morgen die Gestalt eines Saales, eines Zimmers, eines Korridors an. Gewohnheit an Auseinandersetzungen über Ansichten, Grundsätze und Überzeugungen sah ich hier mit eigenen Augen, wie ein Bauwerk entstand. Jede leichthin getroffene Entscheidung war eine Anweisung für den Handwerker, der sie auf Dauer verwirklichte. Jede Idee muß genau erwogen, auf die entstehenden Kosten hin berechnet und auf ihre Möglichkeit und Zweckmäßigkeit überdacht werden..."[1] Die Konzeption hatte sich weit entfernt von „Anstalt", „Herberge", „Rettungshaus", „Asyl"– sie schuf Voraussetzung zur Gründung einer Kinderrepublik. Aber diese Bürger, diese Kinder! „Kinder, sie sind..."[2]
Dazu ein Wort des Doktors: „Kinder werden nicht erst zu Menschen – sie sind schon welche. Ja! Sie sind Menschen, keine Puppen. Man kann ihren Verstand ansprechen – sie antworten uns; sprechen wir zu ihren Herzen, fühlen sie uns. Kinder sind Menschen..."[3]
Dieser „Gegenwart der Schöpfung"[4] war Korczak früh begegnet, und er glaubte sich durch Erfahrungen aus den „Sommerkolonien" gerüstet für Krochmalna 92. „Und dann kamen... mit großen Tumult, erkältet, erregt, müde, mit Stöcken und Knüppeln bewaffnet, die Kinder... sie sagten mir den Kampf an, noch bevor ich mir über die Situation klar werden konnte. Ich hatte geglaubt, meine Erfahrungen aus den Sommerkolonien würden mich vor Überraschungen schützen. Ich hatte mich geirrt. Zum zweiten Male begegneten mir Kinder als eine bedrohliche Horde, der ich machtlos gegenüberstand, und zum zweiten Male ergeben sich aus schmerzlichen Erfahrungen allmählich handfeste und einleuchtende Wahrheiten. Meinen Forderungen begegneten die Kinder mit bedingungslosem Widerstand, den man mit Worten nicht zu brechen vermochte und Zwang konnte ihre Abneigung nur noch verstärken. Das neue Haus wurde ihnen verhaßt. Viel später erst begriff ich die Empfindung der Kinder für ihr früheres Leben. In der mangelnden Ordnung, in dem zigeunerhaften Elend ihrer Lebensbedingungen und

[1] Ebd., S. 282.
[2] Korczak, J.: Kinder, sie sind. In: Verteidigt die Kinder. GTB Siebenstern 1020, S. 75ff.
[3] Korczak, J.: Von der Grammatik und andere pädagogische Texte. Heinsberg 1991, S.105.
[4] Buber, M.: Reden über Erziehung. Heidelberg 1956, S. 31.

bei der Dürftigkeit der vorhandenen Mittel war ein Betätigungsfeld für ihre freie Initiative vorhanden gewesen."[1]

Joseph Arnon (Józef Halpern), in den Jahren 1929-1932 Student der Freien Polnischen Hochschule und „Bursist" in der Krochmalna, inniger Freund Korczaks, Mitgründer des Kibbuz Ein Hamifratz, Empfänger bewegender Briefe Korczaks[2] nach Eretz Israel, schreibt: „Ins Waisenhaus kamen Kinder aus dem Dschungel des Lebens, aus den Armenvierteln, der Prostitution, der Erniedrigung und der Härte. Diese Kinder brachten Ängste und Furcht mit sich, Gewohnheiten des Selbstschutzes vor Erwachsenen, Mißtrauen gegenüber der Welt, Argwohn und eine Wertskala, die auf Gerissenheit und Betrug basierte..." Korczak war „Direktor" des Hauses; „Cheferzieherin" (naczelna wychowawczyni) war Stefania Wilczyńska, genannt Frau Stefa (1886-1942)[3], der viele „Erfolge" in der Erziehung, die man Korczak aus dem Abstand der Jahre zuspricht, nachgetragen werden müssen.

Über die Organisation und das Funktionieren der Republik Krochmalna 92 im neugebauten Kinderhaus, über die Organe der Selbstregierung, die Dienste, die demokratischen Einrichtungen von der Wandtafel bis zu Parlament und Gesetzbuch hat Korczak selbst geschrieben und Korczak-Autoren haben es zur Genüge wiederholt.[4] Authentische Auskunft können dazu noch immer einzelne „Korczak-Kinder" geben, dann Kinderreporter und Kinderpoeten, die in der legendären „Kleine Rundschau" debutierten, dann einstige Bursisten und Erzieher. Zu fragen sind z. B.: Shimon Agasi, Itzchak Belfer, Hanka Daube, Jacques Dodiuk, Bolek Drukier, Erna Frydman, Szmuel Gogol, Ada Hagari, Leon Harari, Abramek Hurman, Jehuda Kahane, Aleksander Lewin, Szlomo Nadel, Stanisław Rogalski, Michał Wróblewski, Jochewet Zuk, Izrael Zyngman.

---

[1] Korczak, J,: Wie man ein Kind lieben soll. Göttingen 1967, S. 282f.

[2] Arnon, J.: The Passion of Janusz Korczak. In: Midstream. New York 1973, Volume XIX, No. 5, S. 36.

[3] Vgl. hierzu das (kontrovers rezenzierte) Buch: Sachs, S.: Stefania Wilczyńskas pädagogische Alltagsarbeit im Waisenhaus Janusz Korczaks. Weinheim und München 1989.

[4] Vgl. die dreibändige internationale Korczak-Bibliographie, erschienen im Verlag Agentur Dieck. Heinsberg 1985/87/88.

Über ihren Händedruck und ihr Wort sind wir unmittelbar beim „Vater fremder Kinder“ (Jan Piotrowski).

Der Arzt und Schriftsteller, der ungelernte Pädagoge Janusz Korczak, hatte sich natürlich in der Erziehungsliteratur umgesehen, und „viele maßgebliche Bücher über neuzeitliche Erziehung“, studiert – „alle voller leerer Phrasen und Heuchelei.“ An den Klassikern rühmt er, daß „die Namen von Pestalozzi, Fröbel und Spencer nicht minder hell als die der größten Erfinder des 19. Jahrhunderts“[1] leuchten, weil sie die unbekannte Hälfte der Menschheit: die „Kinder“ entdeckt haben. „Erleichterung“ allerdings empfand Korczak im „Haareschneiden, Köpfewaschen und Nägelpflegen“. Aleksander Lewin, der 1937 die kleine Bibliothek des Waisenhauses betreut hatte, nennt Ellen Keys *Jahrhundert des Kindes*, „Psychologie des Kindes und experimentelle Pädagogik“ von Edouard Claparede, *Modernes Wissen über Kinder* von Alfred Binet, Leo Tolstois *Tagebuch der Schule in Jasnaja Poljana*, Anton S. Makarenkos *Der Weg ins Leben*.[2] Noch lieber aber „las“ Korczak Kinder und entzifferte unermüdlich die „Hieroglyphe“ Kind.[3]

Unmittelbar vor Ausbruch des II. Weltkrieges, vier Wochen vor dem Einmarsch der Deutschen Truppen in Polen, schrieb er an Joseph Arnon nach Eretz Israel: „Der Juli war ein wundervoller Monat – zwanzig neue Kinder zu entdecken, wie zwanzig neue Bücher, die in einer kaum bekannten Sprache geschrieben worden sind. Bücher, die etwas beschädigt sind, denen einige Blätter fehlen, ein Rätsel. Wieder – wie vor Jahren – Dinge, die wichtig werden: Verlorene Sandalen, ein Dorn im Fuß, ein Streit an der Schaukel, ein gebrochener Arm. Ich schlief in einem Isolierzimmer, zusammen mit den Kindern, die an Masern erkrankt waren. Als ich völlig erschöpft war, fiel ich in Schlaf. Ich sagte mir: Schlaf nicht ein, lausche noch für zehn Minuten ihrem Atem, Husten, Seufzen. Welch eine Weisheit ist doch in ihrem Keuchen, wenn sie schlafen – ein Kampf mit Infektion, mit Fieber, mit dem Jucken und mit den Fliegen...“[4]

---

[1] Janusz Korczak – Von der Grammatik und andere pädagogische Texte. A.a.O., S. 105

[2] Lewin, A.: Polityka. Warszawa 1975, Nr. 38.

[3] Vgl. hierzu: Kirchner, M.: Janusz Korczak: Das Kind als „Hieroglyphen-Text“. In: Evangelische Theologie. Gütersloh, 4/2003, S. 288ff.

[4] Siehe Briefwechsel Korczaks mit Joseph Arnon in: Korczak, J.: Sämtliche Werke. Bd. 15. Gütersloh 2005.

Vor solchen Bekenntnissen müssen Diskussionen einer wissenschaftlichen Pädagogik eigentlich verstummen, trotzdem wird Korczak verfolgt von Einordnungsstreit, Interpretationsakrobatik und Legendenaufwärmung. Aus langjähriger Mittler- und Maklertätigkeit für Korczak, seine Ideale und Ideen, an einer deutschen Universität komme ich zu der unwissenschaftlichen Erfahrung: Eine Begegnung mit Korczak mobilisiert die Kräfte des Herzens, sie befördert Haltungen, in denen belächelte und verlachte Tugenden wie Verstehen und Verständnis, Verzeihen und Barmherzigkeit, Güte und Liebe aufblühen; sie stiftet ferner Widerstand gegen die fortschreitende „Eroberung des Kindes durch die Wissenschaft".[1]

Jan Twardowski, Priester und Poet, zog am 29. Dezember 1971 in einer Messe in der Kirche der Visitantinnen in Warschau mit Korczaks Worten die Summe der Lehren aus der Krochmalna 92:

„Hast Du gelebt? Wieviel Boden hast Du umgepflügt? Wieviel Brote hast Du für andere Menschen gebacken? Wieviel hast Du gesät? Wieviel Bäume hast Du gepflanzt? Wieviel Ziegel hast Du zum Bau beigetragen, bevor Du fortgingst? Wieviel Knöpfe hast Du angenäht? Wieviel geflickt und ausgebessert? Wieviel schmutzige Wäsche hast Du mehr oder minder gut – gewaschen? Wem hast Du Wärme gegeben und wieviel? Wie ist Dein Dienst gewesen."[2]

Postscriptum:

Zu denen, die Krochmalna 92 besuchten, gehörte auch der Philosoph Hermann Cohen (1842-1918), Gründer der „Marburger Schule" des Neukantianismus, der 1914 auf einer Vortragsreise auch Warschau besuchte: „Auch musterhaft geführte Waisenhäuser, wie besonders das von Dr. Goldschmidt in Warschau mit unsäglicher Liebe und moderner Einsicht geleitete, habe ich nicht ohne tiefe Rührung kennengelernt..."[3]

(In: Heilpädagogik, 2/1992)

---

[1] Gstettner, P.: Die Eroberung des Kindes durch die Wissenschaft: Aus der Geschichte der Disziplinierung. Reinbeck 1981.

[2] Twardowski, J.: O Januszu Korczaku. In: Więź, Warszawa 1972, Heft 6. Dt in: Janusz Korczak. Ein Kind lieben. Frankfurt a.M. 1984.

[3] Cohen, H.: Jüdische Schriften. (3 Bände) (Hrg.: Strauss, B.) Berlin 1924, Bd. 2, S. 168.

Korczaks Koffer

bagage
handgepäck
der koffer von k.
kein exponat für die gedächtniszimmer
in warschau
oder im museum
irgendwo
keine klamotten
utensilien
eingepfercht in blech
in leder
ein koffer
schwer von sätzen
von nachricht und botschaft
konterbande
„öffnen sie den koffer",
sagt der beamte am zoll...

(In: Steiger, S.: Korczaks Koffer, Günzburg 1999)

Alte Neuigkeiten zu Korczak und dem Umfeld

Mit dem inzwischen weltbekannten „Stück“ von Erwin Sylvanus *Korczak und die Kinder* aus dem Jahre 1957 begann in Deutschland die Suche nach dem historischen Doktor Janusz Korczak, geboren in Warschau 1878, ermordet in Treblinka 1942. Fünfzehn Jahre später, 1972, zur Verleihung des Friedenspreises posthum an Korczak, besaß man die authentische Biographie in Grunddaten und wesentlichen Linien. Die Informationen dazu kamen fast ausschließlich aus Polen und Israel. Die Frage, ob Janusz Korczak als Schriftsteller und Pädagoge schon in den zwanziger und dreißiger Jahren in Deutschland bekannt war, wurde zunächst gar nicht gestellt. Daß Korczaks *Fröhliche Geschichten* bereits im Jahre 1927 im Berliner Verlag Rudolf Mosse, in der *Biblioteka Tudmonda*, in Esperanto und im Jahre 1935, ebenfalls in Berlin, *Der Bankrott des kleinen Jack* (Williams & Co.) erschienen waren, blieb lange Zeit unentdeckt. Auch Korczaks Berliner Zeit (1907/08) wurde erst 1982 von Bernd Graubner mit kriminalistischem Gespür enthüllt und 1986 in Warschau in einem Vortrag eindrucksvoll dargelegt hat. Korczak war kein Tagungs- und Kongress-pädagoge, so daß man seinen Namen auch nicht in der Hinterlassenschaft der reformpädagogischen Szene finden kann. Allerdings taucht sein Name in Enzyklopädien und jüdischen Zeitungen und Zeitschriften auf. Manche Agenturmeldung von damals ergänzt, erweitert, vervollständigt das Wissen von Korczaks „Warschauer Leben“.
Zu den neuesten Entdeckungen zur Biographie und zum Umfeld gehören Mitteilungen dieser Art: Im *Frankfurter Israelitischen Familienblatt* (27.12.1918) liest man zum Lemberger Pogrom vom November 1918: „Auch auf die assimilierten Kreise haben die Lemberger Vorgänge einen ungeheuren Eindruck gemacht. Man erzählt, daß der bekannte Schriftsteller Janusch Kortschak (dr. Goldschmidt) (sic!) mit mehreren seiner nächsten Freunde beschlossen hat, nach Palästina zu gehen...“ Die *Grosse Jüdische National-Biographie* (Cernauti, 1925-1936, hg. von S. Winiger) enthält einen Nachdruck aus der *Menorah – Illustrierte Monatsschrift für die jüdische Familie* –, Wien 1930, von Ida Warszawiak: „Korczag, Janusz, Dr. phil. Ps. für Goldschmiedt, einer der besten polnischen Psychologen. Seine besondere Spezialität ist die Kinderpsychologie. Die meisten Stoffe sind

dem Leben der Kinder entnommen. Besonders beliebt sind seine psychologisch-phantastischen Bücher bei der Jugend. In letzter Zeit hat er sich in seinen Schriften dem jüdischen Nationalismus zugekehrt." Ebenso brachte die *Enzyclopaedia Judaica*, Berlin, Eschkol-Verlag, 1930 (?) diese Mitteilung: „Goldschmidt, Henryk (pseudonym: Janusz Korczak), pädagogischer Schriftsteller, geb. 1878 in Praga (Warschau). G. war Mitarbeiter der russophilen polnischen Zeitung *Kurier Polski*. Seine Eindrücke als Leiter einer Ferienkolonie jüdischer Waisenkinder legte er in seiner Schrift ‚*Móski, Jóski, Srulki*' (sic!) nieder, die zu den populärsten Werken der polnischen pädagogischen Literatur gehört und u.a. ins Jiddische, z.T. auch ins Hebräische übersetzt wurde. In letzter Zeit gibt G. eine jüd. Kinderzeitschrift in polnischer Sprache u.d.T. ‚*Mały Przegląd*' heraus. w. J.W." Aus der *Jüdischen Zeitung für Ostdeutschland*, Breslau, 12. Juli 1929 erfährt man unter der Überschrift „Baeck wirbt für Jewish Agency": „Warschau, 9. Juli (JTA.) Das in Warschau versammelte Komitee für die Jewish Agency in Kongresspolen und dem Wilna-Distrikt hat bei Anwesenheit von mehreren hundert Delegierten aus 230 Städten beschlossen, sieben Mitglieder und 14 Stellvertreter in den Council der Jewish Agency zu entsenden. Die gewählten Mitglieder sind: der Dichter Schalom Asch (vorgeschlagen von der Liga für das Arbeitsende Palästina), der Präsident des polnischen Rabbinerverbandes Rabbi Jecheskiel Lifschytz aus Kalisz, Rabbi Salomon David Kahane (Warschau), Dr. Samuel Goldflamm, der Lodzer Großindustrielle Boris Etyngon und der Direktor der Warschauer Diskonto-Bank Dr. Henryk Aszkenasi. Die 14 Stellvertreter sind: Alperson (Kowno), Kruk (Wilna), S. Rosenthal (Wilna), Adv. Warman und Dr. J. Silber (Lublin), Ing. Berkenheim, Ing. Birstein, Hillel Zeitlin, Ing. Czerniaków, Adv. Endelman, Hermann Ginsberg, Janusz Korczak, Vizepräsident des Warschauer Stadtrates Maurici Meisel (sic!), und Vlaclav Walenberg (sic!) ..."
Im Zusammhang mit dem 1987 begangenen Jubiläum der Hamburger B'nai B'rith-Logen ist auch diese Information neu, die in Leon Chajns Buch *Freimaurerei in der II. Republik* bereits 1975 in Warschau erschienen, den Biographen Korczaks aber entgangen ist: „...entstanden zwei Logen in Warschau. Die Loge 'Stern des Meeres' konzentrierte ihr Interesse auf die Arbeit am kontemplativen Charakter. Ein Mitglied dieser Loge war der hervorragende Pädagoge, Beschützer der Waisen, Schriftsteller und Arzt Janusz Korczak ..." Es ist natürlich, daß sich

Korczak den Prinzipien der „Söhne des Bundes“: „Wohltätigkeit, Brüderlichkeit und Eintracht“ verpflichtet wußte.[1] Korczaks Freund und Verleger war Jakub Mortkowicz, sein Verlagssignet die Ähre, sein Grab in der Warschauer Okopowa, auf dem alten jüdischen Friedhof. Mortkowiczs Tochter Hanna Mortkowicz-Olczakowa schrieb die erste *Korczak-Biographie* (Kraków 1949). Über diesen Freund Janusz Korczaks berichtet die *Jüdische Zeitung* für Ostdeutschland, Breslau, am 21. August 1931 unter der Überschrift „Die jüdische Wirtschaftsnot in Polen fordert neue Opfer“: „Warschau, 13. August (JTA). Der Inhaber einer der bedeutendsten Verlage Polens, Jakob Mortkowicz, hat wegen wirtschaftlicher Schwierigkeiten Selbstmord durch Erschießen begangen. In seinem Verlag sind Werke der bedeutendsten polnischen Dichter der beiden letzten Generationen erschienen. Er selbst war Philologe, widmete sich dem Verlagsberuf aus seiner Liebe zur Literatur und hat aus seinem Unternehmen keinen wirtschaftlichen Nutzen gezogen. Als ehemaliger Student deutscher Hochschulen und Verleger zahlreicher deutscher Übersetzungen, hat er sich nach Kräften bemüht, die deutsch-polnische Annäherung zu fördern ...“[2]

Die „Neuigkeiten“ sind alten Datums, sie zeigen aber, daß die jüdische Stimme aus Warschau hierzulande früh vernommen werden konnte. – Dank für Hinweise an Konrad Weiß in der DDR und Leon Harari in Israel.

Vgl. zu Korczak die soeben erschienene Bibliographie: Beiner, Friedhelm; Dauzenroth, Erich; Lax Elisabeth (Hrsg.): *Janusz Korczak Bibliographie – Quellen und Literatur* (dt.) 1943-1987, Agentur Dieck, Heinsberg 1987. Ebenso: Weiss, Konrad: *Nach Deutschland durch die Hintertür? Anmerkungen zum traurigen ersten Kapitel der deutschen Korczak-Rezeption.* In: Beiträge zur Kinder- und Jugendliteratur, Berlin (Ost) 1988, Heft 87.[3]

(In: Pädagogische Rundschau, 42/1988)

[1] Vgl. zu Korczaks Mitgliedschaft in der Freimaurerloge: Langhanky, M.: West meets East. In: Korczak-Bulletin 1/2001, S. 49f.

[2] Zu Jakub Mortkowicz / Korczak vgl. auch: Olczak-Ronikier, J.: In the garden of memory. London 2001.

[3] Wiederabdruck in: Korczak-Bulletin 1 / 2003, S.12ff.

Wehigadeta lewincha – Erzähle deinem Sohn

Der 5. August 1942 – in der Heimatzeitung nachgelesen:

Die Gärten stehen auf der Höhe ihrer Pracht
Über Bellinzona gingen schwere Wolkenbrüche nieder
Volltreffer auf kriegswichtige Anlagen in Brighton
Kropotkin ist nach hartem Kampf genommen
Die ersten deutschen Truppen am Kuban
Der Kreisleiter hält in der Alicenstrasse 10 von 15-17 Uhr Sprechstunde
Rudi Schuricke – Ein Meisterabend froher Unterhaltung ist angekündigt
Ein goldner Ring mit 3 Brillanten ist abhanden gekommen
Verdunkelungszeit am 5. August von 22.08 bis 5.18 Uhr
Knorr empfiehlt die Suppen mit Gemüserest und 1-2 Kartoffeln zu strecken
Und dies:
Jede Verwiegung eines Güterwagens erfordert Rangierarbeiten und damit Verzögerungen im Wagenumlauf der Reichsbahn. Leerwagen werden während
des Krieges nicht gewogen. Beim Versand von Waggonladungen kann der Absender sehr oft das Gewicht im Frachtbrief angeben; er erspart damit bahnseitiges Verwiegen. Versender von Wagenladungen, nützt, diese Vereinfachung...
Hinzugefügt:
An diesem Tag,
am 5. August,
neunzehnhundertzweiundvierzig, wurde Janusz Korczak,
der Jude,
der Pole,
der Arzt,
der Schriftsteller,
der Erzieher,
verfrachtet in Warschau,
gemordet in Treblinka
mit Kindern,
200 an der Zahl...

(Undatiertes Manuskript)

Frühe Tage, letzte Tage

Aus Anlaß des fünfzigsten Jahrestages der Ermordung von Janusz Korczak und seiner Zöglinge in Treblinka hat der Verlag Vandenhoeck und Ruprecht (Göttingen) Korczaks Memoiren als Separatdruck herausgebracht: *Tagebuch aus dem Warschauer Ghetto 1942*.[1] Die Veröffentlichung ist eine späte, aber richtige Entscheidung.
Die autobiographischen Skizzen, denen hoher Wert innerhalb der literarischen Hinterlassenschaft des Warschauers Arztes, Erziehers und Schriftstellers zukommt, waren bisher mit anderen Texten, zusammengebunden und wurden dadurch oft übersehen. Das Bändchen, von Friedhelm Beiner vorbildlich eingeleitet, versehen mit einer Kohlezeichnung des Korczak-Zöglings Yitzak Belfer, erfüllt einen Wunsch vieler. Dieses Tagebuch ist Autobiographie, denn die Aufzeichnungen von Mai bis August 1942 sind nicht Notizen über den Ghettotag, aus dem Ghettotag- das natürlich auch –, sondern mehr Erinnerung, Rechenschaft und zurückschauende Meditation. Szenen, Namen, Gesichter, Ereignisse, literarische Reflexionen und Sätze „Nur so ...“ mischen sich in diesen authentischen Fragmenten. In der Vorhölle des Warschauer Ghettos, schon in der Gewißheit *gestundeter Zeit* (Ingeborg Bachmann) geschrieben, sind die Erinnerungen literarischer Bewertung zu entziehen. Die Fragmente mit aphoristischen Zeilen sind nicht auslesbar, der meditierende Leser wird immer wieder in unerwartete Tiefen gezogen. Bilder bleiben haltbar, ein Vermächtnis wird empfangen. „Nach dem Kriege werden die Menschen einander lange nicht in die Augen sehen können ...“, „Ich habe die Welt schon lange nicht mehr gesegnet. In dieser Nacht habe ich es versucht – es ist mir mißlungen ...“, „Ich wünsche niemandem etwas Böses. Ich kann das nicht. Ich weiß nicht, wie man das macht...“ – Die Blätter dieses „Document humain“ vermitteln die tiefste Berührung mit dem „Treuhänder der Hoffnung“ (Józef Tiszner über Janusz Korczak)

(In: Christ in der Gegenwart, 30/1992)

[1] Vandenhoeck-Verlag. Göttingen, 1992

Amal und die Kinder des Ghettos

Am 18. Juli 1942, siebzehn Tage vor seiner und der Kinder Deportation nach Treblinka, schrieb Janusz Korezak in sein *Ghetto-Tagebuch*: „ Am nächsten Tag, das heißt gestern – eine Theateraufführung. ‚*Das Postamt*' von Tagore. Publikumserfolg, Händedrücke, Lächeln, Versuche, ein herzliches Gespräch anzuknüpfen. (Nach der Vorstellung hat die Frau Vorsitzende das Haus besucht und gemeint, es sei zwar recht eng hier, aber der geniale Korczak habe augenscheinlich bewiesen, daß er in einem Mauseloch wahre Wunder vollbringen könne.) Darum wurden also den anderen Paläste zugewiesen... Wie lächerlich sind sie doch. Was wäre, wenn die Schauspieler von gestern ihre Rolle heute weiterspielen würden. Jerzyk glaubte, er sei ein Fakir, Chaimek, er sei wirklich Arzt. Adek, er sei königlicher Bürgermeister. (Vielleicht wäre das ein Thema für das Mittwochsgespräch der Jugendgruppe – Illusionen – Täuschungen; ihre Rolle im Leben der Menschheit ...)"

Was mag Korczak getrieben haben, das Bühnenstück des indischen Weisen, des Nobelpreisträgers von 1913 Rabindranath Tagore (1861-1941) unter Mithilfe der Studentin Estera Winogronówna in der *Steinernen Welt* des Warschauer Ghettos mit seinen Zöglingen einzustudieren? In fast allen biographischen Skizzen zu Korczak wird dieses Ereignis erwähnt, ohne mit dem Inhalt des Stücks bekannt zumachen. Auch ist im Korczak-Nachlaß die maschinenschriftliche Einladungskarte zu diesem „ersten wahrhaftigen künstlerischen Spektakel seit 1939", unterzeichnet „Goldszmit / Korczak", für Samstag den 18. Juli 1942, 4.30 Uhr, erhalten. Es ist bekannt, daß Korczak auf der „Hungertodesinsel" des Warschauer Ghettos seinen Kindern noch den Rest eines unbekümmerten Lebens sichern wollte, daß er sich nicht nur für Brot zuständig fühlte, auch für geistiges und geistliches Geleit.[1]

Um was für ein Stück, das er im Anblick der täglichen Deportationen nach Treblinka, im Angesicht des Todes, seine Kinder spielen ließ, handelt es sich nun?

Das „Bühnenstück" von Tagore stammt aus dem Jahre 1918. Sicher ist auch Korczak, in den Nachkriegsjahren wie viele geistige Europäer von

---

[1] Vgl. hierzu in das Kapitel „Der zivile Widerstand in der Bildungs- und Kulturarbeit" in: Sakowska, R.: Menschen im Ghetto. Osnabrück1999, S. 129ff.

der Philosophie, von der Sophia des Inders berührt worden.[1] Das Stück, einfach in der Szenerie, rein in der Sprache (nur für Kinder und große Schauspieler), lag polnisch vor. Vielleicht hat es Korczak in sein Ghetto-Gepäck gesteckt, vielleicht hat er es von einem Ghetto-Juden erhalten. Um was geht es? Es geht um Amal, das Adoptivkind des Madhav. Der kranke Amal darf auf Anweisung des Doktors auf keinen Fall ins Freie – „Armes Kind! Den ganzen Tag ihn im Haus halten ...“ Madhav tut alles für diesen lieben Jungen, diesen „Aufgelesenen“ mit wenig Hoffnung, daß er am Leben bleibt. Er darf nicht auf den Hof hinaus darf nicht herumtollen. Nur vom Fenster aus darf er zunächst noch reden mit dem Milchmann, dem Wächter, dem Blumenmädchen Sudha, den spielenden Jungen. Von ihnen erfährt er vom Shamli-Fluß am Fuß der Panch-Mura-Berge, von der Papageien-Insel, dem Vogelparadies, dem Land der Wunder ...
Sicher war Korczak fasziniert von der „Fensterszene“, hat er doch seine Pädagogik als Pädagogik des „Offenen Fensters“ definiert: „Das Kind braucht Bewegung, Luft, Licht – einverstanden, aber auch noch etwas anderes. Den Blick ins Gelände, das Gefühl der Freiheit – ein offenes Fenster ...“, sicher auch fasziniert vom Zauber der Träume des kranken Amal, zutiefst aber getroffen von Sätzen wie diesen: Wächter: „Der König hat viele Briefträger. Siehst du sie nicht herumlaufen mit den runden, vergoldeten Abzeichen auf ihrer Brust ...“ „Einer, der größer ist als er (der Doktor), kommt und macht uns frei ...“ Amal: „Wann wird denn dieser große Doktor zu mir kommen? Ich kann es hier drinnen gar nicht mehr aushalten ...“
Korczaks Kinder spielen ihr Schicksal; die Aufführung wird zur Vorführung der eigenen Situation – keine Ablenkung, kein Entrücken – ein wahrhaft trauriger Trost... Zeugin dieser Aufführung war die Ärztin Dr. Zofia Szymańska (1889 -1978), sie schreibt: „...in einer dunklen Ecke der Stube senkt der Doktor (Korczak) seinen Kopf. Abgrundtiefe Traurigkeit liegt in seien Augen...“

(In: Christ in der Gegenwart, 22 / 1985)

---

[1]Vgl. zu Tagore / Korczak die Beiträge von B. Schonig und M. Langhanky im Korczak-Bulletin 1/2001.

Janusz Korczak: Humoresken und Satiren

„Und jetzt noch ein Wunsch, eine kategorische Forderung.
Sollte eines meiner Feuilletons oder irgendeine meiner Arbeiten, die in den Kolce abgedruckt wurden oder noch werden, irgendwann einmal, nach ein paar tausend Jahren – ausgegraben oder sonst wie gefunden werden, so verbiete ich entschieden und unwiderruflich, sie in den Schulstoff aufzunehmen. Dieses Verbot bekräftige ich mit der eigenhändigen Unterschrift und verlange seine strikte Einhaltung. Ich möchte nach dem Tod meine Ruhe haben!
Hen.Ryk."[1]
Wir übertreten das kategorische Verbot des Hen.Ryk. bereits nach hundert Jahren und versammeln im *Band 2 Sämtliche Werke* alle journalistischen Arbeiten des Henryk Goldszmit / Janusz Korczak (1878-1942), die in den Jahren 1896- 1911 im Warschauer satirischen Wochenblatt *Kolce* (*Stacheln*) erschienen sind.
Die chronologisch geordneten Humoresken, Satiren, Bagatellen werden eröffnet mit dem symbollastigen Text *Węzeł gordyjski* (*Der Gordische Knoten*) und beschlossen mit *Kosałki opałki* (*Albernes Zeug*)[2] von Korczak 1905 aus seinen *Kolce*-Texten ausgewählt und eigenständig veröffentlicht.[3] Hinzugefügt sind unserer Edition die Korczak-Passagen der Mehr-Autoren-Erzählung Lokaj. *Z pamiętników wykolejonego* (*Der Lakai*). Aus den Memoiren eines aus der Bahn geratenen Menschen), ebenfalls aus den *Kolce* stammend.
Korczaks Zusammenarbeit mit der Zeitschrift *Kolce* begann mit den *Gordischen Knoten*, seinem journalistischen Debüt vom 26. September 1896 unter dem Signum Hen.
Den kunstvollen Knoten des Gordios, der Joch und Deichsel seines Ochsenwagens kunstvoll umschlang, zerhieb Alexander d. Gr. mit dem Schwert. Hen versuchte mit dem Wort, Verknotungen und Umschlingungen zu lösen. Die Presse, wenn auch durch zaristische Zensur eingeschränkt, bot seinem Talent und Temperament eine Möglichkeit.

---

[1] Korczak, J.: Sämtliche Werke. Bd. 2. Gütersloh 2002. (künftig zitiert als: SW2), S. 123.
[2] Dt. auch unter den Titeln: Albernheiten, Albernes Geplänkel, Papperlapapp, Lirumlarum, Firlefanz und Flitter zitiert.
[3] Hen-Ryk (Janusz Korczak): Koszałki opałki, Warszawa 1905.

Der „knotenlösende Jüngling“ war bereits von der „pädagogischen Krankheit“[1] auch befallen und suchte auch in Humor und Satire nach einer Pädagogik mit anderen Mitteln. Die *Stacheln* waren ein richtiges Blatt, gedankenlose Zufriedenheit, Erbärmlichkeit und Lächerlichkeit, Aufschneiderei und Prahlerei, Dünkel und Karrieresucht aufs Korn zu nehmen, Masken herunterzureißen und die Darsteller nackt zu zeigen.
Gewürzter Journalismus im Dienst der Bloßstellung, begleitet von Karikatur, hatte es an der Warschauer Weichsel unter dem wachen Auge der Zensoren schwer, jedenfalls schwerer als an der Krakauer Weichsel. Nun hatte sich ein Gymnasiast, ein künftiger Medizinstudent namens Henryk Goldszmit in den *Stacheln* verheddert. Anfangs schrieb er nur gelegentlich, ab 1900 kam es zu einer kontinuierlichen Zusammenarbeit, die bis 1904 dauerte; sein letzter Beitrag erschien am 26. November. Zum 40jährigen der Zeitschrift (1911) meldete er sich dann doch noch einmal. Ob Arbeiten Korczaks der Zensur zum Opfer fielen, wissen wir nicht.
Was war das für ein Blatt?
Das illustrierte humoristisch-satirische Wochenblatt *Kolce* wurde 1871 von Mieczysław Dzikowski, einem Komödienschreiber, gegründet und erschien zunächst unter den Titeln *Osa* (Die Wespe) und *Ostroga* (Der Sporn). Das Blatt gehörte mit dem *Kurier Świąteczny* (Sonntagskurier) und dem unregelmäßig erscheinenden Blättchen *Mucha* (Die Fliege) zu Zeitschriften, die „zwischen dem Baltikum und den Karpaten gegen die Traurigkeit im Lande anzukämpfen versucht haben.“[2]
Die Anfänge waren schwierig, erst mit der Übernahme des Blattes durch Aleksander Pajewski, Herausgeber der *Kolce* von 1874-1904, festigte sich das Unternehmen. Das Wochenblatt erschien samstags und kostete 15 Kopeken, Verlag und Redaktion befanden sich in der Warschauer Niecała-Straße 12. Verleger Pajewski war gleichzeitig Herausgeber von Sensationsromanen. Im Jahre 1874 übernahm Jan Maurycy Kamiński die Redaktion und gewann angesehene Namen für die *Kolce*, so auch Bolesław Prus, dessen Humoreske *Bal maskowy* (Maskenball) 1874 in den Stacheln erschien, ebenso 30 Feuilletons aus seiner Feder in der Rubrik *Naczasie* (In dieser Zeit). Ebenso schrieb Wiktor Gomulicki, der später auch Redakteur der Zeitschrift war.

---

[1] SW2, S. 66ff.
[2] Dedecius, K.: Panorama der polnischen Literatur. Bd. 3: Pointen. Zürich 1997, S. 9.

Die Stacheln – „nur acht Seiten, und die Zeichner mit Kostrzewski an der Spitze nehmen vier Seiten“[1] – waren reich illustriert. Der künstlerische und dokumentarische Wert der Karikaturen von Franciszek Kostrzewski (1826-1911) und Arkadiusz Mucharski (1855-1899) ist beachtlich. Ab 1891 redigierte Józef Śliwowski die Stacheln. Unter ihm schrieben u.a. Antoni Orłowski (Fortunio), Alfred Kobierzycki (As-kier, As Kier), Roman Jungiewicz (Erjot), Wojciech Karśnicki (Wukar), Henryk Władysław Kondratowicz (Hawuka) – von anderen Mitarbeitern konnten die Pseudonyme nicht entschlüsselt werden. Über die Atmosphäre im Kreis der Stachel-Journalisten, im Cafe in der Niecała-Straße, wo man sich zu Diskussionen traf, hat viele Jahre später Kazimierz Pollack in seinen Erinnerungen eines alten Warschauer Journalisten einiges ausgeplaudert.[2] Es war stets ein schwieriges Unternehmen, gute Unterhaltung mit moralischem Inhalt zu schreiben und zu verbreiten. In Nummer 51 der *Stacheln*, Jahrgang 1895, ist zu lesen: „Im Augenblick, da alle Zeitschriften schon ihre Versprechen für das nächste Jahr angekündigt haben, werden sich die Stacheln zu einer solchen Humoristik nicht entschließen ... Satire und Humor, Tadeln der Fehler und Lächerlichkeiten, sowie gesundes Lachen – das ist unsere Losung. Wir unterscheiden weder Aristokraten noch Demokraten, weder Juden noch Antisemiten, für uns gibt es nur Menschen, die entweder vernünftig oder dumm, anständig oder unehrlich handeln ... unabhängig vom Klüngel und von Lagern ... wollen wir ehrliche Unterhaltung anbieten, wo der Leser aus den dort enthaltenen tiefen und ehrlichen Gedanken für sich eine Lehre ziehen kann.“[3]

Als Henryk Goldszmit zu den Stacheln kam, war das Blatt nicht mehr auf dem Niveau der Gründerzeit. Erst mit seinem Eintritt und den von ihm angeregten Neuerungen, besonders der Rubrik *Feuilleton der Stacheln* (*Felieton Kolców*) gewann die Wochenschrift wieder an Substanz. Von 1902-1904 war Hen.Ryk. alleiniger Autor dieser Feuilletons, ebenso Verfasser der *Gedanken* (*Myśli*) und *Meine weisen Gedanken* (*Moje mądre myśli*) unter den Paraphen Hen und Ryk.

---

[1] Vgl. Newerly, I.: Żywe wiązanie (Lebendige Bindung). Warszawa 1966, S. 92.
[2] Pollack, K.: Ze wspomnień starego dziennikarza warszawskiego, Warszawa 1961.
[3] Zit. Nach Korczak, J.: Dzieła (Werke), Bd, 2**. Warszawa 1998, S. 526f.

Etliche Feuilletons legen die Vermutung nahe, dem jungen Journalisten gehe es darum, die Erziehungsthematik in die Zeitschrift einzuführen. Der Gordische Knoten und das erste Feuilleton der Stacheln („Habe ich das Vergnügen, Herr Redakteur“)[1] bekräftigen die Vermutung. Gewiß hatte Hen.Ryk als er zu Humor und Satire griff, ein erzieherisches Ziel im Sinn. Eine neue *Pädagogische Rundschau* (*Przegląd Pedagogiczny*)[2] wollten und sollten die *Stacheln* natürlich nicht werden, doch immer wieder gelang es ihm, pädagogische Themen in das Blatt einzuschmuggeln, ganz im Sinne eines *Gesellschaftlichen Rettungsdienstes*.[3]

Mit einigen Texten hätte er auch die brave *Czytelnia dla Wszystkich* (*Leihbibliothek für alle*), für die er ebenfalls in den Jahren 1898-1901 schrieb, versorgen können. Diese literarisch-erzählende Wochenschrift für die polnischen Familien publizierte Geschichten und Erzählungen, Belehrungen und Betrachtungen in erklärt volks-bildnerischer Absicht.[4]

Adressat der *Stacheln* waren nicht die „einfachen Leute“, es waren „Gebildete“ der etablierten Gesellschaft, die etwas mit Mickiewicz und Sienkiewicz, mit Przybyszewski und Wyspiański anzufangen wußten, etwas von der „nackten Seele“, vom Modernismus, vernommen hatten, „Warsiawiaki“ (wie die Bauern sagen), die in die Philharmonie und in die Theater gingen, Lina Cavalieri und Wiktoria Kawecka, Mattia Battistini und Giovanni Anselmi mit Ovationen bedachten, Zeitungen lasen und Anspielungen, satirische Anschläge auf philiströse Spießerei (in der sie selbst eingefangen waren) durchaus verstanden – vielleicht auch nur Leute, die die Glocke läuten hören, aber nicht wissen, wo sie hängt.

Die polnischen Herausgeber der Werke Korczaks (Dzieła) zitieren im *Kolce*-Zusammenhang Leo Belmont (eigentlich: Leopold Blumental, 1865-1941): „Ich habe sie zur Genüge auf dem Bahnhof gesehen. Sie sehen wie anständige Menschen mit scheinbarer Intelligenz aus... Das rosarote und volle Gesicht eines vortrefflichen Bourgeois zeugt von ausgewähltem Interesse an Vermögen und seinem Magen. Bevor er in den Zug steigt, um seine Familie in der Sommerfrische zu besuchen, kauft er wie gewöhnlich ein bis zwei humoristische Schriftchen. Ich

---

[1] SW2, S. 66.
[2] Angesehene Warschauer pädagogische Zweiwochenschrift seit 1882.
[3] SW2, S. 101ff.
[4] Korczak, J.: Sämtliche Werke. Bd. 6. Gütersloh 2000.

habe niemals beobachtet, daß er irgendeine ernsthafte Zeitschrift kaufte. Er hatte auch niemals Bücher bei sich."[1]

So kann er nicht gewesen sein, der *Kolce*-Leser, wurde ihm doch allerhand Intellektuelles zugemutet, Selbstkritisches abverlangt, letzteres im Blick auf so liebe „Verwandte", aus so berühmten Geschlechtern wie derer von Golisław Bezbut-Uczciwski (in etwa: Blankhans-Ohneschuh-Ehrlich), Liczysław-Nos-Wścibiski (in etwa: Hans-Dampf in allen Gassen, der die Nase in alles steckt), Zenon Częstobezbutów (Zenon oft ohne Schuh), ob sie nun in Warschau daheim oder in Ogłupin (in etwa: Überdumm), Drzemniczek (in etwa: Schlummerort), Zaspań (in etwa: Verschlaf), Geldhabsdorf und Dummenpolenwaldau.

Zapiecek (in etwa: Hinter dem Ofen) – übrigens ein Sträßchen am Eingang zum Alten Markt in Warschau – und Metagłupin (in etwa: Überdumm) sind überall...

Eindeutig überwogen die alltags-gesellschaftlichen Probleme auf den Seiten der *Kolce*, Zustände, „daß sogar ein Humorist von Herzen weinen könnte".[2] Der politische Korczak bleibt noch verdeckt, doch unter der Schellen kappe des *Kolce*-Autors steckt die Jakobinermütze eines Kämpfers. Über den „grämlichen Bismarck"[3], über die Ostmärkler, die »Hakatisten« von Hansemann, Kennemann, von Tiedemann (HKT)[4], die „Deutsche Ordnung"[5] und einen Professor Hans Biertrinker, preußischer Gelehrter und Delegierter der Dideldumdei[6], gab's genug zu schreiben; über die Zustände im russischen Teilungsgebiet – genug zu schweigen, genug zu streichen. Einen Stańczyk[7], der ohne Grenzen seinen Freimut äußern durfte, konnten sich auch die Stacheln nicht leisten.

Die Auflage der *Stacheln* betrug 1.500 Exemplare, die benachbarten satirischen Blätter druckten mehr: der *Sonntagskurier* (*Kurier Świąteczny*) 4.100 Exemplare, *Die Fliege* (*Mucha*) 2.400. Gute Konjunktur hatten Zeitschriften dieser Art vor allem in Galizien, wo in Lemberg *Szczutek* (Nasenstüber) und *Śmigus* (Wasserspritze,

---

[1] Belmont, Leo: Wolne Słowo (Freies Wort), Warszawa 1911. Nr, 39,

[2] SW2, S. 638.

[3] SW2, S. 36.

[4] 1894 war der Deutsche Ostmarkenverein, ursprünglicher Name: Verein zur Förderung des Deutschtums in den Ostmarken, von Ferdinand von Hansemann, Hermann Kennemann, Heinrich von Tiedemann gegründet worden

[5] SW2, S. 240ff.

[6] SW2, S. 281ff.

[7] Hofnarr König Sigismunds I.

Osterspritzen) und *Diabeł* (Der Teufel) in Krakau erschienen. Auch literarisch-künstlerische satirische Publikationen waren in der Epoche des Jungen Polen entstanden, so *Faun* (1899), *Chochoł* (Strohpuppe, 1902) und *Liberum veto* (1903-1905). Nicht ohne Einfluß auf die Krakauer Satire waren gestandene Wochenschriften wie *Punch* (gegr. 1841) und *Simplizissimus*, 1896 in München von Albert Langen und Thomas Theodor Heine gegründet.

Es ist übereinstimmendes Urteil, daß die im Niveau schwankenden Warschauer Stacheln durch Korczaks Mitarbeit an Format und Ansehen gewonnen haben, wenn auch nicht alle seine Humoresken, Satiren, Bagatellen de omni re et quibusdam aliis[1] Meisterstücke geworden sind. Verstehend und vergebend kann gesagt werden, daß eine Mitarbeit von Woche zu Woche „literarische Tagelöhnerei“[2] begünstigt, weil „unter äußerem Muß ... zur feilenden Sorgfalt keine Frist« bleibt.[3] Trotzdem ist von Hen. und Ryk., Hen.Ryk., Hen-Ryk., Go. und Hagot ein schmackhafter Bigos[4] aufgetischt worden – mit Adam Mickiewicz aus Pan Tadeusz[5] gesagt: „Aus guten Gemüsen kunstvoll gekocht...“

Erstmals deutsch folgen den Humoresken und Satiren in vorliegender Edition die Korczak-Passagen der Mehr-Autoren-Erzählung *Lokaj. Z pamętników wykolejonego* (*Der Lakai Aus den Erinnerungen eines aus der Bahn geratenen Menschen*). Die sechs Korczak-Stücke der Erzählung sind paraphiert mit den Kürzeln Hen.Ryk., Go. und Hagot.

Zum Verständnis des Gesamttextes sind die Teile der anderen Autoren knapp zusammengefaßt. Hen.Ryk. eröffnete die *Memoiren*.

„Jede weitere Fortsetzung der ‚Memoiren' wird immer ein anderer Mitarbeiter der *Kolce* schreiben«, merkt die Redaktion an. Die Idee für dieses Produkt „heimischen“ Humors – „Die Leser hatten genug von Exotik und Liebe aus dem Import“[6] – stammt von Korczak; bislang hatte man bevorzugt ausländischen Sensationsgeschichten die Spalten der *Kolce* überlassen, nun zum doppelten Spaß ein Erzeugnis mehrerer

---

[1] Über alles Wißbare und einges andere (Giovanni Pico, Graf von Mirandola, 1463 – 1494).

[2] Markiewicz, H. (Hrg.): Polnischer Realismus. Ein literarisches Lesebuch. Frankfurt 1996, S. 12.

[3] Battaglia, Otto Forst de: Bolesław Prus. In: Zybura, M.(Hrg.): Ein Erasmus unserer Zeit. Darmstadt 1992, S. 157.

[4] Polnisches Nationalgericht

[5] Herr Thaddäus, Nationalepos der Polen (1834).

[6] Newerly, I.: a.a.O., S. 93.

Autoren. Es schrieben Roman Jungiewicz, Jan Kondratowicz, Kazimierz Pollack, Henryk und Leon Rygier, Henryk Zamenhof – alle unter Pseudonymen. Nach 12 Folgen erschien in den *Kolce* ein kleines Gedicht, das den tatsächlichen, vielleicht auch nur angeblichen oder erhofften »Erfolg« des *Lakai* bescheinigte:

„Sehr angenehm ist es zu wissen,
daß Euch der Lakai gefiel,
scheinbar süße Ananas
oder alter trefflicher Tokajer.
Guter Einfall, sagt Ihr,
wenn auch nicht schuld an seinem Inhalt, weil die nächsten Folgen
ein anderer der Humoristen schreibt. Dadurch die große Vielfalt
in Inhalt und Humor
und jeder Stand für sich
was Interessantes finden kann.
Und schließlich fragt Ihr Damen
in Eurem Briefchen ganz zum Schluß, wie lang noch der Lakai
gelesen werden kann.
Von unsren Humoristen
gibt's eine ganze Legion,
die alle schreiben möchten.
Drum wird's nicht schnell zu Ende gehn:
vielleicht im Juni,
vielleicht im Mai."[1]

Am 29. Dezember 1900 erschien die letzte Folge des Ko-Autoren-Abenteuers, der ersten gemeinsam geschriebenen Erzählung in der polnischen Literatur.[2]

Bereits im ersten Feuilleton der *Kolce* schreibt Hen.Ryk. in einer fiktiven Ankündigung über Janusz Korczak, den Autor des »Romans« *Dzieci ulicy* (*Kinder der Straße*)[3], erschienen 1901, „dass der Autor eine gewisse Begabung hat und vielleicht mit der Zeit einige nette, kleinere Sachen schreiben und unter der Überschrift *Koszałki opałki* (*Albernes Zeug*, Albernheiten, Ungereimtes, Lirum-larum) sammeln wird, da sein

---

[1] Kolce, Jhrg. 1900, Nr. 10.
[2] Vgl. Newerly, I.: a.a.O., S. 92.
[3] Deutsch in: Korczak, J.: Sämtliche Werke. Bd.1. Gütersloh 1996.

Talent mehr dem Verfassen kürzerer Texte entspricht."[1] Korczak konzipierte im Jahre 1904, nach Beendigung seiner Zusammenarbeit mit den *Kolce*, seine Sammlung von Ungereimten. Aus den *Kolce*-Texten hatte er 33 (1 Text des Jhrg. 1901, 4 Texte des Jhrg. 1902, 20 Texte des Jhrg. 1903 und 8 Texte des Jhrg. 1904), wohl die nach seiner oder des Verlegers Meinung besten ausgewählt, jedenfalls solche, die man über den vergänglichen Zeitungstag hinaus für haltbar hielt.

Albernes Zeug erfuhr 2 Auflagen, Warszawa 1905 und 1910, beide Male erschienen in der Księgarnia Powszechna (Allgemeine Buchhandlung), Marszałkowska-Straße 139.
Eine Erklärung verlangt der Titel der Sammlung, jedenfalls für den deutschen Leser. Der Titel setzt sich aus zwei Wörtern zusammen: koszałki (Plural von koszałka = Binsenkorb mit Deckel) und opałki (Plural von opałka = flacher Weidenkorb ohne Bügel).
Die Verbindung zu Koszałki opałki (mit und ohne Bindestrich) bedeutet soviel wie Dummheiten, Faseleien, Nonsense Talk. Erwähnenswert ist auch, daß der Titel in der polnischen Folklore an unsinnige, doch belustigende Situationen erinnert.
Das Buch fand großes Interesse; Maria Falkowska hat in ihrer Monographie einige Auszüge aus Rezensionen veröffentlicht.[2]

(In: Korczak, Janusz: Sämtliche Werke. Bd. 2. Gütersloh 2002)

---

[1] SW2, S. 96.

[2] Siehe: Falkowska, M. Kalendarz życia działalności i twórczości Janusza Korczaka (Kalendarium zu Leben, Werk und Tätigkeit Janusz Korczaks). Warszawa 1989, S. 95ff.

Korczak: Erzählungen, Belehrungen und Betrachtungen

Die nachfolgenden Ausführungen gelten den frühen journalistischen Arbeiten Janusz Korczaks, Arbeiten aus den Jahren 1898-1911, Zeitschriftenbeiträge eines jungen Autors, des Studenten, des bestallten Arztes Henryk Goldszmit/Janusz Korczak. Es sind dies Drucke, vornehmlich aus der Warschauer Wochenschrift *Czytelnia dla Wszystkich* (Leihbibliothek für alle), Geschichten, Erzählungen, Belehrungen und Betrachtungen, ergänzt durch ein Reisemosaik, geschrieben während eines Aufenthalts in der Schweiz (1899). Es handelt sich zusammengefasst um journalistische Beiträge in volksbildnerischer Absicht.

Für diese Texte bitten der Autor – und 100 Jahre später die Herausgeber in Deutschland – um „Geneigtheit und Aufmerksamkeit" des Lesers: „Schätzt unsere Arbeit nicht gering, denn das, was euch als ein mit Schriftzeichen bedeckter Papierbogen erscheint, das ist unser Leben, das ist die Frucht unserer schlaflosen Nächte, unserer verborgensten Träume und geheimsten Gefühle. Wir haben nichts für uns außer unserem Vertrauen in eure Geneigtheit und eure Aufmerksamkeit, liebe Leser."[1]

Die „Papierbogen" des Anfängers in der schreibenden Zunft überraschen mit moralischen Feuilletons, mit Genrebildern, mit Lebens-Stücken und Lehr-Stücken. Es kann sein, daß der Autor ersonnene, gehörte, erlebte Geschichten preisgibt, Überlieferungen in aktuelle Bezüge stellt, literarische Vorgaben journalistisch nützt. Auch so kann »das eine oder andere« in »seine« Erzählungen geraten sein:

„Ein Redakteur in einer der meistgelesenen Pariser Tageszeitungen begeisterte viele Monate lang seine Leser mit Feuilletons, die von Kaminfegern, Boten, Hausmeistern, Näherinnen, Dienstmädchen, kleinen Handwerkern und Kaufleuten geschrieben waren, von Kaffeehausjungen, Bettlern usw. Er suchte sich einen kleinen Mann oder Straßenjungen aus, zog ihn ins Gespräch und sagte schließlich: ‚Wenn du das eine oder andere aus unserem Gespräch beschreiben willst, komm in die Redaktion, du kannst dir ein paar Franc verdienen.' Und der zufällige Mitarbeiter kam, rackerte sich ab, der Redakteur mühte sich auch ordentlich, aber nach ein paar Stunden war ein Abschnitt fertig, ein Abschnitt, der ausgezeichnet, oft witzig, voll

[1] Korczak, J.. Sämtliche Werke. Bd. 6. Gütersloh 2000, S. 12.

ungewöhnlicher Wendungen, der Allgemeinheit kaum bekannter Ausdrücke und Wörter aus dem Jargon der Stadt war, ein Abschnitt, der immer von Leben und Wahrheit sprühte. Und am nächsten Morgen las ihn ganz Paris mit der größten Begeisterung."[1]

Wir wissen nicht, ob Korczak solche Korrespondenten in die Warschauer Redaktion einlud, aber es ist naheliegend, nicht nur denkbar, daß „das eine oder andere" in seinem Erzählten von solchen Mitarbeitern stammt, war doch Goldszmit/Korczak schon als Student mit Auge und Ohr und Herz bei den „einfachen" Leuten, mit dem „Milieu" und seiner Poesie vertraut.

Die „Ich"-Erzählung darf nicht ausnahmslos autobiographisch verstanden werden, auch nicht immer die Warschauer Grundierung der Szenen. Mit seinem „Ich" rückte der Autor aber näher an den Leser heran.

Die *Czytelnia* war jedenfalls ein richtiger Ort, mit Erzählgut in der Spannung von „Arm und reich", „Schloß und Kate", „Glück und Elend", „Fleiß und Faulheit", „Leihhaus und Bankhaus", „Dieben und Wohltätern", „Witwen und Waisen" Einfluß auf die polnischen Familien zu nehmen, sie für moralisches Verhalten und Handeln zu rüsten. Dem gleichen Ziel dienten auch die Belehrungen und Betrachtungen über Kunst und Wissenschaft, die Natur, den Menschen und seine Träume, in der Annahme, daß Wissen Tugend befördere.

Auf dem Weg zum Schriftsteller – sein „Roman" *Dzieci ulicy* (*Kinder der Straße*) war im Entstehen – wurde der junge Korczak in ein problematisches Verhältnis hineingezogen: Schriftsteller und Presse. Henryk Markiewicz schreibt zu diesem Bündnis: „Journalistische Aktivitäten bahnten häufig den Weg zur Literatur und ergänzten das Einkommen der Literaten, wenn sie nicht sogar zu deren einziger Einnahmequelle wurden. Die Möglichkeit, in der Presse zu veröffentlichen, förderte darüber hinaus die kleinen Prosagattungen (Novelle, Erzählung, Feuilleton); größere Romane wurden ebenfalls im Hinblick auf ihre Veröffentlichung in der Presse geschrieben, oft von einer Fortsetzung zur anderen. Die vielseitigen Verbindungen mit der Presse erwiesen sich nicht immer als günstig für die Literatur: Die Zeitung schulte zwar die Fähigkeit zur Beobachtung des gesellschaftlichen Lebens, sie begünstigte aber auch den ideologischen

[1] Korczak. J.: Sämtliche Werke. Bd.6. Gütersloh 2000, S. 328f.

Opportunismus und die künstlerische Nachlässigkeit, sie zwang den Schriftsteller, literarische Tagelöhnerei zu betreiben.“[1]
Das Urteil von Markiewicz trifft auch Literaten des „Polnischen Realismus“, die als Schriftsteller schon ausgewiesen, einen achtbaren Platz in der Literatur beanspruchen konnten, Namen, die auch Korczak viel bedeuteten[2], die aber in einigen Werken „nicht über eine literarisch verbrämte einseitige Publizistik“[3] hinauskamen, weil „unter äußerem Muß... zur feilenden Sorgfalt keine Frist“[4] blieb.
Korczak – „Ich armer Journalist, ein Junggeselle ohne Braut“[5]- geleitet von literarischem und ethischem Anspruch, war in die „Schlinge des Feuilletons geraten“[6].

(In: Korczak, Janusz: Sämtliche Werke. Bd. 6. Gütersloh 2000)

---

[1] Markiewicz, H. (Hrg.): Polnischer Realismus. Ein literarisches Lesebuch. Frankfurt 1996, S.12. (Vorwort), Polnische Bibliothek Suhrkamp.
[2] Zu nennen sind Bolesław Prus. Henryk Sienkiewicz und Adolf Dygasiński,
[3] Markiewicz, H. a.a.O., S. 20.
[4] Battaglia, Otto Forst de: Bolesław Prus, In: Zybura. M, (Hrg): Ein Erasmus unserer Zeit, Schriften zur polnischen Literatur, Darmstadt 1992. S, 157.
[5] Korczak, J.: Sämtliche Werke. Bd 2. Gütersloh 2002, S. 65.
[6] A.a.O., S. 737.

Korczak und seine „Kinderrepublik“

Krochmalna 92 – das ist die Adresse eines „schöpferischen Labors“, wie Aleksander Lewin, einer der letzten noch lebenden Zeugen für Korczak, das Waisenhaus genannt hat. Henryk Stifelman, der mit namhaften Bauten für jüdische Einrichtungen hervorgetreten war, hatte mit Korczaks Beratung das Gebäude entworfen und täglich waren Dr. Eliasberg vom „Verein Hilfe für Waisen“ und Korczak auf dem Bauplatz und kämpften noch vor Ort mit Architekt und Meistern um die zweckmäßigste Ausführung.

Was entstand war mehr als

– Findelhaus
– Bewahranstalt
– Kinderasyl
– Rettungshaus oder
– elendes Waisenhaus.

Verabschieden wir uns also von überlieferten Waisenhausbildern, verabschieden wir uns auch vom Waisenkind, dem elternlosen.

Korczaks Zöglinge – ich muß beim zeitgeschichtlichen Wort bleiben, obwohl Zögling nach Züchtling klingt – Korczaks Zöglinge stammten hauptsächlich aus sozial-schwachen, ungebildeten und mittelosen Schichten und Korczak empfing 1912 „eine bedrohliche Horde, der er machtlos gegenüberstand".

Erfahrungen mit Kindern hatte der ungelernte Pädagoge in die Krochmalna mitgebracht – Erfahrungen als Schüler und Student bei den *Kindern der Straße*, Erfahrungen als junger Doktor in den *Sommerkolonien*.

Hier war er dem „Proletariat mit den kleinen Füßen“ begegnet – Bürger einer Republik sollten sie werden! Von Anfang an schwebte ihm so etwas vor wie eine Kinderrepublik, deren Strukturen in einer demokratisch verfassten Erwachsenengesellschaft vorgegeben waren, eine gemäße Form von Dreiteilung der Gewalten, ergänzt durch die vierte Gewalt, die Presse. Über dieses System – wenn man es so nennen darf – ist viel geschrieben worden und vornehmlich Studenten und Journalisten stürzen sich darauf in der Annahme hier sei das Korczak-Eigentliche, das Originale, das Originelle gefunden. Die Geschichte der Erziehung lehrt uns aber, daß vieles im Korczak'schen System in

Traditionen steht, in Traditionen von den reformatorischen Kirchenordnungen bis Alexander Sutherland Neill (Isabel Kirchner hat darüber gearbeitet)[1] und in der polnischen Tradition bei Tadeusz Czacki (1756-1813) und bei Bronisław Trentowski (1808-1869) zu finden ist.
Kritiker, darunter viele Ehemalige aus dem Waisenhaus[2] hatten allerdings ihre Zweifel: Korczaks System sei künstlich, das System entspreche ihm, eigne sich aber nicht für den durchschnittlichen Erzieher und übliche pädagogische Einrichtungen.
Nach Korczaks Worten sei zwar das Kind Hausherr, Mitarbeiter, Leiter des Hauses, und die Verantwortung habe auf den Schultern aller gelegen. In Wirklichkeit sei aber das Regiment Korczaks und seiner Haupterzieherin Stefania Wilczyńska gut getarnt gewesen, die Selbstverwaltung, die Selbstregulierung sei gelenkt gewesen. Wir kennen solche kritischen Urteile aus den Erinnerungen der ehemaligen Mitarbeiter, ehemaliger Zöglinge und Freunde. Die über 90 Berichte derer, die Korczak gekannt, die unter Korczak Kind waren, haben wir als Begleitband zu unserer großen Werkausgabe deutsch publiziert – ein eindrucksvolles Dokument erzählter Geschichtsschreibung, spannende Lektüre für jeden an Erziehungsexperimenten Interessierten.
Was gab es nun für Selbstverwaltungseinrichtungen?
Wie wurde der innere Ablauf geregelt? Als „pädagogische Instrumente" dienten:
– Anschlagtafel mit Anordnungen und Mitteilungen,
– Briefkasten,
– Betreuungskommission,
– Konferenzen,
– Heimzeitung. Es gab ab 1926 die öffentliche Zeitung von Kindern für Kinder, die *Kleine Rundschau*, wöchentliche Beilage der Zeitung *Nasz Przegląd*. Außerdem das
– *Wochenblatt der Bursa*. Zentrale Säulen waren das
– Kameradschaftsgericht und der
– Sejm, das Parlament.

---

[1] Kirchner, I.: Das Kindergericht bei Korczak und anderen Reformpädagogen. (Schriftliche Hausarbeit im Rahmen der Ersten Staatsprüfung für das Lehramt der Primarstufe. Wuppertal 1999).
[2] Vgl. hierzu: „Kritische Stimmen" in: Janusz Korczak in der Erinnerung von Zeitzeugen. (Hrg.: Beiner, F. / Ungermann, S.). Gütersloh 1999, S. 110ff.

Über das Kinderparlament, Kindersejm mit seinen 20 Abgeordneten und seinen Befugnissen – Beschlüsse über außerordentliche Kalender-tage des Hauses, Beschlüsse wer eine Erinnerungspostkarte erhält, Beschluß iiber den Verweis eines Kindes etc. will ich nicht ausführlich sprechen. Viele von ihnen kennen die literarische, die filmische Verklärung des Parlaments aus *König Macius I.*
Einige Bemerkungen aber über Gericht und Zeitung:
Das sogenannte Kameradschaftsgericht hielt Korczak für das zentrale Stück seines Entwurfs: „Wenn ich dem Gericht unverhältnismäßig viel Platz einräume, so in der Überzeugung, daß das Gericht zum Ausgangspunkt der vollen Gleichberechtigung der Kinder werden könnte, daß es zu einer Verfassung führt und letztlich dazu zwingt – eine Deklaration der Rechte des Kindes zu verkünden. Das Kind hat ein Recht auf die ernsthafte Behandlung seiner Angelegenheiten, auf ihre gerechte und ausgewogene Beurteilung. Bis heute war alles vom guten Willen und den Launen des Erziehers abhängig. Das Kind hatte kein Recht auf Einspruch. Diesem Despotismus müssen Grenzen gesetzt werden..."
Und so lautet das Motto des Gerichtskodex, die vorangestellte Präambel: „Wenn jemand etwas Böses getan hat, ist es am besten, ihm zu verzeihen. Wenn er aus Unwissenheit etwas Schlimmes angestellt hat, so weiß er es jetzt. Wenn er es aus Gedankenlosigkeit getan hat, wird er in Zukunft vorsichtiger sein. Wenn er etwas Böses tut, weil es ihm schwer fällt, sich anzupassen, wird er sich bemühen. Wenn er es getan hat, weil er dazu überredet wurde, wird er in Zukunft nicht mehr auf andere hören. Wenn jemand etwas Böses getan hat, ist es am besten, man verzeiht ihm und wartet, bis er sich bessert.
Das Gericht aber muß die Stillen schützen, damit ihnen die Aggressiven und Aufdringlichen kein Unrecht zufügen; das Gericht muß die Schwachen schützen, damit die Starken sie nicht quälen; es muß die Gewissenhaften und Fleißigen gegen die Nachlässigen und Faulen in Schutz nehmen; das Gericht muß für Ordnung sorgen, denn Unordnung belastet die guten, stillen und gewissenhaften Kinder am meisten. Das Gericht ist nicht die Gerechtigkeit, aber es soll nach Gerechtigkeit streben; das Gericht ist nicht die Wahrheit, aber es möchte die Wahrheit finden..." Soweit die Präambel.
Ich persönlich glaube nicht, daß diese Strukturen das über seine Zeit hinausweisende sind. Nicht das, was man oft nennt, muß das Richtige

sein. Für Korczak waren auch diese Elemente Experiment, Versuch und Wagnis auf der Suche nach einer Begleitung des jungen Menschen bei geringster Verletzung seiner Menschenrechte. Vieles von dem, was Korczak-Kenner zu seinem Nachruhm mitteilen und was ihn so einmalig, so unvergleichbar macht, stammt nicht aus Verstand und Vernunft, sondern aus der Traumkraft der Phantasie – Es war „der Sieg der Phantasie in der Erziehung“, sagt die Journalistin Erika Kumm. Ich beneide Erika Kumm um diese Formulierung.

Das Gesetzbuch hat 109 Paragraphen – 99 sprechen frei – die Paragraphen 100 – 1000 gelten als Strafen mit steigendem Gewicht. Paragraph 1000: Wir verweisen ihn von der Anstalt. Aber es steht dem Verurteilten zu, nach drei Monaten um Wiederaufnahme zu bitten.

Lassen Sie mich abschließend noch etwas zur Zeitung sagen: Am 9. Oktober 1926 erschien die vielgerühmte Zeitung *Kleine Rundschau* als Beilage der Tageszeitung *Unsere Rundschau* – die letzte Nummer des Blattes erschien am 1. September 1939. Diese Zeitung sollte nach Korczaks Vorstellungen kein Blatt vor den Mund nehmen, gewissenhaft berichten und von Sorgen und Nöten der Kinder erzählen. Kritiker warnten, dass das Schreiben der Kinder zu einer sinnlosen Sucht werden könnte, Graphomanie nannte man das – aber Korczak reagierte: Die Graphomanie sie sei im Gegenteil eine gesunde Erscheinung in einer kultivierten Gesellschaft. Die Zeitung wurde ein großer Erfolg.

Korczak sagt: „In der Erziehung ist alles Experiment. Ich versuche es mit Milde und Strenge, ich versuche zu untertreiben und zu übertreiben. Wir haben nicht die Absicht, unser Versuchs-Programm für ein Dogma aufzugeben. Der Versuch sollte vorsichtig und besonnen durchgeführt werden und niemanden in Gefahr bringen – ein solcher Versuch ist unser ganzes Erziehungssystem...“

Und Madzia Markuze-Seliger, ehemals Korrespondentin der *Kleinen Rundschau* schreibt in ihren Erinnerungen: „Er suchte, probierte, nicht immer und nicht alles gelang ihm.“

(Undatierter Vortragsentwurf)

Korczak und die „Kleine Rundschau“

„Dzieci i ryby nie mają głosu“ – ein altes polnisches Sprichwort: „Kinder und Fische haben keine Stimme.“
Daß Janusz Korczak Kindern zur Stimme verhalf, ist oft gesagt worden. Daß er nach Versuchen schriftlicher Verständigung mit Kindern durch das *Wochenblatt des Waisenhauses* (*Tygodnik Domu Sierot*), in Kiew durch die *Kleine Zeitung* (*Gazetka*), dann wieder in Warschau mit dem Blatt *Unser Haus* – von Maria Falkowska[1] in einem Aufsatz, von Friedhelm Beiner und Silvia Ungermann in einem Kommentar vorgestellt – ein landesweites Organ für die Stimme des Kindes schuf, wird mit seinen Texten und den Beiträgen der Kinder-Autoren im Band 14 der Sämtlichen Werke Korczaks erstmals dokumentiert.
Von 1926 bis 1939 erschien die *Kleine Rundschau* (*Mały Przegląd*), zunächst mit dem Untertitel *Zeitung für Kinder und Jugendliche* als Freitagsbeilage der jüdischen, polnischsprachigen Tageszeitung *Unsere Rundschau* (*Nasz Przegląd*). Dieser *Kleinen Rundschau* „auf miserablem Papier und nicht allzu ordentlich (in editorischem Sinn)“ wird reichlich Ruhm nachgetragen: „Unvergleichliche Erscheinung“, „Pionierhaftes Werk“, „Einzig und unnachahmlich“, „Authentische Schule des Journalismus“, „Ein Blatt, das unserer Generation Sinn gab“, „Bedeutendes Element des ganzen pädagogischen Nachlasses von Korczak.“[2]
Am 30. September 1926 schrieb *Unsere Rundschau* (gegr. 1923), deren gelegentlicher Mitarbeiter Korczak war: „Bei dem Vorhaben, die bestehende Lücke in unserem Zeitschriftenwesen auszufüllen, da eine spezielle Zeitschrift für Kinder und Jugendliche fehlt, haben wir beschlossen, die Grundlage für eine solche Zeitschrift in Form einer kostenlosen Wochenbeilage für Kinder und Jugendliche unter dem Titel *Kleine Rundschau* zu schaffen... Für den Redakteursposten dieser

[1]Vgl.: Międzynarodowe Stowarzyszenie im Jausza Korczaka (Internationale Janusz Korczak-Gesellschaft) (Hrg.): O Małym Przeglądzie po latach (Über die Kleine Rundschau nach Jahren). Warszawa 1989, S. 95ff. Vgl. auch: Beiner, F. und Ungermann, S.: Kommentar zur Publizistik für Kinder und Jugendliche. In: Korczak, J.: Sämtliche Werke. Bd. 13. Gütersloh 2003, S. 495ff.
[2]Nachweis der Zitate von A. Lewin, J. Papuzińska, K. Dębnicki, I. Śmigielska siehe : Korczak, J.: Sämtliche Werke. Bd. 14. Gütersloh 2005, S. 629.

Beilage ist es uns gelungen, den besten Kenner der kindlichen Seele zu gewinnen, den hervorragenden Schriftsteller, Autor von *Kind des Salons, Albernes Zeug*, sowie solch großartiger Werke für Kinder wie *Die Mojscheks, Joscheks und Sruleks, König Macius I., Der Bankrott des kleinen Jack.*“[1] Gewiß kannte man in der Redaktion auch Korczaks erste Veröffentlichungen für Kinder im Wochenblatt „Wieczory Rodzinne“ (Familienabende), ebenso seine Beiträge in der Zeitschrift für Kinder und Erzieher *W słońcu* (In der Sonne)[2] . Bekannt war auch Korczaks Broschüre von 1921 „O gazetce szkolnej“[3]. Darin heißt es eingangs: „Ich glaube fest daran, daß es einen Bedarf an Zeitungen für Kinder und Jugendliche gibt, aber eben an solchen Zeitungen, deren Mitarbeiter sie selbst sein sollten, an Zeitungen, die Themen berühren sollten, die wichtig und interessant für sie sind und nicht nur – Wochenblättchen mit Märchen und Verschen.“[4]

In der „Schulausgabe“ des *Kurier Polski* (Polnischer Kurier) erschien 1925 Korczaks Aufsatz *ABC*[5]. In diesem Aufsatz stellte er eine Zeitschrift neuen Typs für Kinder vor: „Wenn wir Erwachsenen uns nicht verständigen können ... dann soll das Kind sich mit dem Kind verständigen ... So wurde die Idee von einer Kinderpresse geboren, von einer Tageszeitung für Kinder, der ABC-Zeitung. Das Alphabet des Lebens. Kurze, einfachste Sätze und Formulierungen ... Sollen sie fragen ... sollen sie sagen ... sollen sie laut sprechen ...“[6] Sein Beitrag wurde als faszinierendes, kühnes Projekt eines talentierten Schriftsteller aufgenommen, ein Projekt, das das Zusammenleben der Kinder befördern könnte. Mit der *Kleinen Rundschau* fand die Idee 1926 ihre Verwirklichung.

Am 3. Oktober 1926 wandte sich Korczak in *Nasz Przeglad* (Unsere Rundschau) an seine künftigen Leser: „In der Redaktion von Unsere Rundschau hat man mir so gesagt: ‚Wir wollen eine Beilage für Kinder einführen. Die Beilage kann einmal in der Woche erscheinen. Wir stellen einstweilen zwei Seiten wöchentlich zur Verfügung. Wir mischen

---

[1] Deutsch in: Korczak, J.: Sämtliche Werke. Bd. 1, 2, 10, 12.

[2] Familienabende. Illustriertes Blatt. Wochenschrift für Jugendliche und Kinder / In der Sonne. Illustrierte Halbmonatsschrift für Kinder und Erzieher.

[3] Deutsch in: Korczak, J.: Sämtliche Werke. Bd. 13. Gütersloh 2003, S. 97 – 113.

[4] Ebd. S. 97.

[5] Korczak, J.. Sämtliche Werke. Bd. 9. Gütersloh 2004, S. 182ff.

[6] Ebd. S. 182f.

uns nicht ein. Schreibt einfach, was euch paßt. Sie haben schon ein paar Bücher für Kinder geschrieben, also wird es ihnen leichtfallen.' Ich sagte: ‚gut'."[1] Und schließlich folgt eine Korczaksche Phantasie, wie alles sein wird! Mit dieser Ansage schlagen wir die 13 Jahrgänge der *Kleinen Rundschau* rund 80 Jahre nach Erscheinen wieder auf.[2]
Märchenhaft die Ankündigung, armselig die Realität!
Madzia Markuze-Seliger, Redaktionssekretärin der Kleinen Rundschau in den Jahren 1926–1934 erinnert sich: „In der Nowolipki-Straße 7, im Gebäude der Redaktion von *Nasz Przegląd*, befand sich in der ersten Etage ein kleines Zimmerchen mit einem Vorflur. Ein Schreibtisch, ein paar Stühle, ein Tisch, an der Seite – ein Briefkasten. An den Wänden Bilder, die von Kindern gemalt waren. Gegenüber der Eingangstür wieder eine Tür, die weiter ins Gebäude führte, zur Setzerei und Druckerei. Dieses bescheidene Zimmerchen in der ersten Etage – das war die Redaktion der *Kleinen Rundschau*." [3] Später wird Korczak schreiben: „ Ich erinnere daran, daß am Anfang die ganze Administration der *Kleinen Rundschau* in einem Grammophonkasten untergebracht war..."
„Hundert Schränke und in jedem Schrank hundert Schubladen haben wir nicht. Also ist die Ordnung eben so la la..."[4] Immerhin schon komfortabler als eine Bank im Saska, im Sächsischen Garten, auf der einst polnische Schüler ihre Blätter konzipierten und redigierten – so, nach Konarski, die Redakteure des *Realist* um 1900.
Die „Große" Rundschau, das Mutterblatt, im Untertitel „Unabhängiges Organ", doch mit erklärt „zionistischem Signum", war polnischsprachig. Auch dies für Korczak ein Grund, mit der landesweit verbreiteten Zeitung zusammenzuarbeiten. Für die jüdischen Kinder war es zukunftsentscheidend, die polnische Sprache zu beherrschen. Aus früher Mitarbeit in den Sommerkolonien (1904, 1907, 1908) und dem Umgang mit Kindern in Spital und Waisenhaus kannte Korczak die Schwierigkeiten, die jüdische Kinder mit der polnischen Sprache hatten.

---

[1] Korczak, J.: Do moich przyszłych czytelników (An meine kónftigen Leser) In: Nasz Przegląd (Unsere Rundschau), Warszawa 1926, Nr. 271 vom 3.10.
[2] SW 14, S. 13.
[3] Markuze-Seliger: In der Redaktion in der Nowolipki Straße 7. In: Beiner, F. und Ungermann S. (Hrg) Janusz Korczak in der Erinnerung von Zeitzeugen. Mitarbeiter, Kinder und Freunde berichten. Gütersloh 1999, S. 133. (Künftig zitiert: Zeitzeugen)
[4] SW 14, S. 15.

Viele sprachen überhaupt nicht polnisch: „In Warschau gibt es Straßen, in denen man nur dann ein polnisches Wort hört, wenn der häßliche Fluch des Hausmeisters ertönt, weil ihm die jüdischen Bälger den Hof dreckig gemacht haben. Und wenn dort ein Junge einmal die polnische Sprache hört, dann nur in Sätzen wie: ‚Auf der Stelle krepiere, die Cholera soll euch holen'..."[1] So stellte die *Kleine Rundschau* die Kinder auch in die Pflicht an der polnischen Sprache.

Unsere Rundschau hatte eine Auflage von rd. 40.000 Exemplaren, am Freitag mit der Kleinen stieg die Auflage. Wenn wir davon ausgehen, daß eine Nummer der *Kleinen Rundschau* von mehreren Kindern gelesen wurde – nicht nur in Warschau, auch in der „Provinz" und dem Ausland (das wissen wir aus Briefen, aus den „Posteingängen", wie sich eine Rubrik der *Kleinen Rundschau* titelte) –, kann man eine sechsstellige Zahl von Lesern ausmachen.

Die *Kleine Rundschau* unterschied sich deutlich von Vorläufern der Kinderpresse. Das war nicht mehr „Schülerpresse", wie sie in Polen, teils illegal, verbreitet war, das war auch nicht mehr *Heidekraut für artige Kinder* der Maria Rodziewiczówna (1863-1944), waren nicht mehr *Vergnügungen für Kinder* der Klementyna von Tańska Hoffmanowa (1798-1845), das war auch nicht mehr der *Briefkasten* der Wochenschriften *Familienabende*, den Zofia Bukowiecka (1844-1920) unter dem Pseudonym Jaskółka, die Schwalbe, betreute.

Bücher und Zeitschriften ähnlichen Charakters gab es natürlich auch in Deutschland. Und was in Polen *In der Sonne* (*W słońcu*) hieß, hieß andernorts *Sonnenland*, was *Efeuranken* hieß, hieß in Polen *Heidekraut* (*Wrzos*).

Schluß jetzt mit Konfliktvertuschung, Schluß mit Unterlassung von Streitfragen, Schluß mit „Bestrafter Naschhaftigkeit": „Er hat heimlich genascht und nachher war er krank. So schreibt man heute nicht mehr. Das Kind nascht heimlich, wird nicht krank – und lacht über die dumme Geschichte."[2] – Im satirischen Wochenblatt *Kolce* (Stacheln) hatte schon der junge „Ryk", so eines der Autorenkürzel von Korczak, eine satirische Version des ersten Teils von *Heidekraut* der Verfasserin Maria Rodziewiczówna gewidmet![3]

---

[1] Papuszińka. J, a.a.O.

[2] SW 14, S. 159.

[3] Siehe: SW 1, S. 230.

Wenig beachtet, was die Vorgängerschaft der *Kleinen Rundschau* betrifft, ist der *Dziennik dla dzieci* (Tageblatt für Kinder), von Stanisław Jachowicz (1796-1857) herausgegeben.[1] Sechsmal in der Woche bot die „erste Kinderzeitung auf diesem Globus“[2] literarische Texte, aktuelle Nachrichten, Gedenken historischer Ereignisse und Briefe der Leser. Diesem Konzept stand Korczak mit seiner *Kleinen Rundschau* nahe. Bereits im ersten Jahr ihres Bestehens kamen 5.000 Briefe in die Nowolipki 7, nach zehn Jahren waren es 45.000, gehütet im Redaktionsarchiv. „Wir haben keinen Redaktionspapierkorb, den Ofen heizen wir mit Kohle und nicht mit den Briefen der Kinder – so achten wir ihre Arbeiten und heben sie als wertvolle Dokumente auf“, schrieb Korczak.[3] Keinesfalls wollte „der Alte, kahlköpfig, mit Brille“[4] eine literarische Zeitung machen, keinesfalls ein Forum für junge Poeten eröffnen, keinen Musenhain anlegen. Kein Deklamieren also, keine abgedroschenen Phrasen, schon gar keine Kinderpoeterei. Nachrichten! Tatsächliche Ereignisse, Vorfälle, Schwierigkeiten, Kümmernisse! „Anstatt in Versen zu leiden, beklage dich in einfachen Worten, ohne Reime ...“[5] „Auch noch aus Paris Gedichte – es reichen die einheimischen.“[6] Korczaks stete Ermutigung zum Schreiben – auch durch die begehrten Erinnerungspostkarten begleitet: „Eine Blumenpostkarte ist die Erinnerung an eine Anstrengung, eine schwierige, vollbrachte Arbeit. Eine Früchtepostkarte ist – die Erinnerung an geleistete Hilfe oder ein Verdienst...“[7] – brachte eilig die Kritiker auf den Plan. Korczak wußte natürlich, daß es zu „Strohruhm“[8] kommen kann, der wie „Strohfeuer“ aufflammt und schnell verlischt. „Große Köpfe“ würden auf kleinen Schultern ruhen, große Köpfe voller Stolz und Einbildung, hatte man ihm vorgeworfen. Von „Megalomanie“ war die Rede und von der

---

[1] Jachowicz, St., Pädagoge und Jugendschriftsteller. Dt. Das kranke Kätzchen. Berlin 1961.
[2] Leszczyński. G.: Polnische Kinderliteratur, Ein historischer Abriß, In: Almanach zur polnischen Kinderkultur, Hrg. Institut für interdisziplinäre Medienforschung. Katholische Akademie Hamburg. Hamburg 1996, S. 23.
[3] SW 14, S. 44.
[4] Ebd. S. 13.
[5] Ebd. S. 48.
[6] Ebd. S. 184.
[7] Ebd. S. 531.
[8] Ebd. S. 31.

Angst, das „Sodawasser“ könne in den Kopf steigen.[1] Man sprach von der Gefahr der „Graphomanie“. Korczak entgegnete solcher Kritik, daß Graphomanie völlig ungefährlich sei, im Gegenteil eine gesunde Erscheinung in einer kultivierten Gesellschaft.[2] Noch in seinem wohl letzten Beitrag für die *Kleine Rundschau* kommt er darauf zurück: „Mißgünstige Leute nörgelten: ‚Die *Kleine Rundschau* zieht Graphomanen heran.’ Sie sagten: ‚Er fabriziert eingebildete, verkrachte Existenzen.’ Nein! – Jetzt habe ich das volle Recht, zu sagen – nein.“[3]
Auch hier kommt Korczak zu einer Grundintention zurück: Die Tatsache, daß jüdische Kinder auf diese Weise auch lernen, mit der polnischen Sprache umzugehen, sei zu begrüßen und im übrigen eine notwendige Aufgabe der Erziehung. Dank der *Kleinen Rundschau* „hätten viele Kinder gelernt, den Schatz auszunützen, den die schöne polnische Sprache ihnen biete“.[4]
Die *Kleine Rundschau* – eine im besten Sinn demokratische Zeitung „ohne Schreibelite“, denn „der originale Stil und die Denkweise der Verfasser sollten bewahrt bleiben“[5] – veröffentlichte vom 9. Oktober 1926 bis zum 1. September 1939 wöchentlich Texte von Kindern und Jugendlichen: Nachrichten, Klagen, Bitten – auch Lob und Dank – aus den Konfliktfeldern: Haus, Straße, Schule, Eigentum, Geld, Spitznamen, Prügeleien, Vandalismus – natürlich das Verhältnis „Juden und Polen“, waren Themen, und auch so „ein ganz erwachsenes Thema“[6] wie die „Finanzreform“ in Polen (in der Diskussion darüber auch ein Kindervorschlag „man solle Europa vereinigen“.[7] Was das Milieu der Schreiber und Leser betrifft, muß doch weitgehend ein Milieu der Bedürftigkeit festgestellt werden. Anna Wernik widerspricht allerdings der Schlußfolgerung, „daß die *Kleine Rundschau* die Probleme der Kinder aus einem hauptsächlich ärmlichen Milieu repräsentierte“.[8]
Życie jak życie (Leben wie Leben) nennt Kazimierz Dębnicki, der in der *Kleinen Rundschau* als Tadeusz B.-ski. schrieb, seine Erinnerungen,

---

[1] Vgl. Śmigielska. I, a,a,O,. S,26.
[2] Newerly, I.: Żywe wiązanie (Lebendige Bindung). Warszawa 1966, S. 315.
[3] SW 14, S. 575.
[4] Harari. L. Über die Gründung und Entwicklung der Kleinen Rundschau. In: Zeitzeugen, S. 132.
[5] Balcerak, J.: Meine Erlebnisse als Reporter und Autor. A.a.O., S. 147.
[6] SW 14, S. 56ff.
[7] Ebd. S. 244.
[8] Wernik, A. In: O Małym Przeglądzie po latach, A.a.O., S. 110.

auch die an die *Kleine Rundschau*[1].

Angetreten für die Verteidigung des Kindes – „Eine Zeitung für Kinder hat die Pflicht, Kinder zu verteidigen – eine Zeitung für jüdische Kinder hat die Pflicht, Kinder zu verteidigen, die als Juden geboren und dadurch leiden"[2] – wurde die *Kleine Rundschau*, wenn es sie auch nicht unter jedem „Strohdach" gab[3] zu einem „Hyde Park" in Warschau.[4] Doch nicht ohne Einspruch und Widerspruch lief alles ab. Der Zensor griff ein, Korczak griff ein, denn er fürchtete „Infektionsgefahr" bei „exaltierten Fieberträumen"[5], und Seelenergüsse fand er gefährlich: „Jeder soll seine eigene Seele für sich behalten."[6]

In seinem Verständnis war die Redaktion auch „kein Laden, wo man zu den Käufern freundlich sein muß"[7]. So kamen von ihm nicht nur barsche Zurückweisungen, auch kalte Abkanzlungen:

„Verewigen – ein epochales Ereignis – ein wertvoller Schatz – die Herzenstiefe – Flammen – die Erträge – Zuversicht – umgepflügte Herzen – unauslöschliches Mal – Weg zum Licht. O, Tosia – Tosia."[8]

„Der Brief ist unaufrichtig, marktschreierisch, unanständig."[9]

„Du hast abgedroschene, schäbige Phrasen."[10]

„Auch du bist nicht gewinnbringend für die Leser."[11]

„O Junge – Junge: Irgendetwas ist nicht ganz in Ordnung in deinem Brief und in deinem Kopf auch."[12]

„Du eingebildeter Dummkopf."[13]

„Good morning – mon cher ami – vir doctus – all right – Fermentierung – Imagination – sich delektieren – thank you – Sensation – jucundum eraet – hlif – primo – secundo – wohin leuft der Knabe – bestia fera –

---

[1] Warszawa 1980. Hier besonders die Seiten 263 – 464. Ebenso: Korczak z bliska (Korczak aus der Nähe). In deutscher Übersetzung sein Kinderbuch Kot na suficie (Die Katze an der Zimmerdecke). München 1975.

[2] SW 14, S. 39.

[3] Ebd. S. 77.

[4] Komar, M. In: Słowo Żydowskie (Jüdisches Wort).Warszawa 1997. Agb. vom 24.1.

[5] SW 14, S.316.

[6] Ebd. S. 67

[7] Ebd. S. 42.

[8] Ebd. S. 129.

[9] Ebd. S. 74.

[10] Ebd. S. 92.

[11] Ebd. S. 251.

[12] Ebd. S. 316.

[13] Ebd. S. 213.

um Gottes willen. – Ich behalte deine Schreibweise bei und bin nicht für sie verantwortlich, denn ich kenne nicht so viele Sprachen. Im polnischen Text fand ich 23 Fehler. Weißt du was? Übersetze die Erzählung ins Englische und schicke sie nach Amerika. Dort gibt es reiche Zeitungen und sie zahlen große Honorare.“[1]

Solch deutlicher Sprache stehen Anerkennung und Ermutigung gegenüber. Keineswegs war die *Kleine Rundschau* eine Kanzel für die wöchentliche Verkündigung der „großen“ Rechte des Kindes, sie war aber die Stimme für die „kleinen“ Rechte: „Himmel und Hölle“ auf der Straße zu spielen, ohne Stacheldraht im Krasiński-Park zu tummeln, den Ball aus dem Rasen zu angeln, Recht auf gutes Papier und eine ordentliche Schreibfeder, nicht von den Klofrauen im Sächsischen Garten geschröpft zu werden ...

Siege über Tränen und Traurigkeiten wurden gefeiert: Natuś von der Schürze „befreit“, das versprochene Fahrrad für Roman ist da, dann die Akte des Hil aus Sosnowiec. Während die „Große“ Rundschau von Weltskandalen und Kriegen berichtete, war der wackelnde Zahn ein Thema.[2]

Marian Fuks, Historiker der Juden Warschaus, einst Mitarbeiter der *Kleinen Rundschau*, erzählt von seinem Vater – einem wohlgesinnten Leser –, daß dieser manches „infantil“ genannt und „Kraut und Rüben“ gemurmelt habe[3], was da „Irka von Waliców“, „Renia aus Sierakowsko“, „Szlamek aus Otwock“, „Dycia aus Zamość“, „Lusia aus Częstochowa“ und andere aus dem weiten Korrespondentennetz geschrieben haben. Übrigens sollten diese Pseudonyme nicht etwa journalistische Eitelkeit befördern, sie dienten dem Schutz des Kindes vor neidischen Lesern – auch vor Nachstellungen. Seit Bestehen unterschrieb die *Kleine Rundschau* die Beiträge der Kinder niemals mit dem Nachnamen!

Es verdient erwähnt zu werden, daß aus talentierten Kinder-Schreibern beachtete Journalisten und Schriftsteller geworden sind. Aus dem Kreis der „Małyprzeglądowcy“, der „Kleinrundschauler“, die in Korczaks Blatt debütierten, sind zu nennen: Józef Hen, Kazimierz Dębnicki, Kazimierz Koźniewski, Maria Szulecka – auch Irena Śmigielska,

---

[1] SW14, S. 50.

[2] Vgl. Balcerak, J. In: Zeitzeugen, S.146.

[3] Die Kleine Rundschau in meiner Familie. Ebd., S.155.

Madzia Markuze, Józef Balcerak, Zygmunt Korta und Leon Harari.
Erinnert sei auch hier an Stefania Wilczyńska, die nicht nur in der Krochmalna 92 Honorare an die jungen Autoren aushändigte, die auch redaktionell in der „Kleinen Rundschau“ mithalf, auch ihre Korrespondenzen aus Palästina – 15 Briefe aus dem Kibbuz Ein Harod – 1935 bis 1939 veröffentlichte.[1]
Wandlungen und Veränderungen der *Kleinen Rundschau*, nicht erst unter der Redaktion von Jerzy Abramow – Igor Newerly, sind augenfällig. Korczak schrieb immer seltener, füllte aber noch mit seinem Kajtuś Czarodziej (Kajtus, der Zauberer)[2] in 20 Folgen die *Kleine Rundschau* (26. 3. I933 – 5. 1. I934). Schon 1930 hatte „Pan Jerzy“ die Leitung des Blattes inne, bekannt gemacht wurde dies aber erst am I2. Oktober I934. Korczaks Name verschwand auch aus dem Zeitungskopf, doch von „Abschied“ kann keine Rede sein: „Ich bin erschöpft. Jetzt soll ein junger, heiterer Mensch die *Kleine Rundschau* führen, der mehr Zeit hat.“[3]
Die Kinder von 1926 waren Jugendliche geworden, der wackelnde Zahn von Henio war kein Problem mehr. Zögernd darf gesagt werden, daß Korczak sich für Jugendliche weniger interessierte. „Mit den Jugendlichen befasse ich mich deshalb nicht, weil ihr im Grunde weniger aufrichtig seid. Ihr habt kein Vertrauen ... nie gab es so eine Ehrlichkeit und Offenheit wie bei Kindern,“[4] sagte er dem jugendlichen Interviewer Ludwik. Und im *Tagebuch* (*Pamiętnik*) aus dem Warschauer Ghetto liest man: „Als ich noch die Kleine Rundschau redigierte, interessierte sich die Jugend nur für zwei Themen: Kommunismus (Politik) und sexuelle Probleme.“[5]
Marian Fuks erzählt, daß Igor Newerly ihm gesagt habe, daß es mit den Kindern keine Probleme gegeben habe: „Sorge bereiteten heranwachsende Jugendliche, die nicht auf die Lektüre ihrer Zeitung verzichten wollten, aber bereits andere Ambitionen, Bedürfnisse und

---

[1] Wilczyńska, St.: Słowo do dzieci i wychowawców (Wort an Kinder und Erzieher). Auswahl und Bearbeitung: Barbara Puszkin und Marta Ciesielska. Warszawa 2004, S. 114ff.
[2] SW 12. Gütersloh 1998.
[3] SW 14, S. 570.
[4] Ebd. S. 552.
[5] Korczak, J.: Das Recht des Kindes auf Achtung. Göttingen 1970. Hier: Erinnerungen, S. 315.

Forderungen hatten. So war die zweite Etappe der *Kleinen Rundschau* die dreißiger Jahre – schwieriger und weniger anregend für den heranwachsenden Leser. Ohne die Leistungen der *Kleinen Rundschau* der dreißiger Jahre, an der Korczak nach wie vor Interesse bekundete, schmälern zu wollen, war es doch eine andere Periode, vielleicht hatte die Schrift an Frische verloren."[1]

Aus diesen Erfahrungen heraus gründete Igor Newerly 1937 die Zeitschrift *WoTuM. Wolna Trybuna Młodych* (Votum. Freie Jugendtribüne), die aber nach elf Nummern im Mai 1937 wieder eingestellt wurde.

(In: Korczak, Janusz: Sämtliche Werke. Bd. 14. Gütersloh 2005)

[1] Fuks, M.: A.a.O., S.153.

Janusz Korczak, der Arzt

Der Arzt und Erzieher Janusz Korczak muß in drei Bereichen gesucht und interpretiert werden:
1. im Bereich der europäischen Reformpädagogik der 20er Jahre,
2. im Bereich der polnischen Nationalliteratur und
3. im Bereich der Ärzte-Pädagogen und Ärzte-Schriftsteller. (Letzteres meint nicht dichtende Doktoren mit Reimen auf Pfarrer Kneipp – es meint: Anton Cechov oder Gottfried Benn.) Die drei Felder sind nicht nur partiell zur Übereinstimmung, sie sind fast deckungsgleich geworden.

Korczak hatte in der Schule der Medizin das scharfe Sehen, die vorsichtige Diagnose und das illusionslose Zupacken gelernt – nicht zuletzt in Berlin. Über diesen Aufenthalt und seine Eindrücke könnte ein spannender Beitrag geschrieben werden, heiter und bedrückend, ein Beitrag, der bittere Einblicke in den deutschen Wissenschaftsbetrieb zum Inhalt hatte.[1] „Gib da nicht die Hand, das ist dort nicht üblich und nimm jeden Tag einen sauberen Kragen." Das war der Rat, den man ihm in Warschau gab." Sieben Jahre war Korczak Stationsarzt im Warschauer Baumann-Berson-Kinderspital in der ulica Śliska. Dort lernte er kennen die Sprache des Weinens und Lachens, die Sprache der Augen, der Mundstellung, der Bewegungen und des Saugens, und die Symphonie des Atmens des schlafenden Kindes. Er verließ das Spital – ich benutze bewußt dieses Wort, denn er setzte es in seiner Berliner Korrespondenz in Gegensatz zum „Fortschritt" etwa eines „Pasteur – Instituts" oder eines „Virchow-Krankenhauses". Er verließ also das Spital um eines „Hauses der Waisen" willen. Er empfand allerdings diese Entscheidung als „häßliche Fahnenflucht": „Das Spital hat mir so vieles gegeben und ich, ich Undankbarer, gab ihm so wenig..."

Korczaks früher Entschluß, Arzt zu werden („ich muß ein guter Arzt sein, ich entwickle meine eigene Methode..." – die Entscheidung für diesen Beruf darf man jedoch nicht so einfältig mit „innerer Berufung" erklären. Man sah es um die Jahrhundertwende in Polen geradezu als „patriotische Pflicht" an, Arzt oder Ingenieur zu werden.

---

[1] Korczak, J.: Eindrücke aus Berlin. In: Korczak, J.: Sämtliche Werke. Bd. 8. Gütersloh 1999, S. 29ff. Dieser Band versammelt das sozialmedizinische Schrifttum Korczaks.

„Patriotische Pflicht“ also Arzt oder Ingenieur! Denken Sie an das Polen der Teilungen, an die alles Polnische unterdrückende politische Realität. Korczaks literarisches Auftreten kann man durchaus ähnlich sehen: Nicht nur „Lust am Fabulieren'" auch patriotischer Auftrag, die polnische Sprache aufzubewahren und weiterzugeben. Erzieherberuf als patriotische Aufgabe: Begleitung, Geleit, Führung polnischer, jüdischer Kinder „für die lange und weite Reise, die da Leben heißt“.
Hier und heute sei nur über die Personalunion Arzt/Erzieher gesprochen. Es ist ein Leichtes, einen Zitatenschatz (Fragmente, Aphorismen) zu Korczak, dem Arzt, zusammenzustellen, es würde ein Buch der ärztlichen Weisheit und des pädagogischen Takts werden, insgesamt ein Buch der Heilung. Einige Beispiele: „Der Arzt hat das Kind dem Tod entrissen; Aufgabe des Erziehers ist es, das Kind leben zu lassen...“ oder „Ohne Verständnis für die Harmonie des Körpers kann man das Mysterium der Heilung nicht wirklich schätzen lernen.“ oder:
„Wenn den Arzt manchmal die genaue und bis ins einzelne gehende Beobachtung in Erstaunen versetzt, so kann er andererseits mit gleicher Verwunderung feststellen, daß Mütter das einfachste Symptom oft nicht mehr verstehen, ja nicht einmal mehr wahrzunehmen vermögen.“ oder: „Ruf den Arzt für zehn Minuten, aber beobachte es auch selbst, zwanzig Stunden lang.“ „Wie ungern nimmt eine Mutter unbestimmte Antworten zur Kenntnis, wie wenig schätzt sie es, wenn der Arzt am Kinderbettchen laut denkt, und wie oft ist der Arzt gezwungen, zum Scharlatan zu werden, um Prophet zu sein“... oder ein aktueller polnischer Bezug: „Was für ein Glück, daß Ärzte und Polizei mir nicht vorschreiben können, wie oft ich pro Minute atmen darf und wie oft mein Herz das Recht zu schlagen hat.“ Drei Dokumente sind besonders herauszustellen:
1. Die im Jahre 1914 entstandene Skizze *Bobo*[1] („Baby“), eine ärztlich-literarische Studie über einen Säugling. Diese Studie müßte Pflichtlektüre angehender Kinderärzte und Schwestern, Kindergärtnerinnen und Lehrer, junger Eltern sein. Hier hat Dr. Korczak genau beschreibende Beobachtungen und das Wissen von dem engen Zusammenhang der körperlichen und der seelischen Bedürfnisse und Funktionen im frühen Kindesalter zu einer Auffassung zusammengefügt, die den Ansichten von 1914 weit vorausgreift. Diese Skizze ist

[1] In: Korczak, J.: Sämtliche Werke. Bd. 3. Gütersloh 2000, S. 7ff.

auch wegen ihres Schlusses bedeutsam: „ignorabimus, ignorabimus“, sagt Korczak. Es bleibt: das Kind – die „unbekannte Größe“.
2. Die *Beobachtung eines Falles von Onanie bei einem Jungen*[1], die Korczak in den 20er Jahren niedergeschrieben hat, die zunächst wegen des delikaten Themas nicht in Polen, sondern 1937 in der Schweiz erschienen ist. In der Einleitung zu dieser vorzüglichen Fallbeschreibung steht der wichtige Satz: „Im Unterschied zur Medizin, wo in Kliniken und Labors jede geringste isolierte Erscheinung zum mehrjährigen Forschungsobjekt wird, zeichnet sich die Pädagogik durch Leichtfertigkeit und Schnelligkeit endgültiger Urteile aus." Ein Satz wider unser oberflächliches pädagogisches Jahrhundert. Allein um dieses Satzes willen lohnt es sich bei Korczak erzieherisch anzufragen.
3. Korczak war ein in den Häusern des Warschauer Bürgertums gefragter Kinderarzt. Er selbst sah sich als „gewöhnlicher Ortsarzt“ als „Lückenbüßer, als Aschenputtel“.
Er war ein Doktor ohne Lehrbuchmethoden, er war ein Arzt unter dem Eid des Hippokrates, er war auch ein Arzt, der Honorare nahm, denn im Talmud steht: „Ein Arzt, der keinen Lohn nimmt wird einem Kranken nicht helfen...“ Eine bisher unveröffentlichte Skizze zeigt uns Korczak den „Arzt als Erzieher des Kindes" oder den „Erzieher als Arzt des Kindes“: Einmal wurde er in ein reiches Haus gerufen. Die Patientin, ein Mädchen, konnte nicht zu ihm kommen. ‚Sie kann nicht gehen, sie hat keine Kräfte mehr.’.– ‚Was fehlt ihr?’ – ‚Sie kann nicht essen.’- ‚Wir bitten sehr, dass der Herr Doktor zu uns kommt.’ So war das Gespräch. Dann kam er in das Zimmer des kranken Kindes, begleitet von Vater, Mutter und Oma. ‚Ich bleibe mit dem Kind allein’, hat er entschieden geantwortet.
„Das Zimmer: halbzugezogene Vorhänge, ein großer Teppich, lackierte Möbel, auf den Regalen ein echtes Spielzeuggeschäft: ein Elefant, ein Bär, Puppen, Hunde, Katzen...
In der Ecke, unter einer seidenen Bettdecke, auf einem hohen Kissen liegt ein blasses, siebenjähriges Mädchen.
‚Guten Tag’, ruft der Doktor, ‚gib mir die Hand.’
Das Mädchen hat auf die Worte des Fremden nicht reagiert.
‚Willst du mich nicht kennen lernen? Wie heißt du?’
‚Geh weg...’

[1] In: Korczak, J.: Sämtliche Werke. Bd. 8. Gütersloh 1999, S. 279ff.

‚Wenn ich weggehe, komme ich nicht mehr und zeige dir nicht, wie man Püppchen aus Papier ausschneidet...'
Das hat ihr Interesse geweckt:
‚Zeig mal!'
‚Aber zuerst stell' dich vor, man spricht ja nicht mit einem Unbekannten!'
Das Mädchen reicht die linke Hand.
‚Nicht diese, nein, reiche mir die rechte.'
‚Ich will nicht.'
‚Nicht nötig, höchstwahrscheinlich angeschwollen.'
‚Überhaupt nicht.' Sofort hat sie die Rechte gereicht.
‚Also, wie heißt du?'
‚Lala.'
‚Sag deinen richtigen Vornamen, Lala ist kein Vorname.'
‚Lala ist eine Puppe.'
‚Unartig bist du.'
Er ist zum Fenster gegangen, hat es geöffnet, frische Luft hereingelassen, im Handumdrehen alles Spielzeug auf dem Fußboden verteilt, den Teppich in die Ecke gerollt, zum Bett gegangen und die Bettdecke weggerissen.
Erregt hat sich das Mädchen im Bett erhoben:
‚Was machst du?'
‚Ich will mit dir spielen.'
‚Es ist kalt.'
‚Zieh dich an, es wird warm sein', – er hat ihr die Hausschuhe gereicht.-
‚Ich kann es nicht allein.'
‚Beeile dich, andere Kinder warten auf mich!'
Die Entschiedenheit und Freundlichkeit seiner Stimme haben ‚Lala' überzeugt.

An der Tür lauschte die Familie. Nach einer halben Stunde ist der Doktor hinausgegangen. Im Zimmer ist Unordnung geblieben. Die Kleine saß mit einem Heft in der Hand und klebte bunte Scherenschnitte. Korczak hat ihr versprochen, wenn sie gut esse, begleite er sie in einer Woche auf einem Spaziergang. Der Vater hat ein Papier unterschrieben, die Mutter bat um die Diagnose.
‚Sie ist nicht krank. Man muß ihr frische Luft geben und ein bisschen Bewegung. Sie will nicht essen – nicht nötig. Sie wird eine Zeit lang

Hunger haben, dann wird sie essen. Wechselt die Bettwäsche, nehmt die Vorhänge weg, gebt dem Kind frische Luft!'"

Aus den drei Dokumenten wird die Qualität des Arztpädagogen Janusz Korczak sichtbar. Ich möchte sie im Anschluß an Willy Dreyfuß *Nähe und Distanz* nennen.

Nähe heißt: hingehen zum Kind, sich niederbeugen, hocken, setzen, den Herzschlag hören, Teilnahme, Anteilnahme, aber keine Umklammerung keine Bestürmung. Abstand: nur aus der Distanz läßt sich Haltung, Gestik, Mimik erkennen.

Korczak lebte in einer Zeit, die uns Pädagogen und Ärzten geradezu vorgeschichtlich erscheint – aber auch ideal: wo Hingabe oft das mangelnde Wissen ersetzen mußte, wo Erzieher und Arzt nur ein bescheidenes Maß an Ausbildung mitbekamen. Korczak arbeitete, als eine Leuchte der klinischen Medizin, Adalbert Czerny, seine Vorlesungen *Der Arzt als Erzieher des Kindes* veröffentlichte, in denen er zeigt, daß es keine Trennung zwischen Arzt und Erzieher geben dürfe, damit ihre Tätigkeit erst wahrhaft fruchtbar sein könne.

Der Erzieher muß nach Korczak – wenn nicht gerade Doktor der Medizin, so doch Krankenpfleger sein, so wie die Pflegerin „Łaja aus der Śliska", der er ein rührendes literarisches Denkmal gesetzt hat. Auch dies gehört den Erziehern ins Stammbuch geschrieben: „Ein Kind, das sich beschmutzt hat, ein Kind mit einem Ausschlag am Kopf und Körper: du mußt sie pflegen, waschen, verbinden. Ein Erzieher, der sich vor den schmutzigen Beinen eines Kindes ekelt, der keine Gerüche ertragen kann, der sich empört, wenn er eine Laus auf seinem Anzug findet, hat seinen Beruf verfehlt – er mag sich in ein Büro setzen..." An dieses Zitat seien noch zwei einprägsame Maximen angeschlossen – auch weil sie mein pädagogisches Credo zum Inhalt haben: „Ich werde ein nachsichtiges Lächeln oder eine Grimasse des Mißbehagens hervorrufen, wenn ich sage, daß ebenso würdig ein zweibändiges Buch über Waschen und Wäscherinnen wäre wie über Psychoanalyse, daß die Küche und eine Suppe mehr Intelligenz und Initiative erfordern als ein bakteriologisches Labor und ein Mikroskop. Und ich würde gerade einen Säugling lieber einer rechtschaffenen Kinderfrau anvertrauen als einer Charlotte Bühler..." „Alte Ammen oder Maurer – das sind oft bessere Pädagogen als eine Diplompsychologin..."

(Vortrag, Gießen, 4. Juni 1983)

Korczak und die Sozialpädiatrie

Kinderärzte und Pädagogen sehen sich in zunehmendem Maße herausgefordert durch Probleme:
– der Schulreife,
– der Schulaufnahme,
– der Übertrittsverfahren,
– der Leistungsstörungen,
– der Gestaltung des Schulalltags,
– des Schulsports,
– der Sexualerziehung,
– mit Problemen des Alkohol-, Nikotin- und Drogenmißbrauchs,
– mit dem Krankenhausaufenthalt von Kindern.

Die anstehenden Probleme vom Schulbau bis zum Kinderfernsehen und die 1000 Fragen dazwischen, verlangen den permanenten Informationsaustausch und die Diskussion zwischen Arzt und Erzieher. Ich warne allerdings vor einer Überschätzung oder Unterschätzung des Partners in diesen Diskussionen. Sicher sind vor und während dieses Dialogs noch allerhand Vorurteile über die „Kompetenz" des Partners abzubauen. Lassen Sie mich dazu ein Ärgernis erwähnen:

Der in der „Dritten Welt" und in Westeuropa wegen seiner heftigen Attacken gegen die herkömmliche Schule bekannte Volkspädagoge Ivan Illich, geboren 1926 in Wien, „ein Ivan von seltenem Mut, großer Lebendigkeit, außerordentlicher und brillanter Gelehrsamkeit und fruchtbarer Phantasie" (Erich Fromm), hat in jüngster Zeit eine Kampagne gegen Sie, die medizinische Wissenschaft und Praxis, eröffnet. Illich behauptet, daß die „Großmacht Medizin innerhalb der letzten zehn Jahre eine solche Diktatur aufgerichtet habe, daß die Medizinsucht, die Arzt- und Krankenhaushörigkeit heute selbst schon als Leiden zu klassifizieren seien."[1]

Das ist eine aktuelle Stimme aus der Pädagogik, die ich zitieren muß, die gehört und bedacht zu werden verdient, aber nicht den von uns hier geforderten Dialog erleichtert. Die mitunter spektakulären Zeitungsberichte und popularwissenschaftlichen Aufsätze über Reformen im

---

[1] Vgl. hierzu: Illich, I.: Entschulung der Gesellschaft. München 1972; Almosen und Folter. München 1970. Vorwort von E. Fromm.

Erziehungs- und Bildungswesen, neue Methoden und didaktische Wege – ich nenne repräsentativ die Titelgeschichte des Hamburger Magazins *Der Spiegel*: „Macht Mengenlehre krank?" – veranlassen mich aber, mit Nachdruck den offenen Dialog zwischen Arzt und Erzieher zu fordern, aufzunehmen, weiterzuführen. Wenn es stimmt, daß heute der Nerven wegen zahlreiche Kinder in ärztlicher Behandlung sind, wenn es so ist, daß viele Eltern wegen Schulschwierigkeiten ihrer Kinder das Sprechzimmer des Arztes aufsuchen, dann sind wir, die Pädagogen, aufgerufen, die Reformen, die Methoden und Wege zu überprüfen – mit Ihnen, den Ärzten, und wenn nötig, die Reformen zu reformieren.

Das *Jahrhundert des Kindes*, das, meine verehrten Kollegen von der medizinischen Fakultät, die Schwedin Ellen Key im Jahre 1900 mit ihrem weltberühmten Buch[1] angekündigt hat, geht zur Neige.

Wir alle wissen, wie sehr dieses Jahrhundert, bis heute, geprägt ist von Leid und Verlassenheit, von Qual und Tod des Kindes. David Rubinowicz und Anne Frank mögen für alle *Kinder der Nacht* hier genannt sein. An diesem Ort, an diesem Tag daran zu erinnern ist müßig; auch aus Ihren Publikationen in *Przegląd Lekarski* habe ich dazu Erschütterndes erfahren.

Janusz Korczak, der Lehrmeister, dessen Leben und Werk ich nicht müde werde, zu verkünden, schrieb einmal: „Der Arzt hat das Kind dem Tod entrissen; Aufgabe des Erziehers ist es, das Kind leben zu lassen und ihm zu dem Recht zu verhelfen, Kind zu sein." Wir alle haben uns dieser Forderung täglich zu stellen; jedem von uns erwächst aus ihr ein ganz spezifischer Auftrag.

Das Optimale für das Kind können wir aber nur im gemeinsamen Sehen und Urteilen und Handeln erreichen.

Paracelsus hat geschrieben: „Gott hat den Arzt lieber als andere Fakultäten" – ich habe das in den Memoiren eines deutschen Arztes[2] gelesen.

Wenn es stimmen sollte, dann möchte ich Gott bitten, uns, die Pädagogen, in diese Liebe mit einzubeziehen – um des Menschen willen.

(Vortrag, teilweise gekürzt, in Kraków am 29.1.1975)

---

[1] Key, E.: Das Jahrhundert des Kindes. Stockholm 1900.
[2] Strootman, G.: Aus meinem roten Notizbuch. 1960.

Korczak als Friseur

In der literarischen Hinterlassenschaft Janusz Korczaks, die auf meinem Schreibtisch und auf dem Fußboden bei mir zu Hause ausgebreitet ist, findet sich dies und das, was unerwartet kommt und heiter macht.

Ich hatte drei Themen zur Wahl:

1. Korczak und Pfarrer Kneipp – aber da hätte ich in Bad Wörishofen aussteigen müssen – vielleicht empfehlen Sie mich dort... Korczak schrieb zwanzigjährig, 1898, in der populären Warschauer Zeitschrift Czytelnia dla wszystkich (Leihbibliothek für alle) einen Beitrag über den „Braven Pfarrer von Wörishofen" unter dem Titel „Gesundheit".[1] Ein schöner Text.

2. Korczak und die „Geheimnisse aus dem Berufsleben der Hebammen"[2] – ein Vortrag von 1907 vor dem Warschauer Hebammenverband (veröffentlicht in der Zeitschrift Krytyka lekarska – Ärztliche Kritik). Da meine letzte Begegnung mit einer Hebamme 68 Jahre zurückliegt, meide ich dieses Thema. So bleibt übrig:

3. Korczak als Friseur.

Also, liebe Freunde, ein paar ernste, jedenfalls ernstgemeinte Bemerkungen. Vorweg eine mir liebe Erinnerung. Zu meinen frühen Freunden aus der Internationalen Korczak-Szene gehörte der Arzt aus Rouen, Doktor der Medizin der Fakultät von Montpellier, Maurice Wajdenfeld. Bis zu seinem Tod war er ein liebenswerter Freund. Wir trafen uns in Paris und Warschau, in Moskau und Jerusalem, in Gießen, Stuttgart und anderswo. Hören Sie seine Geschichte[3], so, wie ich sie oft aus seinem Munde gehört habe:

„Im Mai 1926 war ich im Friseursalon in der Miła-Straße 18 tätig. Der Eingang, sprich das Tor zu diesem Gebäude, befand sich in der Muranowska-Straße. Der Eigentümer dieses Lokals war Herr Gelbart aus Grójce. Von diesem Klima beeinflusst wurde ich in eine Jugendorganisation hineingezogen, die gleichsam einen Vorhof des Schützenvereins darstellte.

Ein Jahr später befand ich mich in einem Salon in der Gegend um Wola-

---

[1] In: Korczak, J.: Sämtliche Werke. Bd.8. Gütersloh 1999, S. 196ff.

[2] In: a.a.O., S.169ff.

[3] In: Janusz Korczak in der Erinnerung von Zeitzeuge, (Hrg. Beiner, F / Ungermann, S.). Gütersloh 1999, S. 484ff.

Kercelak. Hier erfolgte in Gestalt eines zufällig anwesenden Gastes, inkognito, mit einem rötlichen Bart und schütterem Haar, inmitten der Kunden das Wunder. Diese Person schien sehr an den herrschenden Bewegungen in diesem Geschäft, das eigentlich mehr eine Spelunke des Warschauer Abschaums war, interessiert zu sein. Aus Mangel an Kleidung verachtete ich nicht einmal den militärischen Drillichanzug, den man unter dem weißen, nicht zugeknöpften Friseurhemd sah.

Einmal warf dieser interessante Gast aus seinem Sessel eine unerwartete Frage in die Runde: Welchen Glaubens ich sei?

Durch diese Frage erzürnt – entgegnete ich barsch, daß ich Jude sei und bis zu meinem Tod, auch ohne Beten, Jude bleiben würde. Ohne Umschweife fügte ich hinzu: ‚Anscheinend ist meine Schießuniform nicht nach ihrem Geschmack.' Der Gast beruhigte mich, und lächelnd erläuterte er mir, daß ich mich irre, da ihn meine Angehörigkeit zum Schützenverein nicht abschrecke, sondern, ganz im Gegenteil, ihn die Tatsache freue, daß eine so typisch polnische Organisation auch einen Juden in ihren Reihen habe. Er ließ Komplimente über meine Friseurkunst folgen, die offenkundig nicht mit meiner Einschätzung übereinstimmten. Diese ungewöhnliche Begegnung machte einen sonderbaren Eindruck auf mich. Zum ersten Mal verspürte ich gegenüber diesem eigenartigen Menschen Achtung. Es geschah etwas Unerhörtes. In diesem Sumpf, welcher für mich die Welt war, hatte sich noch nie jemand freundlich an mich gewandt, denn meine Position als eine wehrlose Waise machte mich immer zum Ziel von Spott und Gelächter. Dieses eine Mal blieb mir für immer in Erinnerung, und am Ende meines Lebens kann ich sagen, daß ich mich nie für zu wichtig genommen habe. Mit einer instinktiven Begegnung brach ich in Lachen aus und rief: ‚Mein Herr! Sie irren sich; trotz meines gegenwärtigen Sturzes ist es mein Traum, Arzt zu werden.'

Der Gast, anscheinend verwundert von meiner Erwiderung, entgegnete lächelnd, ruhig, ohne jegliche Ironie, daß die Idee, Arzt zu werden, nicht ganz zu verwerfen sei, und ohne Zögern fügte er hinzu: ‚Zu Zeiten des Königs Heinrich von Valois lebte in Frankreich ein Barbier namens Ambroise Paree, der Vater und Begründer der heutigen Chirurgie. Deshalb ist im Leben alles möglich unter der Bedingung', und das folgende flüsterte er mir zu, ‚daß Sie so schnell wie möglich diesen Salon verlassen. Mit Arbeit, dem Willen zum Lernen und Geduld werden Sie Ihr Ziel erreichen.' Er gab mir ein Trinkgeld. Nachdem er

das Lokal verlassen hatte, enthüllte mir einer der Gäste die Identität der intrigierenden Person.
Es fand sich nochmals die Gelegenheit zum Gespräch. Korczak machte mir Hoffnung. Ich wechselte die Arbeitsstelle, fand Handbücher für die Schule und Bücher zum Selbstlernen. Trotz des Gelächters in meiner Umgebung, trotz unglaublich schwerer Lebensbedingungen machte ich mich ans Lernen; weil ich an Korczak glaubte, gelangte ich zum Ziel, und mein wunderbares Märchen wurde wahr."
Oft hat der Freund Wajdenfeld diese Geschichte erzählt, der Moritz, der spätere Arzt in Rouen.
Was sagt uns diese Geschichte über Korczak?

1. Daß Korczak zum Friseur ging,
2. daß Korczak im Warschauer Milieu zum Friseur ging und nicht in einen Nobelsalon in der Nowy Świat oder in der Marszałkowska,
3. daß er sich lieber mit dem Friseur unterhielt als im *Warschauer Kurier* oder im *Illustrierten Wochenblatt* las. Das war 1926.

Im Jahre 1923 hatte Korczak bereits in der Zeitschrift *Opieka nad Dzieckiem* (Kinderfürsorge) den Artikel *Haareschneiden*[1] geschrieben. Darin heißt es:
„Hätte es praktische Prüfungen für Internatserzieher gegeben, hätte ich unter anderem eine eingeführt und zwar, eine Haarschneidemaschiene auseinander zu legen, eine entsprechende Feder einzupassen, sie zu reinigen, zu ölen und das Haar auch mit einer fehlerhaften Maschine zu schneiden. Ich kenne Beispiele großer Liederlichkeit beim Fingernägel- und Haarschneiden. Schlecht erhaltene und unbrauchbare Geräte. Irgend jemand, der schneidet und irgendwann, und als Resultat: Folter für die Kinder und unendliche sog. Pilze, Flechten, Krätze. Ich kenne eine Menge von ärztlichen Instrumenten und behaupte, daß es viel leichter ist z.B. den Sphygmographen des Intubators geschweige die Pravazspritze oder den Potain-Apparat in Ordnung zu halten, als eine Haarschneidemaschine. Hier kommt die Genauigkeit für die Fülle der Haare ins Spiel. Ich würde nur den zum Haarschneiden zulassen, der die ganze Einfachheit des Gerätes versteht, ihm eine angemessene Bedienung sichert, die es als Ergebnis menschlicher Erfindungsgabe und geistiger Schöpferkraft verdient.
Die Maschine ist stumpf – sagt der Erzieher oder der diensthabende

[1] In: Korczak, J.: Sämtliche Werke. Bd. 8. Gütersloh 1999, S. 254ff

Frisör – ein älterer Zögling. Eben gekauft – sagt der Verwalter. – Ich werde nicht alle drei Monate eine neue kaufen. Die Maschine kostet so und so viel. Aussichtslos ist das Schärfen, Vernickeln, die Reparatur; und im Endergebnis gibt es solche Szenen:

Das Kind, unabhängig vom Alter, reißt sich los und schreit oder weint still; der Gelegenheitsfrisör ärgert sich, und wenn es die Möglichkeit gibt, die Tätigkeit zu Ende zu bringen, ohne auf den Schmerz zu achten, versucht er diese abscheuliche Tätigkeit des Henkers möglichst schnell zu beenden. Die Maschine kann gut schneiden, aber sie geht ‚schwer' und reißt, da die Feder mit Fettschmutz beklebt ist, oder verrostet, und der Erzieher kann sie nicht herausnehmen, reinigen und sie wieder hineinbauen. – Die Maschine hört auf zu schneiden, da zwischen die Zacken ein Haar geraten ist oder Öl.

Daher die Lehre: schmutzige (besonders von Sand) Köpfe vor dem Haarschneiden waschen, verschwitzte vorher trocknen.

Die Scheibe zwischen dem oberen Teil der Maschine und der Schraube, die den Messerdruck regelt, soll mit derselben Kraft den rechten und linken Teil der Maschine drücken, und die Schraube soll möglichst leicht angezogen werden. Nachprüfen soll man an Zopfenden und nie am Kurzhaar des Kindes.

Die Maschine soll auf der Haut nicht fest geführt, werden, sondern man soll sie mit leicht abgehobenen Zacken gleiten lassen; keinesfalls sollten auf der Haut Streifen zu sehen sein. Prüfstein der Maschine sind zartes Haar am Nacken und an der Stirn (Flaumhaar). – Wer von uns Männern war nicht einmal in den Händen eines ungeschickten Frisörs und hat den empfindlichen Schmerz gespürt, wenn man ein Haar am Nacken ausgerissen hat. – Ich hatte letztens Gelegenheit, den vier-fünfjährigen Kindern in einem fremden Internat Haare zu schneiden. – Ich mußte das Haarschneiden des Hinterkopfs von der Mitte des Kopfes beginnen, denn die Kinder haben die Schultern gezuckt und gebeten, daß ‚nicht so hart' geschnitten wird. Nur die tapfersten haben dem Zureden nachgegeben und den Kopf nach vorn gebeugt – daß es nicht weh tut.

Es gibt Maschinen, deren letzte Zacke scharf ist. Bei der kleinsten Neigung der Maschine wird die Haut mit der scharfen Zacke verletzt.– Man muß die Maschine am Nacken sehr langsam schieben, erst in der Hälfte des Hinterkopfes, wo das Haar hart ist, kann das Tempo beschleunigt werden.

Das Kind läßt sich im Allgemeinen das Haar gern schneiden. Und man soll ihm glauben, wenn es sagt, daß es weh tut und reißt, daß die Maschine die Haare zieht. Ist es nicht der Gipfel des Unsinns, zu sagen, daß es nicht weh tut, wenn der lebendige, obwohl kleine Mensch behauptet, daß es weh tut und er Tränen in den Augen hat? Das Argument, daß es ‚den anderen nicht weh getan hat', hält einer Kritik nicht stand. Es ist bekannt, daß verschiedene Individuen unterschiedliche Empfindlichkeit haben. Ist es so schwer, diesen Kindern, nennen wir sie nervöse Kinder (und nicht ‚unausstehliche' Kinder) das Haar langsamer, vorsichtiger zu schneiden? Wenn sie den Kopf bewegen, da sie weniger ruhig sind, soll man das Haar aufmerksamer, mit Zurückhaltung schneiden. Die älteren Jungen achten auf die Ästhetik; ist es so schwer, die ‚Stufen' zu verbessern? – Wer sogar einfache Tätigkeiten für wichtig hält, soll Zufriedenheit empfinden, wenn er das Haar gleichmäßig und ordentlich schneidet. Kann man nicht ein wenig entgegenkommen und das Haar mit der Stärke zwei schneiden?

Das Schneiden mit der Stärke Null würde ich ganz aufgeben. – Es ist viel schwieriger und nimmt mehr Zeit in Anspruch. Es wird kein Gewinn sein, wenn man anstatt alle drei Wochen, nun monatlich schneiden kann. – Ich habe große Bedenken, ob man alle Kinder auf einmal schneiden soll, oder, Kontrolle führend, eine kleine Gruppe wöchentlich nicht zu schneiden, und gleich nach Schneiden den Kopf mit warmem Wasser zu waschen.

Man kann das Haarschneiden einem gewissenhaften Zögling überlassen, aber er soll entweder zusammen mit dem Erzieher (zwei Maschinen), oder in seiner Anwesenheit schneiden. Auch das ärmste Internat soll zwei Maschinen haben; die Maschinen sind plötzlich anfällig, so wie die Ungeduldigen, weil die Zeit im Internat berechnet ist; es kann passieren, daß der Kopf verdächtig ist und dann muß die Maschine gekocht werden.

Noch eine kleine Bemerkung: das Haar soll nicht auf den Fußboden geworfen werden; so tun es die Berufsfrisöre, bei denen es zum feinen Ton gehört, daß der Stift das Haar gleich nach dem Schneiden zusammenkehrt. Mehr Aufmerksamkeit am Anfang, dann mit der linken Hand hinter der Maschine entlang gleiten, sollen die abgeschnittenen Haare in einer Schachtel oder auf einer Zeitung gesammelt werden.

Zum Kopfwaschen will ich hinzufügen, daß man – am besten mit dem Daumen – das Haar über der Stirn, um die Ohren und in der Vertiefung

im Hinterkopf reiben sollte, da sich dort vom ganzen Kopf die schmutzige Seife sammelt und dann trocknet, und dort entsteht am häufigsten der ‚Pilz'. – Man soll es mit den Fingerspitzen machen und nicht mit den Fingernägeln kratzen.
Zum Schluß füge ich hinzu, daß sowohl die Haarschneidemaschine als auch die Schere zum Schneiden von Fingernägeln sauber gehalten werden müssen. Es soll keine Schere mit dicken Schneiden benutzt werden, denn sie verursacht Schmerz, sondern eine Schere, die dazu vorgesehen ist.
Ich habe Erfahrung im Haarschneiden von 2000 Köpfen. Diese Tätigkeit ist für mich heute so angenehm, daß ich sie trotz Zeitmangels keinem abgeben will. Bevor ich aber diese Fertigkeit gewonnen habe, habe ich viele unangenehme Momente erlebt. Heute bin ich an die gehorsame Maschine gewöhnt, und die ästhetisch ausgeübte Tätigkeit freut mich; ich erlebe Behaglichkeit bei den Kindern, denen man das Haar schneidet sowie ein angenehmes, ungezwungenes Gespräch in dem Augenblick, in dem ich durch mein Tun meine Sorgfalt um sie bestätige. Die Beobachtung der Form von Schädeln, deren Verschiedenheit und Gewölbtheit, die Beobachtung von Haarbüscheln, Haarfarbe, Dichte und Üppigkeit, deren Stärke von den dünnsten bis zu den härtesten und rauhen, sowie die Verbindung dieser Beobachtungen mit den Überlegungen über das anvertraute Kind bildet die angenehme Abwechslung der wöchentlichen Haarschneidestunde."
So war das Gespräch zwischen dem Friseur Moritz Wajdenfeld und Dr. Janusz Korczak ein Gespräch unter Fachkollegen. Nur wollte der Friseur Arzt werden und der Arzt war Friseur geworden.
Der zweite Versuch Korczaks sich fachmännisch, fachwissenschaftlich zu äußern, fand 1934 statt in der Zeitschrift *Der Erzieher*[1]:
„Als ich, Student, zum ersten Mal in die Sommerkolonien gefahren bin, rüstete ich mich mit einem Vorrat von Märchen und Liedern, Bällen und bengalischem Feuer aus. Ich habe mich aber gleich am ersten Abend bei der Ausgabe der Bettwäsche kompromittiert.
Ich habe bald verstanden, wie wichtig es für einen Erzieher ist, schnell Brot zu schneiden, Stachelbeeren oder Rühreier geschickt zu verteilen, Holzsplitter aus der Hand zu ziehen oder Staub aus dem Auge, den Ball in die Höhe zu schlagen und ihn aus der Dachrinne herauszufischen, den

[1] In: Korczak, J.: Sämtliche Werke. Bd. 8. Gütersloh 1999, S. 257ff.

Gürtel oder die Hosenträger in Ordnung zu bringen, eine Schalmei zu schnitzen, Feuer anzuzünden, einen Wagen oder Drachen zu basteln, den Lappen auszuwringen, Schuhe zu putzen, daß sie glänzen, einen Knoten aufzubinden und Kartoffeln zu schälen. Ein Dummkopf ist der Erzieher, der den Dienst kontrolliert ohne seine Schwierigkeiten zu kennen. Das Bettenmachen und das Auswaschen eines Schüsselchens haben auch ihre Geheimnisse.

Ich habe langsam gelernt, zu verstehen, daß Kinder einen Rang etwas anders vergeben und Autorität (die autonome, nicht befohlene) anhand anderer Grundsätze anerkennen. Sie glauben leichter an die Worte, wenn Taten anerkannt werden. Außererzieherisches Handeln, Verbesserungen und Hinweise sind gewiß nützlich – sie entscheiden über Gehorsam, über Wohlwollen; sie bereiten das Feld für Vertrauen vor. In der Tagesbilanz des Erziehers sollte neben dem, was er gesagt hat, das stehen, was er getan hat, neben dem, was er geboten und verboten hat, das, womit er einen Dienst geleistet hat.

Nicht besonders empfänglich für Lob, habe ich mit großer Zufriedenheit zugehört:

– Wenn Sie die Fingernägel schneiden, tut es nicht weh.
– Wenn Sie den Kopf waschen, kratzen Sie nicht.
– Man merkt gar nicht, wenn Sie die Haare schneiden.

Ich war Zeuge einer Szene: Der Erzieher schneidet das Haar der Junge dreht wiederholt den Kopf (es tut weh). Ungehalten haute er ihm mit der Haarschneidemaschine auf den Kopf:

– Geh weg, du Trottel...

Ich habe das Haarschneiden zu Ende gebracht.

Es tut weh, wenn es Kopfgrind gibt.

Es tut weh, wenn es eine Beule oder einen unsichtbaren blauen Fleck gibt.

Es tut weh, wenn das Haar an den Schläfen, am Nacken oder an den Ohren durch schlecht abgespülte Seife zusammengeklebt ist (man soll es vor dem Schneiden gegen den Strich auskämmen).

Es tut weh, wenn zwischen die Zacken der Maschine ein Haar gekommen ist (man soll sie auseinandernehmen und auspusten).

Es tut weh, wenn eine Überempfindlichkeit der Haut (Hyperaesthesie) vorliegt. Ja, eben bei denen, die launisch und nach der ärztlichen Bezeichnung nicht trotzig, sondern nervös sind.

Es tut schließlich weh, wenn die Maschine fehlerhaft ist.

Die Haarschneidemaschine – ein äußerst feines Gerät, dessen Leistung die Genauigkeit bis zu einer Haarstärke ist.
Heute weiß ich, daß ein weiches Haar verlangt, daß man beim Schwingen die Regelungsscheibe mit einer Schraube anzieht.
1. Ich weiß nach vielen Jahren und vielen Versuchen, daß man die Maschine sorgfältig wählen muß, denn sie kann von Anfang an fehlerhaft sein. (Ich erinnere mich an die einfachen aus schwarzem Blech gemachten deutschen Haarschneider während der Okkupation.)
2. Ich weiß, daß man sie genau reinigen, ölen und wieder zusammenbauen muß und daß man sie in einer Schublade abschließen muß, damit sie nicht in unbefugte Hände fällt.
3. Ich weiß, daß man sogar einem einen Monat alten Kind glauben muß, wenn es vor Schmerz zuckt, auch wenn die Ursache dieses Schmerzes unverständlich ist.
Ich weiß, daß es hier keine ‚Launischen', sondern Ängstliche gibt, denn sie haben die traurige Erfahrung, daß Haarschneiden eine Folter des Haarausreissens sein kann.
Ich erinnere mich an die Vierjährigen, die, zitternd und den Kopf in die Schultern gezogen (die tapfersten freiwillig) mit einem Bonbon angelockt, als Verurteilte gekommen sind und nachher gebeten haben, dass man ihnen jeden Tag das Haar schneidet. Mit einem Lachen sagten sie:- Das tut gar nicht weh, ich habe keine Angst.
Und ein angenehmes Friseur-Gespräch.
Die älteren Jungen sehnen sich nach einem Haarschopf, und ich sehe keinen Sinn, allen und unbedingt das Haar auf ‚Null' zu schneiden. – Wie Sträflinge ...
Einmal in fünf Wochen zu einer ‚Eins'. Das macht bei hundert Zöglingen (also 20 wöchentlich) nur zwei Stunden angenehmer Arbeit aus, die verschnaufen läßt: du denkst, woran du nur willst oder ein kurzes Gespräch mit dem Frisierten, eine Frage oder ein freundlicher Rat, es kam manchmal zur Aussöhnung mit einem Getadelten.
Wenn sie die Schule besuchen, wo es erlaubt ist, einen ‚Igel' zu tragen, warum soll man es nicht erlauben?
Vor ein paar Jahren wurde ich beim Gericht als Sachverständiger in einem Fall herangezogen, der mich sehr bedrückt hat: Ein Schüler einer Handelsschule hat den Direktor erschossen und einen Selbstmordversuch begangen. Der Tropfen, der das Faß zum Überlaufen brachte, war die Schikane, daß sein Haar nicht vorschriftsmäßig geschnitten war.

So viel quälende Strenge, wer braucht sie, daß sie immer häufiger wird? Keine ‚Kleinigkeit', denn sie verbindet sich mit der Frage: Verständigung mit den Kindern oder Trotz und Widerwillen – zwei Lager. Faulheit, Mißachtung und brutaler Druck eines Erzieher-Henkers und kraftloser, tiefer, verborgener Zorn und Groll eines Zögling-Opfers; Bündnis oder Kampf.

Das Haarschneiden gehört zu den vielen ähnlichen Streitfällen.

Es ist verboten...

Es ist verboten, daß die Handgriffe einen physischen Schmerz verursachen.

Die Fingernägel schneidet er bis zum Knochen ab. (Auch hier sollte man es können und entsprechende Schere haben.)

Es ist verboten, das Haarschneiden einem Helfer oder älteren Zögling ohne Kontrolle zu überlassen, denn auch wenn er es kann, wird er seine Macht nicht mißbrauchen, indem er die einen favorisiert und sich an den weniger Sympathischen rächt?

Man darf keine Hierarchie von Tätigkeiten erstellen, denn alle sind gleich wichtig und wert, wenn sie für das Kind sanft sind und zum Wohl des Kindes gemacht sind, das durch das Schicksal benachteiligt ist, oft erregt, sauer, meuternd und mißtrauisch ist; damit jemand für das Kind einmal etwas freundlich und ohne Zorn und heiter tut."

(Vortrag undatiert)

Korczak – die andere Sprache

An diesem Ort über die „andere Sprache“ der Erziehung zu sprechen, ist nicht möglich, ohne an Jacques Rousseau zu erinnern – geboren in dieser Stadt, Citoyen de Geneve. Von ihm hat Erziehung eine neue Sprache, eine andere Sprache erhalten.
Sprache im folgenden Verständnis meint zweierlei:
Sprache im Sinne von Gedanken, Ideen und Konzepten
Sprache im Sinne von Vokabular, von Wörtern und Worten.
In beider Hinsicht bedeutet Rousseau eine neue, eine andere Sprache der Erziehung...
Aber, meine Damen und Herren, wir sind nicht nach Genf gekommmen, um über Rousseau zu reden, Korczaks wegen sind wir zu diesem Symposion versammelt.
Natürlich reizt es, Rousseau und Korczak zusammenzuführen – gibt es doch evidente Gleichklänge und vielseitige Berührungen.
Allerdings auch trennende Welten, nicht zuletzt in dem, was beide vom Menschen gedacht haben, von seinem Ursprung und seiner Verfassung, hie Hochmut und Größenwahn – hie Demut und Traurigkeit.
Rousseau und Korczak – darüber ist nachzudenken...
Zu Korczak, meine Damen und Herren:
Die von uns in den letzten Jahren edierten Korczak-Werke haben fast alle nach wenigen Monaten Neuauflagen erreicht.
Als Mitherausgeber von drei Bänden stelle ich mir die Frage: Wie ist dies zu erklären?
Liegt der Grund vielleicht in einer aktuellen, verständlichen Polen-Begeisterung?
Liegt der Grund im Bedürfnis, Zeitgeschichte, bedrückende Zeitgeschichte aufzuarbeiten?
Liegt der Grund in der Wiederentdeckung der Geschichte – auch der Geschichte des Erziehungs- und Bildungswesens in Europa?
Sicher sind dies Teilgründe.
Entscheidend für die Nachfrage und die Anfrage an Korczak ist die weltweite Suche nach einer neuen Erziehung, nach der „anderen Sprache“ in der Erziehung, nach der Anrede „Ich-Du“ (Buber)...
Und in der Tat, wenn ich mich umsehe, ist Korczak, der Einzelgänger, eine Anfragestation geworden, wie es keine vertrauensvollere gibt. –

1. Die „andere Sprache“ im Sinne von: Gedanken – Ideen – Konzepten. Hat in Korczak die originellste Ausprägung, die leidenschaftlichste Verkündigung gefunden:
– „Vom Kinde aus“,
– „Menschenrechte des Kindes“,
– „Befreiung des Kindes“,
– „Freiheit des Kindes“,
– „Offenes Fenster“, um nur einige Grundwörter zu nennen.

Dies alles wird nicht deklamiert, sondern in täglichen Situationen Warschauer Kinderhäuser – wenn es geht um den verlorenen Schlüssel und die zerbrochene Fensterscheibe, das gestohlene Buch, den verletzten Finger und den Streit an der Schaukel – auf die Probe gestellt, mit Maßnahmen bedacht und ohne Rezept entschieden: „Bei geringster Verletzung der Menschenrechte.“

Das ist nicht die Sprache aus der Kaste der Autoritäten, die Sprache eines Systems, wie sie Korczak in seinem berühmten Essay von 1927 verhöhnt hat, das ist die Sprache und das Konzept unermüdlichen Suchens und Sorgens, des Mitfühlens und Mitleidens – mit ausgeprägter Skepsis gegenüber dem, was sich als Wissenschaft ausgibt...

Der 2. Aspekt der „anderen Sprache“ meint schlicht das Vokabular, die Wörter und Worte. Korczak war frei von der sogenannten „Wissenschaftssprache“, er spricht nicht den Jargon des Faches, die Modewörter der Fakultät und führt nicht neue Begriffe ein.

Übersättigt und geschlagen von den hölzernen Begriffen und Sprachmonstern, die nicht erhellen und klären, sondern verstellen und verdunkeln, suchen die Erzieher heute wieder die reine Sprache, hinter der auch der reine Gedanke steht...

Fachliteratur, mein Freund Andreas Mehringer, der begnadete Waisenhauserzieher aus München, sagte anläßlich der Verleihung des „Preis der Deutschen Korczak-Gesellschaft e.V.“ 1978:

„Von der wissenschaftlichen Literatur, auch von unseren teuren Forschungsinstituten, wurde die Sache des Kindes in letzter Zeit kaum vorangebracht, im Gegenteil – sie enthält – was nur übertrieben Wissenschaftsgläubige nicht mehr sehen – in Wirklichkeit selbst schon viele kinderfeindliche Elemente. Ein Grund dafür dürfte sein: Die Kinder sind selbst weit weg (und wenn vorhanden nur noch als Testobjekte). Wem es schwerfällt, Fachliteratur zwischen Modetrend und wirklichem Gehalt für die Sache des Kindes zu unterscheiden, für

den gilt immer wieder der Rat: an ihrer Sprache werdet ihr sie erkennen."
Korczak spricht nicht die Sprache banaler Phrase und kalter intellektualisierter Pädagogik, die sich die Wege zum Kind verbaut hat, weil sie nichts weiß von den Gefühlen, die des Mitfühlens unfähig geworden ist...
Niemand kann sich Korczaks verständlichen und einfachen Mitteilungen entziehen.
Allerdings: Mit ihm in der soziologisch, politisch verunreinigten Sprache – „Vergesellschaftswissenschafter" (Weigel) – heutiger Pädagogik zu reden, ist nicht möglich.
Da muß man ablegen und abstreifen, was
– kopflastig und hirnrissig,
– linkshändig und
– herzlos ist...
Hans Weigel, der Ihnen, den Schweizern, ein liebevolles, boshaftes Buch gewidmet hat spricht von den Leiden der jungen Wörter.[1]
Wahrlich – dieses Buch gehört in die Hand eines jeden Pädagogen!
Korczak – und das haben mir unzählige junge Menschen in den letzten Jahren gesagt – sei nicht zuletzt aufgrund seiner Sprache für sie so glaubhaft.
Gewiss:
Korczak war Poet, Sohn eines poetischen Volkes – aber mehr als Poet war er der Mitfühlende, der Mitleidende.
Es liegt mir nicht, herausragende Namen und pädagogische Konzepte im vielzitierten Jahrhundert des Kindes kleinzumachen, herabzusetzen, gegeneinander auszuspielen.
Ich sehe aber bei Ihnen zu viel Antworten und zu wenig Fragen, zu viel Sicherheit, zu wenig Ungewissheit, zu oft den Satz: Das ist so..., selten die Vokabel vielleicht...
Weil der Arzt und Erzieher Korczak so viele Fragen stellt und nur zaghaft und behutsam antwortet – wenn überhaupt – deshalb bleibt er für mich die überzeugendste Gestalt der Erziehungsgeschichte unseres Jahrhunderts.

(Vortrag auf dem Korczak-Symposium in Genf am 19. Februar 1981)

---

[1] Weigel, H.: Lern dies Volk der Hirten kennen. Dtv 363. München 1966.

Notiz zu Janusz Korczak

Auf dem Fundament des Glaubens an den Wert und die Würde des Menschen konnte Korczak bei geringster Verletzung der Menschenrechte:

- heilen
- verbinden
- trösten
- warnen
- verzeihen
- retten
- begleiten
- geleiten
- führen
- helfen
- bestärken
- ermutigen
- wärmen
- befreien
- lehren
- halten
- aufhelfen
- stützen
- annehmen
- loben
- tadeln
- nähren
- fordern
- erwecken
- entbinden
- freisetzen
- sorgen
- versorgen
- hineinversetzen
- verständigen
- verteidigen
- stillen
- gewähren
- versagen
- wachen
- beobachten
- korrigieren
- emporrecken
- schützen
- wachsen lassen
- glauben
- hoffen
- lieben.

(Undatierte Notiz)

Religiöse Elemente im Werk und Leben Janusz Korczaks

Ida Merżan, ehemalige Erzieherin in Korczaks Warschauer Kinderhäusern und Verfasserin zahlreicher Studien über den „Alten Doktor“, berichtete dem Verfasser in einem Gespräch[1] in der Krochmalnastraße 92, daß kürzlich in Warschau ein katholischer Gedenkgottesdienst für Janusz Korczak gefeiert worden sei. Der Prediger habe betont, Korczak sei kein Christ gewesen, aber niemand könne leugnen, daß er den Christen allerhand zu sagen habe.

In diesem Hinweis liegt etwas von dem, was Freunde und Verehrer des polnischen Pestalozzi empfinden und bekunden, Korczak sei ein Heiliger, ein nichtchristlicher Heiliger, richtiger – nach einem Hinweis von Hans Roos[2] „der letzte chassidische Heilige“.[3]

Deutlich ist dies beispielsweise in den Holz- und Gipsplastiken von Stanisław Kulon, ebenso in den Arbeiten von Bolesław Marschall (Allenstein und Gießen), Elsa Pollak (Beit Lohamei Haghetaot), besonders verdichtet in der symbolstarken Plastik im Nasz Dom „Korczak und die Kinder" von Zofia Wożna, ebenso in ihren unvollendeten Korczak-Studien. Zofia Wożna bekannte sich in einem Ateliergespräch mit dem Verfasser zu einer religiösen Auslegung ihres Lebensthemas: Janusz Korczak. Dieser Eindruck fand auch Gestalt in drei Holzschnitten des Kanadiers Bruce Carter.

In den literarischen Würdigungen ist das Religiöse aufgeleuchtet in Izabela Gelbards *Trauerlied über Janusz Korczak*, Mieczysław Hanczulkis Versen *Das verlorene Herz*, Włodzimierz Słobodniks

---

[1] Vgl. Merżan. I,: Der Alte Doktor. Warszawa 1971 (hebr.); Hinweis auf diesen Gottesdienst auch in: Folks-Sztyme, organ Tow. Kult. Żydów w Polsce, Warszawa 18.3.1972, Nr.12 „Wieczór Korczakowski“.

[2] Vgl. H. Roos in seinem Beitrag: Janusz Korczak – Tradition, Umwelt und Zeitgeist. In: Korczak, J.: Wie man ein Kind lieben soll. Göttingen 1970, S. 355.

[3] Dow Sadan, Professor an der Hebräischen Universität in Jerusalem, „stellt sich Korczak im Himmel inmitten chassidischer Zaddikim sitzend vor; dort sieht er ihn in Gesellschaft von Rabbi Suscha, der nicht zur feierlichen Abendandacht am Versöhnungsfest gekommen war, weil er einen Säugling hatte beruhigen müssen, den er unterwegs hatte schreien hören. Er sitzt dort mit Rabbi Leib von Sassow zusammen, nach dessen Worten ein Mensch, der nicht fähig ist, an dem mit Wunden bedeckten Kopf eines Kindes mit eigener Zunge zu lecken, nicht genügend Liebe für seinen Mitmenschen im Herzen trägt...“

Klagelied, Anna Kamieńskas Rhythmen über *Die Lüge des Doktor Korczak*, den *Sieben Haiku* von Jiro Kondo und nicht zuletzt in Antoni Słonimskis frühem „Lied über Korczak" und Jerzy Ficowskis Gedicht: *5. VIII. 1942*.[1]

Igor Newerly, Korczaks langjähriger Mitarbeiter, sagte in einem Gespräch mit Nico Rost: „ Er war ein großer Pole und ein großer Jude. Seine Silouette stammt sozusagen aus den schönsten polnischen Chroniken.“[2]

Suchen wir nach religiösen Elementen und Antrieben in Werk und Leben des „großen Juden“.

Es ist den Kennern der Biographie bekannt, daß im Hause der Goldszmits die jüdische Religion keine bestimmende Rolle spielte. Der Glaubenstradition noch verbunden, wurde Henryk inmitten einer katholischen Umwelt stärker durch polnische Sitte und Kultur geprägt. Daß es dieserhalb zu bitteren Erfahrungen und Kollisionen im Leben des Kindes Henryk kam, bezeugt eine Szene, die der alte „Janusz“ festhielt: „Der Tod eines geliebten Kanarienvogels warf die geheimnisvolle Frage nach dem Bekenntnis auf. Ich wollte ein Kreuz auf seinem Grab errichten. Das Dienstmädchen sagte, das ginge nicht, weil es nur ein Vogel sei, also etwas weit Niedrigeres als ein Mensch. Sogar um ihn zu weinen sei Sünde. Soweit das Dienstmädchen. Und noch schlimmer war, daß der Sohn des Hausverwalters feststellte, der Kanarienvogel sei Jude gewesen. Ich auch. Ich bin auch Jude, und er – Pole und Katholik. Er würde ins Paradies kommen, ich dagegen, wenn ich keine häßlichen Ausdrücke gebrauchen und ihm immer folgsam im Haus stiebitzten Zucker mitbringen würde, käme nach dem Tod zwar nicht gerade in die Hölle, aber irgendwohin, wo es ganz dunkel sei. Ich hatte Angst in einem dunklen Zimmer Tod – Jude – Hölle. Das schwarze jüdische Paradies. Es gab genug Grund zum Grübeln.“[3]

Auch die Namensgebung in der Familie Goldszmit deutet auf ein problematisches Verhältnis zum jüdischen Glauben hin. In seinem

---

[1] Der Text wurde an dieser Stelle aktualisiert. In den folgenden Jahren hat E.D. diese Thematik erweitert. Ein Endfassung liegt in der 5. völlig neu überarbeiteten Auflage des Buches „Ein Leben für Kinder“. S. 73 – 85 vor.

[2] Rost, N.: Der Alte Doktor von Krochmalna. Fotokopie im Korczak-Archiv des Verfassers, 1963, Ort nicht nachweisbar, vermutlich aus einer DDR-Publikation

[3] Korczak, J.: Erinnerungen. In: Korczak, J,: Das Recht des Kindes auf Achtung. Göttingen 1970, S. 250f.

Tagebuch notiert Korczak später: „Mein Vater konnte mich mit gutem Recht Henryk nennen, er selber bekam den Namen Józef. Auch seinen anderen Kindern gab mein Großvater christliche Namen: Maria, Magdalena, Ludwik, Jakub, Karol, jedoch etwas widerstrebend.[1] Korczaks Biographin, Hanna Mortkowicz-Olczakowa schreibt: „Der Schritt, vor dem Korczaks Großvater zurückschreckte, war die Taufe; an sich kam der damals mit wenig Schwierigkeiten verknüpfte Übertritt zum Christentum häufig vor und führte zu einer noch innigeren Verschmelzung mit dem nicht jüdischen Teil der Nation."[2] Die Biographin zitiert dann aus Korczaks *Curriculum vitae* von 1924: „Das stille, graue polnische Wort ‚smutno' = ‚traurig' heißt im Jiddischen genauso. Und wenn sich ein polnisches oder jüdisches Kind unglücklich fühlt in der Welt – denkt es mit demselben Ausdruck, daß ihm traurig zumute sei." Aus dieser Notiz zieht Hanna Mortkowicz-Olczakowa den voreiligen Schluß: „Dieses eine Wort ‚smutno' umfaßt das ganze Verhältnis Korczaks zur jüdischen Frage, die ihm fremd gewesen sein muß, als er aufwuchs und zu denken begann."[3]
Korczak schreibt einmal, daß allein die Großmutter an seinen Stern geglaubt und ihn „Philosoph" genannt habe. Diese für Korczak stets wichtig gebliebene Erinnerung steht nicht allein für seine kindlichen Träume von „phantastischen, unwirklichen Dingen." Sie deutet auf die metaphysische Grunddisposition Korczaks hin. Sie wiederum hat Korczak davor bewahrt, in der Welt freier Ideen und freier Geister – und mit welchen Ideen und Geistern hat er sich eigentlich nicht herumgeschlagen! – religiöse Bindungen aufzugeben. Dies gilt auch für sein Denken über Erziehung.
Den Zöglingen widmete Korczak das Bekenntnis: „Wir geben Euch keinen Gott – den müßt Ihr in Eurer eigenen Seele finden, in einsamer Anstrengung zu finden wissen... vielleicht wird Euch diese Sehnsucht zu Gott, Vaterland und Liebe führen."[4] Daß Korczak zeitlebens ein Gottsucher war, beweisen nicht nur die Gespräche
„Allein mit Gott – Gebete eines Menschen, der nicht betet".[5]

---

[1] Zitiert nach Mortkowicz-Olczakowa, H.: Janusz Korczak. Warszawa 1961. Dt. München-Salzburg 1967, S. 17.
[2] Ebd. S, 18.
[3] Ebd. S. 20.
[4] Ebd. S. 112.
[5] Vgl. Janusz Korczak: Sämtliche Werke. Bd. 5. Gütersloh 1997.

Hanna Mortkowicz-Olczakowa sagt: „So wurde in beiden Waisenhäusern eine Art religiöse Erziehung eingeführt, nicht in Form einer strengen Ordnung, aber als ein Einstimmen des Gefühls durch Gebete und gemeinsames Singen... Korczak, der die Bedeutung des sakralen Wortes für das einsame und in der Welt verirrte Kind und die Kraft religiöser Feierlichkeiten für seine Vorstellungskraft und seinen Hunger nach Eindrücken hoch bewertete, tat etwas mehr in dieser Richtung. Er wollte nicht zulassen, daß seine Kinder die Leere und Trübseligkeit der Feste ohne Freude und Spaß erfuhren: Chanukka ohne Kerze, Purim ohne Mohnkörner, Pessach ohne Matze. In seinem Wunsch, die Kinder polnisch und auf seine Art zu erziehen, unabhängig von Glaubenssätzen der mosaischen Religion, formte er ihnen selbst ein Gebet. Seitdem wandten sich hundertzwanzig Waisen in der Krochmalna mit Korczaks schönen Worten an Gott: ‚Gesegnet seist Du, unser ewiger Gott'"[1]. Nicht zuletzt die Fragen um die religiöse Dimension der Erziehung führten zu Auseinandersetzungen mit Maryna Falska, mit der sich Korczak 1919 zu gemeinsamer Arbeit im Nasz Dom verbunden hatte. „Schon in Kiew... als sich Frau Maryna Falska der Einführung des täglichen gemeinsamen Gebetes widersetzte, stellte Korczak die Frage: „Und was wollen Sie den Kindern dafür geben"[2], teilt Hanna Mortkowicz-Olczakowa mit. Nach Stanisław Rogalski „vertrat Korczak allerdings die Ansicht, daß man ein Kind vor seiner Volljährigkeit nicht in religiöse Prinzipien und Praktiken einführen solle. Man solle in einer kollektiven Erziehung z.B. gemeinsame Gebete vermeiden. Da aber ein Kind irgendwann mit der Religion konfrontiert wird, muß man es, wenn es sich dafür interessiert, über die verschiedenen Religionen und den mit ihnen verbundenen Kultformen unterrichten. Man solle es aber auch nicht tragisch nehmen, wenn ein Kind kein Interesse für religiöse und kultische Handlungen und Dogmen zeigt. In dieser Hinsicht war Korczak im Banne von Ludwik Krzywicki (dem Übersetzer der Schriften von Marx und Engels ins Polnische), der die Meinung vertrat, daß die Menschheit erst dann glücklich wird, wenn sie aus ihren Bedürfnissen die Religion eliminiert hat und Handeln auf die Prinzipien der allgemeinen Ethik stützt. – Kinder aus dem Nasz Dom, die in die Kirche gehen wollten, trugen ihre Namen in eine Liste ein; daraus ergab

---

[1] Mortkowicz-Olczakowa, H. a.a.O., S. 137.
[2] Ebd. S. 118.

sich, daß von 180 Kindern 10% den Gottesdienst besuchten.[1] Rogalskis Urteil über die Korczaksche Grundeinstellung zu diesen Fragen steht aber im Gegensatz zu Hanna Mortkowicz-Olczakowa und zu Äusserungen des Doktors selbst.

Korczaks Reisen nach Palästina haben die Wurzeln seiner Religiosität neu genährt. Korczak bekennt: „Das ist ein anderes Verhältnis zu Gott und eine andere Moral." „Am liebsten säße ich schon heute in der kleinen engen Kammer in Jerusalem mit einer Bibel, einem hebräischen Lehrbuch und einem Wörterbuch, mit Bleistift und Papier. Dann könnte ich sagen: Eine neue Seite. Ein neues Kapitel. Und einsam, völlig einsam." „Dort werde ich in studentischer Armut leben. Die einzige Freude in diesen letzten Jahren der Versuche und der schwierigen Erfahrungen war das Erkennen und Meditieren – das ist wichtig für die Menschen wie das Bro."[2]

Diese und ähnliche Stimmungen des Doktors offenbaren die zunehmende Identifikation mit seinem Ursprung. Aus Korczaks reicher literarischer Hinterlassenschaft lassen sich aufschlussreiche Zitate zusammenstellen, die in prägnanter Weise talmudische und biblische Weisheit aussprechen.

Einen Versuch, Korczaks klassische Kinderbücher *König Hänschen I.* und *König Hänschen auf der einsamen Insel* auf religiöse Elemente zu untersuchen und *Król Maciuś* in den Zusammenhang von Religionskunde und Theologie zu stellen, unternahm jüngst Christoph Bizer – unserer Meinung nach wurde Korczak dabei verfehlt.[3] Die für diesen Zusammenhang entscheidenden Teile der Bände: die kindgemäße Abhandlung über das Gewissen, das „Höhlengleichnis" des „Alten Turms", und der Tod des Kinderkönigs für seinen Freund, diese Teile des Werks, wie wir meinen: die aufschlußreichsten für die Frage nach Korczaks Bedeutung für die Diskussion um Religion und Erziehung heute, wurden von Bizer jedoch nicht ausgedeutet.

Aus Michał Zylberbergs *Warsaw Diary* wird bekräftigt, daß Korczak sich in seinen letzten Lebensjahren, besonders in den Ghetto-Monaten, immer stärker von der geistigen Kraft des Judentums erfaßt fühlte und

---

[1] Rogalski, S.: Dr. Janusz Korczak w kulturze polskiej. Vortrag auf Einladung des Verfassers an der Justus-Liebig-Universität Gießen vom 21. 5. 1971.

[2] Mortkowicz-Olczakowa, H. a.a.O. S. 180ff.

[3] Bizer, Chr.: Theologie oder Religionswissenschaft? Von der Religionskunde, von König Hänschen, von der Theologie. In: Katechetische Blätter. München, Heft 5/1972.

sich mit jedem Aspekt der jüdischen Katastrophe identifiziert hat. Diese totale Identifikation wird beispielweise deutlich anlässlich eines Konzerte im Ghetto-Waisenhaus, bei dem man darüber stritt, in welcher Sprache das Werk aufgeführt werden sollte. „Einige Mitglieder des Komitees wünschten ein polnisches Konzert, andere optierten für jiddisch oder hebräisch. Korczak sagte: ‚Kann jemand leugnen, dass die Mehrheit der Ghettobewohner jiddisch denkt und spricht und sogar jiddisch sprechend stirbt? Dies muß die Sprache des Konzerts sein, jede andere Darbietung würde keine Seele haben.' Diese Worte hatten eine elektrisierende Wirkung."[1]

Man kann auch nachempfinden, dass Korczak tief ergriffen war, als Michał Zylberberg innerhalb der vom Doktor im Ghetto organisierten Vorträge über den jiddischen Dichter und ehemaligen Sekretär der jüdischen Gemeinde in Warschau Isaac Leib Peretz (1851–1915) sprach und aus dessen „Goldener Kette" die berühmten Verse zitierte:

„Und also
gehen wir
singend und tanzend
wir großen, großen Juden,
Sabbatjuden, Festjuden
mit flammenden Seelen.
Für uns teilen sich die Wolken.
Die Tore des Himmels öffnene sich,
in die Wolken des Ruhms steigen wir auf,
hin zum Thron der Ehre.
Und wir betteln nicht,
und wir bitten nicht.
Wir sind große stolze Juden,
der Same Abrahams,
Isaacs und Jakobs.
Länger können wir nicht warten!
Lied der Lieder wir singen,
singend und tanzend gehen wir!"

---

[1] Zylberberg, M.: A Warsaw Diary 1939 – 1945. London 1969, S. 28ff. Vgl. auch die Studie des Verfassers: Zum Schicksal Janusz Korczaks und seiner Kinder. In: Frankfurter Hefte 8/ 1972.

Korczaks Opfergang an der Spitze seiner Schutzbefohlenen, in den ersten Augusttagen 1942, allein mit menschlicher Solidarität oder humanistischer Tapferkeit zu erklären, reicht nicht aus – jedenfalls nicht für den Verfasser. Er ist überzeugt, dass die Kräfte des Alten und Neuen Testamentes erst die Liebe im Menschenfreund Dr. Janusz Korczak vollendeten, die ihr Leben für die Freunde hingibt.

(In: Vierteljahresschrift für wissenschaftliche Pädagogik, 4/1972)

Reminiszenzen – Schicksalserinnerungen

Mit Nieselregen hatte uns Warschau beim ersten Besuch vor Jahren empfangen, und auch am Allerheiligenmorgen war es nicht anders, als wir mit Stanisław und Lucjan vor der Krucza ulica aus nach Wilnanów fuhren. Die Residenz des Königs Jan III. Sobieski lag in Grau. Herbstlaub schwamm auf den Pfützen, und die weißen Astern auf den Rabatten waren regenschwer gebückt und verbreiteten Novembergeruch. Eng umschlungen schlenderte ein Pärchen, sie in Maxi, durch den Park. Keine Touristengruppe störte die beiden und uns an diesem verhängten Morgen. Wir waren gar nicht enttäuscht, dass wir an Allerheiligen nicht das Innere des Palastes sehen konnten. Der Gang durch den sterbenden Barockgarten stimmte uns reicher als die reichen, nach Wilnanów heimgekehrten Kunstschätze es wohl vermocht hätten. Irgendwie passte dieser Tag nicht zu der Heiterkeit der Kunst. Es wart gut, dass Stanisław und Lucjan uns in die alte Schmiede einluden; aufgewärmt verließen wir Wilnanów und fuhren mit den Freunden nach Powązki. –

Friedhofsgang an Allerheiligen. In der Luft lag ein merkwürdiger Geruch; Gemisch aus Regen, Astern, Stearin. Er wurde noch intensiver, als wir uns in der endlosen Schlange der Friedhofspilger durch die Legion der Astern- und Kerzenverkäufer an der Friedhofsmauer entlang drückten. In ein Meer von Astern verwandelte sich der eindrucksvolle Zug der Allerheilgenpilger. Wir wurden durch die Gräberstrassen geschoben.

Das brennende Stearin knisterte in den feuchten Morgen und rückte die Schleifen Weiss-Rot in ein stimmungsvolles Licht. Wir sprachen nicht viel, als wir durch die Gräberalleen gedrängt wurden, wir ahnten etwas von Religion und Patriotismus, von Heldenkult und Totentrauer eines Volkes.

Wir hatten unsere Fotoapparate unter die Mäntel gesteckt; erst als unsere polnischen Freunde meinten, wir dürften auch diesen Eindruck aus Warschau mitnehmen, machten wir zögernd ein paar Bilder.

Gegen Mittag verließen wir Powązki, noch immer war der Pilgerstrom endlos. Allein, wie am frühen Morgen in Wilnanów, waren wir erst wieder am Denkmal der Helden des Warschauer Ghettos. Stanisław und Lucjan antworteten sparsam auf unsere Fragen. Waren wir doch nach

Warschau gereist um eines Mannes willen, der von dieser Stadt an der Weichsel geschrieben hat: „Warschau ist mein und ich bin sein. Ich gehe noch weiter: ich bin Warschau. Mit dieser Stadt war ich fröhlich und traurig, ihre Heiterkeit war meine Heiterkeit, ihr Regen und ihr Schmutz waren mein Regen und mein Schmutz. Mit Warschau bin ich groß geworden... Warschau war mein Boden – die Werkstätte meiner Arbeit, hier bin ich daheim, hier sind meine Toten begraben..."[1] Wir waren nach Warschau gereist, um Henryk Goldszmit, der unter dem von Józef Ignazy Kraszewski (1819-1887) entlehnten Namen „Janusz Korczak" berühmt geworden ist, zu suchen. Wir hatten uns in Korczaks Schriften eingelesen, vertraut war uns der Mann durch die vielen Fotos, die Stanisław nach Deutschland geschickt hatte, wir hatten Einblick in die Werkausgabe genommen, wir kannten die Namen der Straßen Warschaus, die im Zusammenhang mit Korczaks Wirken wichtig sind; aber tiefer als all dies war die Bewunderung für Korczaks vorbildliches Leben und Sterben. Nun standen wir am Allerheiligenmorgen auf dem Platz des ehemaligen jüdischen Ghettos. Einer aus diesem Ghetto war eben dieser Jaunsz Korczak, den man im „Mischmasch von Sadismus und Bestilität und einem Schein von europäischer Kultur" „begnadigen" wollte.[2]

Er, der zeitlebens darüber nachdachte *Wie man ein Kind lieben soll*, er, der die „Magna Charta Libertatis" des Kindes verkündet hatte, der da das *Recht des Kindes auf Achtung* gepredigt hatte, er stand an diesem Morgen symbolisch für die Fünfhunderttausend des Warschauer Ghettos vor uns. –

Von Juden aus aller Welt gestiftet, 1948 enthüllt, steht auf dem weiten Platz, im Neubaugebiet Muranów-Nord, das Denkmal der Ghetto-Helden von Natan Rappaport. – Adolf Rudnicki erinnert in seiner Erzählung *Das lebende und das tote Meer*[3] an das Urteil von Fachleuten, dass es zur Beseitigung der Trümmer des Ghetto-Schlachtfeldes der dreijährigen Arbeitszeit von zehntausend Menschen, von sieben Eisenbahnzügen und einer Unzahl von Geräten bedurft hätte. Darum beschloss man, „auf den Trümmern zu bauen, die Fundamente zehn Meter tief zu legen, die neuen Keller über den alten zu errichten".

---

[1] Korczak, J.. Das Recht des Kindes auf Achtung. Göttingen 1972, S. 267.

[2] Mortkowicz-Olczakowa, H.: Janusz Korczak. München / Salzburg o.A., S. 264.

[3] Rudnicki, A.: Das lebende und das tote Meer. Berlin 1960, S. 472f.

In der ersten Zeit kam Rudnickis Helden der Gedanke, auf diesem Friedhof neues Leben zu errichten, entwürdigend vor: „Diese Erde“, so dachte er, „muss man unberührt lassen, damit sie Zeugnis gebe für alle Zeiten.“
Nach dieser „düsteren Didaktik zermalmter Schicksale“ (I. Newerly)[1] suchten wir am andern Morgen Korczaks Spuren.

(Einleitung zu: Janusz Korczak oder die Sache des Kindes, 1974)

---

[1] Newerly,I.: Żywe wiązanie. Warszawa 1966.

Friedhof in Warschau

Herbstlaub schwamm in den Pfützen; ein herber Geruch von Astern, vom Moder zerfallener Blätter hing zwischen den Steinen des alten Jüdischen Friedhofs in der Warschauer Okopowa 49-51, als wir am 28. Oktober 1982 durch die Gräberzeilen gingen, vorbei an den in der Einfassungsmauer eingelassenen zerbrochenen Tafeln und Steinen, vorbei an Grabmälern mit den Namen Weisgold, Sylberberg, Krystal, Edelszein, Rosenzweig. Der frischgelegte Plattenweg führte uns in das erweiterte Gräberfeld, bis an die meterhohe rötliche Backsteinmauer. Sie hält die letzte Enklave zusammen. Von außen erheben sich über die Mauer Telegrafenmaste, und mit den Drähten verknüpft sich die Vorstellung von Ghetto und Lager, von Auschwitz und Majdanek und Treblinka.

Eine kleine Gruppe Warschauer Juden, ein paar Polen, eine internationale Delegation der in Warschau tagenden Internationalen Janusz-Korczak-Gesellschaft sind um ein Denkmal zusammengerückt: Korczak, der Warschauer Jude, aufrechten Ganges mit Kindern; lebensgroßer Guß auf dem Sandstein mit der Inschrift in polnischer und hebräischer Sprache: „Symboliczna Mogiła Janusza Korczaka (Hirsza Goldszmita) Warszawa 1878 / Treblinka 1942.

Eingehüllt in Fahnen, in Blumen, dekoriert mit der weiß-roten Schärpe... Symbolischer Grabstein – was irdisch war an Hirzh Goldszmit, ist verkohlt und verraucht in den Öfen von Treblinka.

Hier in der Okopowa hätte er sein Grab gefunden, vielleicht in der Nachbarschaft von Ludwig Zamenhof (1851-1917), dem Schöpfer des Esperanto, vielleicht in der Nähe von Jakub Mortkowicz (1876-1931), seinem Freund und Verleger. Wäre die Welt anders gewesen... Liebte er sie doch, diese heitere und traurige, diese sinnenfrohe und geschundene Stadt, schrieb er doch von ihr: „Warschau ist mein und ich bin sein. Ich gehe noch weiter: Ich bin Warschau. Mit dieser Stadt war ich fröhlich und traurig, ihre Heiterkeit war meine Heiterkeit, ihr Regen und ihr Schmutz waren mein Regen und mein Schmutz“. Dann erklang die Klage des Kantors „El male Rachamim...“ Kurze Epiloge, ein Gedicht, dann eine ungewöhnliche Szene: Priester, Religionsdiener, Orthodoxe, Evangelisch-Augsburgische, Polnisch-National-Katholische und die Römischen: gemeinsames Gebet für den Juden Henryk Goldszmit, der

weltbekannt wurde als Janusz Korczak. Beruf: Vater fremder Kinder. Anstatt zu fliehen, ging er mit den ihm anvertrauten Kindern ins KZ. Über der Gräberlandschaft in der Okopowa lag eine Stimmung, die in der poetischen Zeile des japanischen Korczak-Freundes Jiro Kondo aufgehoben ist: „Weine, Wind, in Treblinka sind Kinder gemordet..."
Vor den Mauern postierte die Miliz, auch dahinter.
Warschau. Oktober 1982,
45. Woche des Kriegsrechts des Generals. Im Warschauer Ghetto notierte Korczak im Mai 1942 in sein *Tagebuch*: „Was für ein Glück, daß Ärzte und Polizei mir nicht vorschreiben können, wie oft ich pro Minute atmen darf und wie oft mein Herz das Recht zu schlagen hat..."
Zehn Jahre später. Februar 1992. Wieder ein Gang über den alten jüdischen Friedhof. Halt am Stein des Józef Goldszmit, des „vereidigten Advokaten", gestorben mit 50 Jahren am 26. April 1896, „Vater Henryk Goldszmits, Janusz Korczaks", erinnert ein Messingtäfelchen. Aufgefunden unter Grabsteinhügeln hat die Stele vor ein paar Jahren wieder ihren Platz erhalten. Durch Astwerk und Gebüsch, 50 Schritte, erreicht man Korczaks „Symbolischen Grabstein". Was 1982 so „ehern" aussah, ist 1992 arg verwittert. Kerzenstummel, vertrocknete Blumen, verblaßte Schleifen sagen, daß man doch gedenkt am „Guten Ort" in der Okopowa des guten Menschen aus der Krochmalna – ermordet vor 50 Jahren in Treblinka

(In: Illustrierte Neue Welt, April 1993)

„Unter dem Adler“

Im Ghetto von Krakau

Als nach dem 3. März 1941 der „Jüdische Wohnbezirk“ in Krakau errichtet und die noch am Leben gebliebenen 15000 Krakauer Juden in das neue Ghetto gepfercht wurden, verblieb: in diesem Quartier noch die „arische“ Apotheke „Unter dem Adler“. Sie wurde, unter äußerst schwierigen Bedingungen von dem Apotheker Tadeusz Pankiewicz geführt, zu einem „Botschaftsgebäude“, zu einem „exterritorialen Ort, der die freie Welt repräsentierte“ und wo sich Maler und Musiker, Doktoren der Philosophie, der Medizin und der Jurisprudenz trafen – auch der jiddische Dichter Mordechai Gebirtig, auch ein Mathematiker mit der „Lösung“ eines Problems, das von Pythagoras für unlösbar gehalten wurde... Schade, daß die Erinnerungen des Pharmazeuten Pankiewicz nicht in deutscher Übersetzung vorliegen – ungewöhnliche Schilderungen von Menschen und Schicksalen im Anblick grauenhaftester Verbrechen und der Erniedrigung der Menschenwürde. Die israelische Schriftstellerin Mirjam Akavia – sie erhielt soeben den diesjährigen Preis der deutschen Korczak-Gesellschaft – hat mir eine Übersetzung des Buches von Pankiewicz vermittelt. Daraus sei dies mitgeteilt: „Einige Jahre nach dem Krieg besuchte mich der Priester Karol Wojtyła ... Er wußte von mir, daß ich, solange es bestanden hatte, im Ghetto geblieben war, und fragte mich: ‚Wissen Sie nicht, wie die Ghettojuden in einer so entsetzlichen Zeit der Bestialität, des Mordes und der Erniedrigung zu messianischen Dingen standen?’ Nur als Mittelsmann konnte ich als Adressat dieser Frage dienen, auf die wohl einzig und allein einer der großen Talmudgelehrten eine Antwort hätte geben können. Ich entschloß mich, Verbindung zu jemandem aufzunehmen, der in diesen Dingen bewandert war... Er hörte meine Frage und schwieg lange, bis er sich mit einem besonderen Blick mir zuwandte. Mit einem leisen Lächeln und ruhiger, konzentrierter Stimme setzte er an: ‚Das Kommen des Messias, ja...’ Kurz hielt er inne und setzte dann fort: ‚Wie soll ich Ihnen das erklären? Sie werden es ohnehin nicht verstehen... Wie kann ich das in Worte fassen? Stellen Sie sich vor, dass nach einem Freitag ein weiterer Freitag käme. Völlig unverständlich nicht wahr? Aber nicht unmöglich. Um es anders auszudrücken: wenn es geschähe, daß einmal die Juden in der ganzen

Welt, ohne eine einzige Ausnahme und an jedem Ort, für einen Moment lang keine Verfehlung begehen würden, weder in dem Denken noch in ihren Worten, dann wäre das die richtige Zeit für das Kommen des Messias. Es ist möglich, daß er kommt, er wird einmal kommen. Haben sie mich verstanden mein Herr?'
Sein Blick schweifte in die Ferne; er strich über seinen gepflegten Bart, und kaum hörbar sagte er, wie zu sich selbst: ‚Nach einem Freitag ein Freitag. Das kann sein. Wir warten auf diesen Tag, wir warten auf sein Kommen!' Und als hätte er sich wieder meiner Anwesenheit erinnert sagte er: ‚Ja, ja, Herr Pankiewicz, das ist keine leichte Antwort; die Dinge liegen ganz und gar nicht einfach; aber gut, daß sie mich besucht haben ...' Der Inhalt seiner Worte, die Atmosphäre des Treffens und seine Persönlichkeit beeindruckten mich sehr. Der Mann, Rabbiner, Frommer und Gerechter, wohnte zeitweilig in der Dietl-Straße, das Gespräch fand in der Miodowa im ‚Tempel' statt."

(Undatiertes Manuskript 1985)

„Münzen“ in meiner Hand ...

Aus Israel kam Geld aus dem Łódźer Ghetto
Frajda Eber, Bluma Lichten, Hersz Kleczewski, Chaim Bielajew, Izrael Wulc, Abraham Dab, Kiva Goldberg, Mailech Akerman, Dawid Majer, Zuzanna Beer, Aron Działkowski, Ryszard Izrael – Menschen des Łódźer Ghettos – Tod, Mord, Selbstmord, Hungerleichen an der Zwischen-station „Litzmannstadt“ auf dem Weg nach Chełmno, nach Auschwitz. Verurteilte Leben, ausgelöscht 1941 bis 1944. Geld in meiner Hand. Nicht aus einem Wühlkasten des Łódźer Flohmarktes 1989; schmutzig, verkrustet, schwarz geworden, kam es aus Israel, zurück nach Deutschland, nach Gießen. Einer aus dem Ghetto Wilna, der Freund Benyamin schickte es. Vielleicht war es damals in den Händen von Frajda und Bluma und Kiva – lies die Chronik des Ghettos Łódź, herausgegeben von Lucjan Dobroszycki – vielleicht in den Händen des Schmugglers Zawadzki, vielleicht in den Taschen des Dawid Sierakowiak – sein Tagebuch gehört neben das von Anne Frank. „Geld“, das man, „Rumki“ oder „Chaimki“ nannte, genannt nach dem Herrscher des Ghettos, dem „König des Ghettos“, nach „Chaim I.“, nach Mordechai Chaim Rumkowski, dem höchst umstrittenen „Ältesten Juden von Litzmannstadt“, der in der Kalesche durchs Ghetto fuhr ... Sein Namenszug beglaubigt das Papiergeld. Hans Biebow aus Bremen, Jahrgang 1902, Chef der Ghettoverwaltung „Herrscher über Leben und Tod“ (Josef Wulf) traf als erste Maßnahme zur Enteignung der Juden die Einführung des Ghetto-Geldes. Bereits am 24. Juni 1940 veröffentlichte Rumkowski eine Bekanntmachung über die im Ghetto zulässigen Zahlungsmittel. Die Umtauschaktionen fanden in den Banken des Ghettos in der „Kehn-Straße“, der alten Łódźer „Młynarska“ und in der „Alexanderhof-Straße“ der alten „Limanowski“ statt. Diese Scheine und Scheiben waren aber nur „Quittungen“, echtes „Geld“ waren das Brot, Kascha und Pferdefleisch, Kohl und Rüben und Zigaretten... Der Schein in meiner Hand trägt die Nummer 074754 „Quittung über eine Mark“, Litzmannstadt, den 15. Mai 1940 – Symbol: die Menorah. Münzen in meiner Hand: 10 Mark und 10 Pfennig ... „10 Mark“, durchzogen von der Schleife „Quittung über“, die Legende: „Der Älteste der Juden in Litzmannstadt“, der Revers zeigt den Davidstern und die Beschriftung, „Ghetto 1943“. Das Revers der

Pfennige: Wertangabe und die Legende: »Der Aelteste der Juden«, das Revers: Stern und Ähren, dazu die Legende: „Litzmannstadt Ghetto 1942“.
Das „Rauhgewicht“ der Münzen, der klanglosen Blechscheiben ist nichts – vor den Augen werden sie schwer – auf daß nichts in Vergessenheit gerät – keine Geschichte der Numismatik.

(Undatiertes Manuskript)

Der Kampf um die Würde

Vor 50 Jahren Aufstand des Warschauer Ghettos

Warschauer Straßen: Gęsia, Złota, Dzielna, Pawia, Muranowska, Miła, Stawki, Nowolipki, Nowolipie ...
„Meine“ Warschauer kennen die Geschichte dieses Quartiers, kennen die topographischen Details. Dem Ankömmling wird Nachhilfe erteilt. In diesem Warschauer Distrikt wohnen Freunde, und vor 23 Jahren war mein erster Gang durch die Zamenhofa ins Neubaugebiet Muranów-Nord zum Denkmal der „Helden des Warschauer Ghettos“. Natan Rappaport hat es geschaffen, Juden aus aller Welt haben es gestiftet. Wir kamen nicht unvorbereitet vor vielen Jahren nach Warschau, wir wußten ein wenig vom Kampf, der hier getobt hatte, 1943, vom Kampf der Warschauer Juden, die man 1940 in die 400 ha *Steinerne Welt*[1] eingemauert hatte. Wir wußten an diesem 1. Warschauer Morgen, daß wir auf Trümmern standen, daß alles auf Trümmer gebaut war, die bis zum letzten Stein verteidigt wurden – damals 1943, seit dem 19. April.
Wir waren damals auf den Spuren des Ghetto-Juden Janusz Korczak und seiner Kinder, aber was wußten wir von den 500 000 des Ghettos Warschau! „Von Korczak wissen alle, nicht wahr? ... Und Pola Lifszyc, die mit ihrer Mutter ging? Wer weiß von Pola Lifszyc ...?“, fragt Hanna Krall[2]; wer weiß von den Goldstein, Berenstein, Melkmann, Katzman, Garfunkel?
Bekannt ist, daß im ersten Jahr der Okkupation die jüdische Bevölkerung in Ghettos eingetrieben wurde. „Die Zusammenpferchung bildete den ersten Schritt zur beabsichtigten Ausrottung. Das größte dieser Ghettos war dasjenige von Warschau, im Zentrum der Stadt gelegen, eine Enklave des Grauens inmitten einer Stadt voll diffusen Terrors, eine Hungertodesinsel im Meer der langsam quälenden Aushungerung Warschaus, die Stätte des höchsten Unrechts unter dem allgemeinen Unrecht...“, schreibt Witold Wirpsza[3]. Über Leben und Sterben im Warschauer Ghetto, über die täglichen Deportationen seit dem Sommer 1942 an die Pforten der Hölle von Treblinka, liegen

---

[1] Borowski, T.: Die steinerne Welt. München 1963.
[2] Krall, H.: Schneller als der liebe Gott. Frankfurt 1980, S. 61f.
[3] Wirpsza, W.: Pole, wer bist du? Luzern und Frankfurt 1971, S. 145.

Hinterlassenschaften vor – Dokumente der Ghettotage, der Verzweiflung, der Hoffnung, des Mutes. Władysław Bartoszewski, Adam Czerniaków, Marek Edelman, Bernard Goldstein, Chaim A. Kaplan, Janusz Korczak, Hanna Krall, Abraham – Lewin, Emanuel Ringelblum, Josef Wulf, Michał Zylberberg u.a. haben es der Nachwelt mitgeteilt.[1]

Igor Newerly beschreibt die infernalische Welt des Ghettos: „Entsetzlicher Hunger dezimierte die Bevölkerung. Die Menschen brachen auf den Strassen zusammen. Der ‚Pinkiert-Bestattungsdienst' kam mit den Abräumungsarbeiten nicht mehr nach. Was morgens weggeschafft worden war, fiel bis zum Abend wieder an. Die Kinder spielten auf den Bürgersteigen, obwohl mit Zeitungen bedeckte Leichen herumlagen – sie waren so alltäglich, daß sie ebenso nichtssagend waren wie die Aufschriften an den Mauern ... Es gab keine Zeit im Sinne einer normal empfundenen Perspektive von Tagen und Monaten. Es gab den gebrechlichen Augenblick in der Gegenwart oder die Ewigkeit. Im Ghetto, das sehr viele geistig hochstehende Persönlichkeiten in seinen Mauern einschloß, darunter zahlreiche Angehörige der schöpferischen Intelligenz, versuchte man bis zuletzt, ein menschenwürdiges Leben mit den Resten des damaligen Wissens und der Kultur zu führen. Wissenschaftler und Künstler vergruben sich in ihre Arbeit. Die Jugend drängte zu den illegalen Schulen und Arbeitskreisen, zu den Vorlesungen von Professoren der verschiedensten Disziplinen. Es gab Theaterstudios und Künstlerensembles. Ausstellungen, Konzerte, Autorenabende, Vorträge bekannter Wissenschaftler zogen Massen von Teilnehmern an. Alle Gotteshäuser waren voll. Die Mauern der bisherigen Tempel konnten eine solche Welle des Mystizismus gar nicht fassen, die Glut anderer religiöser Vorstellungen suchte ein Ziel, nicht nur in Adonai, auch Christus, der Gott der Gemarterten, der Gott von Golgatha, schritt durch das Ghetto und teilte durch die spendende Hand

[1] Siehe u.a. Bauman, Janina: Als Mädchen im Warschauer Ghetto, Lübbe-Bastei Taschenbuch 61141. Bartoszewski, Władysław: Das Warschauer Ghetto – wie es wirklich war, Fischer TB, 1983. Czerniaków, Adam: Im Warschauer Getto Das Tagebuch 1939-1942, München 1986. Goldstein, Bernard: Die Sterne sind Zeugen, Frankfurt 1960 und Freiburg 1992. Kaplan, Chaim Aron: Tagebuch der Agonie, Frankfurt 1967. Korczak, Janusz: Erinnerungen, in: Das Recht des Kindes auf Achtung, Göttingen 1970. Lewin, Abraham: A Cup of Tears, Oxford 1988. Malaparte, Curcio: Kaputt, Frankfurt 1979. Ringelblum, Emanuel: Tagebücher aus dem Chaos, Stuttgart 1967. Wulf, Josef: Vom Leben, Kampf und Tod im Ghetto Warschau, Bonn 1958. Zylberberg, Michael: A Warsaw Diary, London 1969.

des Pfarrers Plater die Taufsakramente und Linderung aus... Aber daneben waren Kohn und Heller am Werk, die Organisation der jüdischen Gestapo, Tausende von Kollaborateuren, Verrätern und Schindern. Der ‚große Schmuggel' dicker Gangsterfirmen und der ‚kleine Schmuggel' der Kinder fanden ihren Absatz... Schlemmereien und Orgien in exklusiven Restaurants hatten etwas Apokalyptisches. In diesem Revier überhöhter Kontraste gab es überhaupt keine völlig normalen Menschen mehr. Das Klima eines Ghettos oder des Lagers von Auschwitz kann niemand ertragen, ohne Schaden zu nehmen an seiner Seele, jeder Mensch, sei er nun Opfer oder Henker, hatte dort zwangsläufig einen psychischen Defekt..."[1]

Hunderttausend jüdische Kinder! Durch Kanäle und Mauerlöcher erreichten manche die „Arische Seite", stöberten Kartoffeln und Rüben auf, trieben Handel mit Zigaretten und Brot über Nacht waren sie nicht mehr Kind.

Pläne des Ausbruchs – Tausende sollten sich auf die Ghettotore stürzen und auf der „Arischen Seite" zerstreuen – kamen aus letzter Verzweiflung. Die Verteidigung der Würde mit der Waffe – „es ging nur um die Art zu sterben" – begann am 19. April 1943. Es begann „der einzige Aufstand im besetzten Europa, der ausbrach, ohne auf Ersatzkräfte rechnen zu können, der keine Rückzugsmöglichkeit hatte und keine Aussicht auf Erfolg, außer der Rettung der Menschenwürde." Es begann „die Heldengeschichte der jungen Menschen, die mehr als einen Monat lang mit den Deutschen im Kampf lagen und danach noch wochenlang in den rauchenden Trümmern weiterkämpften..."[2]

Am 18. April 1943 übernahm anstelle des als „intellektueller Weichling"[3] angesehenen Oberbefehlshabers der Polizei und SS im Distrikt Warschau Dr. Ferdinand von Sammern und Frankenegg der SS-Brigadeführer Jürgen Stroop[4] (getauft auf den Namen Josef!) das Kommando zur Ausradierung des Ghetto-Quartiers. Mit SS-Einheiten und den „Trawniki-Männern" – Letten, Litauer, Weißrussen, Ukrainer, „fremdvölkischen Wachmannschaften" – wurde der Einsatz vorbereitet.

---

[1] Newerly, I.: In: Korczak, J.: Das Recht des Kindes auf Achtung. Vorwort zu „Erinnerungen". Göttingen 1970.

[2] Hausner, G.: Die Vernichtung der Juden. München 1979, S. 299.

[3] Kurzman, D.: Der Aufstand. Heyne-Buch 7156, S. 35.

[4] Stroop, J.: „Es gibt keinen jüdischen Wohnbezirk in Warschau!" Neuwied o.A. The Jewish Quarter of Warsaw is no more! New York 1979.

„Wann werden wir endlich anfangen, diese Affen hinter den Mauern des jüdischen Zoos abzuknallen...“, soll einer der „Askaris“ den Brigadeführer Jürgen Stroop gefragt haben, der ihn für seine Ungeduld mit einer Reichsmark belohnte![1] Die Eröffnung des Einsatzes stand noch unter dem Befehl des von Sammern und Frankenegg, der 850 Mann und 16 Offiziere in den Ghettobezirk einmarschieren ließ und auf organisierten Widerstand stieß. Die deutschen Einheiten traten den Rückzug an. Der Oberbefehl war von Sammern auf Himmlers Anordnung entzogen, und die neue Aktion übernahm Jürgen Stroop, der seine Leute zunächst mit Schnaps und Wein vorbereitete. Mit einer „Zehner“-Haubitze und drei Flakgeschützen sollten die 200 Kämpfer der jüdischen Widerstandsgruppe ŻOB unter Führung von Mordechai Anielewicz von den Dächern und den oberen Stockwerken der Ghetto-Häuser herausgeschossen werden. Die Flucht der Aufständischen in die Keller und Kanalsysteme, die von den Deutschen erfolglos geflutet wurden, gelang. SS-Einheiten mit den Trawniki-Männern gingen gegen die Häuser vor, aus denen der Widerstand kam, am Abend zog Stroop mit dem Einsatzkommando den erneuten Rückzug an. Himmler hatte Stroop befohlen, die Ghetto-Häuser nicht zu zerstören, bevor nicht die im Ghetto befindlichen und für die Deutschen arbeitenden Fabriken evakuiert seien.

„Am zweiten Tag der Großen Aktion war ich voller Hoffnung“, teilt Stroop später im Warschauer Mokotów-Gefängnis seinen Mithäftlingen Moczarski und Schielke mit.[2] In der Frühe des 20. April drangen erneut die Stoßtrupps in das Ghetto ein; aus den Widerstandsnestern kam gnadenlos Antwort. Am Mittwoch der *Warschauer Karwoche*[3] (Andrzejewski) haben Stroops Kommandos mit Bränden begonnen. „Mit Flammen, Hitze und Rauch haben wir die Juden endlich ausgeräuchert. Die haben vielleicht geschrien, als sie geröstet und gebraten wurden! Und wie gern sie sich gefangen nehmen ließen! Ein Teil verübte allerdings Selbstmord, aber den Rest haben wir umgehend in die Waggons getrieben, und ab nach Treblinka ...“, so Stroop 1952 in der Zelle des Warschauer Gefängnisses.

---

[1] Kurzman, D.: a.a.O., S. 39.

[2] Moczarski, K.: Gespräche mit dem Henker. Fischer-TB 3466, S. 171.

[3] Andrzejewski, J.: Warschauer Karwoche. München – Wien 1964. Dtv 1966. Fischer TB 1982.

Die Christen rüsteten zum Osterfest; Gründonnerstag im Ghetto: Überraschung bei den Deutschen, die 3-Tage Aktion verläuft anders als erwartet, die Einnahme der Kanäle ist aussichtslos, die Beteiligung jüdischer Frauen an dem bewaffneten Widerstand „Göttinnen oder Teufelinnen“ (Stroop) – verwirrt die Einheiten; erbitterter Kampf auf dem Muranowski-Platz, dann die erstmals beobachtete Beteiligung von Polen an dem Kampf der jüdischen Aufständischen – sichtbar diese Einheit im Hissen der weiß-roten polnischen Fahne neben der weiß-blauen.
Bereits im August 1942 deutete sich eine polnische Unterstützung an; man fand im arischen Warschau Flugblätter mit dem Titel „Protest“. Verfasser war die katholische Schriftstellerin Zofia Kossak, die der konspirativen „Front für die Wiedergeburt Polens“ angehörte. Sie schrieb: „Die sterbenden Juden sind von lauter, sich die Hände in Unschuld waschenden Pilatussen umgeben... Wir wollen keine Pilatusse sein! Wir können aktiv nichts gegen die deutschen Metzeleien unternehmen, wir können nicht helfen, niemanden retten – aber wir protestieren aus der Tiefe des Herzens derer, die von Mitleid, Entrüstung und Grauen ergriffen sind. Diesen Protest verlangt Gott von uns, Gott, der nicht erlaubt hat, zu töten. Ihn verlangt das christliche Gewissen. Jedes Wesen, das sich Mensch nennt, hat ein Recht auf Nächstenliebe. Das Blut Wehrloser schreit zum Himmel nach Rache. Wer nicht mit uns diesen Protest unterstützt – der ist kein Katholik“.[1]
Ratlosigkeit auf deutscher Seite. „Arbeit im Ghetto schon ziemlich früh abgebrochen“, erinnert sich Stroop am Karsamstag. Konzentrierter Angriff der SS-Einheiten, Kampfhandlungen bis in die Nacht, 25 000 Juden sind gefangen und deportiert, am Ende etwa 55 000. Ostersonntag beginnt das „Ausräuchern“ des Ghettos. Die Verteidiger springen aus den Fenstern, von Dächern und Balkonen, aber der Widerstand ist ungebrochen – 28 Tage – „der einsamste und schmerzlichste von allen Kämpfen, welche in jener Zeit zur Verteidigung des Lebens und der Freiheit geführt worden sind...“, schreibt Jerzy Andrzejewski. 16. Mai 1943, 20.15 Uhr:

---

[1] Zit. nach Bartoszewski, a.a.O., S. 47f. Vgl. auch: Prekerowa, Teresa: Konspiracyjna Rada Pomocy Żydom w Warszawie 1942-1945, Warszawa 1982, S. 113.

„Als schönen Schlußakkord der Großaktion hatte ich die Sprengung der Großen Synagoge an der Tłomackie-Strasse vorgesehen. Die Vorbereitungen nahmen zehn Tage in Anspruch. Man mußte das Innere der Synagoge ausräumen und in Fundamente und Mauern mehrere hundert Löcher für den Sprengstoff bohren. Die Synagoge war sehr solide gebaut. Um sie mit einem Schlag in die Luft zu sprengen, mußte eine Reihe umfangreicher Pionier- und Elektrikerarbeiten durchgeführt werden. War das ein herrlicher Anblick!“ Stroops Augen glänzen vor Begeisterung. „Ein phantastisches Panorama für jeden Maler oder Theaterregisseur! Ich stand mit meinem Stab in ziemlicher Entfernung von der Synagoge. Der Kommandeur der Pioniereinheit, der für die ordnungsgemäße Sprengung verantwortlich war, ließ mir durch Max Jesuiter den elektrischen Apparat übergeben, mit dessen Hilfe die gleichzeitige Detonation aller Sprengladungen in den Mauern der Synagoge ausgelöst werden konnte. Jesuiter befahl allgemeine Ruhe. Im Licht der brennenden Häuser standen meine tapferen Offiziere und Mannschaften, übermüdet und rußgeschwärzt. Ich zögerte den spannenden Augenblick noch etwas hinaus. Schließlich rief ich: ‚Heil Hitler‘ und drückte auf den Knopf. Die ungeheure Explosion riß die Flammen bis zu den Wolken. Ein durchdringender Knall folgte, die Farben waren geradezu märchenhaft. Eine unvergeßliche Allegorie des Triumphes über das Judentum! Das Warschauer Ghetto hatte aufgehört zu existieren. Denn so hatten es Adolf Hitler und Heinrich Himmler gewollt.“ Nachzulesen in Kazimierz Moczarskis *Gespräche mit dem Henker*[1], aufgezeichnet im Mokotów-Gefängnis zu Warschau.[2]

Der dreiteilige Abschlußbericht des Jürgen Stroop, ein Familienalbum, hergestellt in vier Exemplaren, trägt in gotischer Schrift den Titel: „Es gibt keinen jüdischen Wohnbezirk in Warschau mehr“. Er enthält eine Zusammenfassung der Ereignisse, die täglichen Fernschreiben und einen Bildteil.[3]

---

[1] Kuzman, D.: Der Aufstand. Heyne-Buch 7156.
Moczarski, K.: Gespräch mit dem Henker. Fischer TB 3466, S. 17.

[2] Moczarski, K.: a.a.O., S. 217.

[3] Stroop-Bericht, a.a.O. Vgl. dazu : Kunicka Wyrzykowska, M.: Der Stroop-Bericht. Die Geschichte eines Dokumentes des Verbrechens. In: Friedrich-Ebert-Stiftung (Hrg.): Die Vergangenheit mahnt! – Zum 40. Jahrestag des Aufstandes im Warschauer Ghetto. Bonn 1983, S. 276ff.

Der Rauch stieg tagelang aus den Trümmern, zog über die Mauern des Ghettos; der Donner der Granaten und die Schreie der um ihre Würde Kämpfenden, erreichten auch die „Arische Seite“, wo das Leben irgendwie noch so weiterging...
Czesław Miłosz schrieb damals sein Gedicht *Campo di Fiori*[1], für das allein er den Nobelpreis verdient, er sah ein Karussell am Warschauer Krasiński-Platz, das die Nazis der Volksbelustigung gestattet hatten, unmittelbar an den Ghettomauern, er erinnert an Giordano Bruno, im Jahre 1600 verbrannt auf dem römischen Campo di Fiori: „...Und kaum waren die Flammen erloschen, füllten sich gleich die Tavernen“

„Ich dachte an Campo di Fiori
In Warschau an einem Abend
Im Frühling vor Karussellen
Bei Klängen lustiger Lieder.
Der Schlager dämpfte die Salven
Hinter der Mauer des Ghettos,
Und Paare flogen nach oben
Weit in den heiteren Himmel
Der Wind blies zuweilen schwarze
Drachen von brennenden Häusern,
Die Schaukelnden fingen die Flocken
Im Flug aus ihren Gondeln.
Der Wind von den brennenden Häusern
Blies in die Kleider der Mädchen,
Die fröhliche Menge lachte
Am schönen Warschauer Sonntag.
Vielleicht wird jemand hier folgern,
Das Volk von Rom oder Warschau
Handele, lache und liebe
Vorbei an den Scheiterhaufen;
Ein andrer vielleicht die Kunde
Von der Vergänglichkeit dessen
Empfangen, was schon vergessen,
Bevor die Flamme erloschen...“

---

[1] Miłosz, C.: Gedichte 1933 – 1981. Dt. von K. Dedecius u.a., Polnische Bibliothek. Suhrkamp. Frankfurt a.M. 1982, S, 23f.

Warschau 1983, 19. April: meine Erinnerung:
Kriegszustand, Jaruzelischer Krieg, Akademie im Großen Theater, auf Balkon I, Reihe I, Platz 86, Gedenken des vierzigsten Jahrestages. Arnold Schönberg, Op. 46, *Der Gerettete aus Warschau*, Krzysztof Penderecki *Dies irae...* Komitees sind konstituiert, Delegationen angesagt. Marek Edelman[1], einer der Führer der jüdischen Kampforganisation des Ghettos, Arzt, in Łódź lebend, verweigert Ehren und Teilnahme. In einem Blatt des Untergrunds schrieb er: „Der Kampf im Ghetto war ein Kampf für die Menschenrechte und die Würde, und beides, Rechte und Würde sind niedergetreten im heutigen Polen."

Warschau 1993, Volkspolen ist abgewählt. Republik Polen. Es wird erinnert in Warschau, es wird Kaddisch gesagt.

(In: Korczak-Bulletin 1/1993)

[1] Lies und siehe auch: The Warzaw Ghetto – the 45th Anniversary of the Uprising, Warsaw 1988, Fotos und Texte von: Ruta Sakowska, Marek Edelman, Jan Karski (Jan Kozielewski), Franz Blatter, Maria Kann. ISBN 83-2232466-9. Zum besetzten Warschau 1939-1944 vgl. auch das informationsreiche Werk von Tomasz Szarota: Warschau unter dem Hakenkreuz, Paderborn 1985.

Dieser 5. August

Vor sechzig Jahren, am 5. August 1942, endete sein Leben für die Menschenrechte durch Mord in Treblinka – einer der tausend Morde an diesem Tag in Treblinka...

In den ersten Augusttagen 2002 gedenken Jugendliche aus vielen Ländern – die Deutschen kommen aus Berlin, Dresden und Günzburg – auf dem Aschenfeld von Treblinka Janusz Korczaks, „seiner“ Kinder aus dem Warschauer Ghetto sowie mehr als 700 000 Ermordeter.

Ehe der als Henryk Goldszmit 1878 in Warschau geborene Janusz Korczak als Arzt praktizierte, dann Vater von Elternlosen, von Abgegebenen und Aufgegebenen wurde, hatte er bereits *Warschauer Elend* gesehen, erlebt, erlitten. Wie oft muß er vorbeigegangen sein am Haus der Warschauer Wohltätigkeitsgesellschaft, Krakowskie Przedmieście Nr. 62, getroffen vom Wort Senecas aus den Epigrammata auf dem Sims in klassischen Lettern: „Res sacra miser“ – Der Elende ist eine heilige Sache! Und so trat er auf als Journalist, als Arzt, als Erzieher und Autor vieler Bücher – Verteidiger der heiligen Sache.

In seinen Warschauer Erinnerungen *Das wunderbare Überleben*, verfilmt von Roman Polanski, demnächst in unseren Kinos, schreibt „der Pianist“ Władysław Szpilman: „Korczaks wahrer Wert lag nicht in dem, was er schrieb, sondern in der Tatsache, daß er lebte, was er schrieb.“ Die Beglaubigung des Wortes durch das gelebte Leben macht ihn zur inzwischen weltweit verehrten Gestalt des zwanzigsten Jahrhunderts. Kardinal Stefan Wyszyński, Primas von Polen, schrieb 1978 an den Verfasser dieses Gedenkblatts: „Nach einem geheimnisvollen Ratschluß ließ ihn Gott am Leiden seines Sohnes teilnehmen, damit so viele in ihrer Bedrängnis sich auf ihn vertrauensvoll stützen können...“

Viele Versionen des letzten Ganges Korczaks mit seinen Schutzbefohlenen vom „Umschlagplatz“ an die Pforten der Hölle sind überliefert, nicht alle übereinstimmend im Detail, aber in der Summe das, was die Philosophin Jeanne Hersch 1981 bei den „Wiener Vorlesungen“ sagte: „Warum ist er am Ende mit diesen Kindern in die Brennöfen gegangen? Nicht um Märtyrer zu sein, sondern sehr einfach, damit die Kinder weniger Angst haben. Weniger Angst.“

(In: Christ in der Gegenwart 31/ 2002)

Korczaks Nachruhm

Vor vierzig Jahren, Anfang August 1942, der Tag ist nicht mehr auszumachen, überschritt Janusz Korczak – Arzt, Schriftsteller, Erzieher jüdischen Glaubens und polnischer Nationalität – mit seinen Waisen, geprüft im Fegefeuer des Warschauer Ghettos, die Pforten der Hölle: Treblinka. Begonnen hatte das alles mit Henryk Goldszmits (so sein Geburtsname) unwiderrufener Entscheidung für die Sache des Kindes, schon vor dem Ersten Weltkrieg. Der Gang ins Martyrium, ähnlich dem Gang des Priesters Maksymilian Kolbe, war Folge dieser Entscheidung.
Korczak mochte nicht die Vokabeln „Opfer", „Aufopferung" und „Hingabe". Er würde den großen Nachrufern, wie einst den Helfern in seinen Waisenhäusern, entgegnen: „Es lügt derjenige, der sagt, daß er sich für etwas oder für jemanden opfert. Der eine liebt Karten, ein anderer Frauen; der eine läßt kein Pferderennen aus, und ich liebe Kinder. Ich opfere mich gar nicht, ich mache das nicht für sie, sondern für mich. Das ist für mich notwendig. Sie sollten den Worten über Aufopferung keinen Glauben schenken. Sie sind verlogen und heuchlerisch ..."
In Polen und Israel, in der Bundesrepublik Deutschland tragen immer mehr Schulen Korczaks Namen, Straßen sind nach ihm benannt und Häuser. Denkmäler und Tafeln, Medaillen und Briefmarken, Plakate und Filme ehren den „Pionier einer zeitgemäßen Erziehung", den „Guten Menschen aus der Krochmalna", den „Vater fremder Kinder", den „Polnischen Pestalozzi", den „Arztpädagogen des Herzens und der Vernunft", den „Zauberer", den „Pädagogen der Realität und des Traumes", den „Heiligen" ... Dabei fühlte er sich nur zuständig für zerschlagene Fensterscheiben, zerrissene Handtücher, schmerzende Zähne, erfrorene Finger, gestohlene Bücher und den Streit an der Schaukel – auch für Kartoffeln und Brot und Tränen und Lachen und Schlaf...
Gesellschaften mit wissenschaftlichem Anspruch und Freundeskreise haben sich in aller Welt gebildet. Symposien in seinem Namen. Die wissenschaftliche und literarische Hinterlassenschaft Dr. Korczaks liegt vielsprachig vor; vorbildlich sind die Ausgaben in Deutschland. Fast fünfhundert Abhandlungen hat die internationale Bibliographie erfaßt. Die Einlassung mit Korczak ist eröffnet. Auch auf den Bühnen der Welt

erscheint der Warschauer Kinderarzt, eingeführt durch Erwin Sylvanus, genau vor 25 Jahren; dann folgten mit szenischen Versuchen Joanna Kulmowa (Warschau) und Tamara Karren (London), Emmanuel Eydoux (Marseille) und Ryszard Marek Groński (Warschau). Trauerlieder, poetische Epiloge, Zeilen japanischer Haiku-Tradition – „Weine, Wind, in Treblinka sind Kinder gemordet“ (Jiro Kondo) – sind voll „salziger Tränen“, auch die Rosen des Alten Doktor, Oratorium von Norbert Kuźnik und Jarosław Lisiecki: „Wenn die Wälder in Flammen stehn, hüte die Rosen. Wenn die Welt in Flammen steht, hüte die Kinder. Was wäre die Welt ohne die Kinder, ohne die Blumen.“ – Nachruhm.

Zu Lebzeiten ein bißchen Anerkennung, ein wenig Bewunderung, viel Kopfschütteln, kein Dank, kein Ruhm: Korczak.

(In: Christ in der Gegenwart, 37/1982)

Mein Buch des Jahres

Noch unentdeckt, noch unbeachtet von Rezensenten, ist ein Friedensbuch, erschienen in Jerusalem im Jahr 5752, was nach christlichem Kalender heißt: 1991. Den blauen Einband ziert das Foto einer antikisch gestalteten Wandskulptur aus der Universität Baku, der Muslimstadt in Aserbeidschan: Janusz Korczak (1878-1942) und seine Kinder in priesterlichen Gewändern. Inhalt des Buches sind Texte von Korczak in Hebräisch und Arabisch. Die zweisprachige, von Mohammad Hourani übersetzte Auswahl ist eine „historische Veröffentlichung", wie Vladimir Halperin (Genf)[1] sagte. Ein Stück Ruhm an dieser Edition gehört der Schweizer Janusz-Korczak-Gesellschaft, die mit der „Ecole Normale David Yellin" in Jerusalem diese Veröffentlichung ermöglichte. Janusz Korczak, der Mann des Friedens, vereinigt mit seinen Erziehungsgedanken zwei Sprachen brüderlich. Er ist auch ein glaubwürdiger Mittler und Vermittler, lebte er doch in dramatischen Konfliktfeldern, hoffend zeitlebens.

In der Warschauer Zeitschrift „Gesellschaft" (Nummer. 42 von 1910) schrieb er unter dem Titel *Drei Strömungen* zum polnisch-jüdischen Verhältnis: „Wir sind Brüder einer Erde. Jahrhunderte gemeinsamen Glücks und Unglücks – ein langer gemeinsamer Weg – eine Sonne leuchtet für uns, ein Hagel zerstört unsere Fluren, und eine Erde deckt die Gebeine unserer Vorfahren – es gab mehr Tränen als Lächeln; darin liegt weder eure noch unsere Schuld. Also, arbeiten wir zusammen. Wir sind arm, also unterstützen wir uns gegenseitig, wir sind traurig, also trösten wir uns. Vielleicht erstrahlt uns ein gütiges Geschick. Wir werden eure Wunden, ihr werdet unsere versorgen – und weil wir Fehler haben, erziehen wir uns zusammen. Ihr -ski und -berg, -icz und -sohn geht gemeinsam... Entzünden wir ein gemeinsames Feuer, öffnen wir in seinem Licht unsere Seelen; was böse ist – ins Feuer, was gut, wertvoll – in die gemeinsame Schatzkammer."[2]

---

[1] Vladimir Halperin (1921-1995), Secrétaire exécutif, später Directeur de l'Union mondiale ORT, Lehrtätigkeit an der Universität Genf, am College de l' Europe in Brügge und am Institut maieutique in Lausanne, Gründer der Association suisse des Amis du Docteur Janusz Korczak. Unvergessen seine „katalysatorische Wirkung" (L. Jost) im Geiste Janusz Korczaks.

[2] Korczak, J.: Sämtliche Werke. Bd. 7. Gütersloh 2002, S. 273.

Vor achtzig Jahren in Warschau,
in Polen angemahnt,
der hebräisch-arabischen Edition 1991 mit auf den Weg gegeben.

(In: Christ in der Gegenwart, 50/1991)

Über Janusz Korczak und Polen

Hoher Senat, meine Damen und Herren, liebe Freunde,
vor 23 Jahren, am Tag Allerheiligen, war ich zum ersten Mal in Ihrem Land, damals auf den Spuren des Ghettojuden Janusz Korczak.

Ich denke, kein Tag war geeigneter, als dieser Tag, an dem die Menschen des Landes ihrer Toten gedachten. Dieser graue Novembertag 1970 war die Eröffnung einer innigen Freundschaft und polnischen Pilgerschaft. Die Chronologie meiner polnischen Geschichte kann ich in dieser Stunde nicht ausbreiten – auch die Litanei der Namen von Andrzej bis Zygmunt erspare ich Ihnen. Viele von Ihnen wissen davon, und alle brauchen es nicht zu wissen. Aber drei Namen lassen Sie mich nennen: Staś Rogalski[1], hochbetagt in Masuren lebend, der mir den Weg zu Korczak und nach Warschau geebnet hat, damals, als die Reise in das ferne Land über die polnische Militärmission in Berlin erbettelt werden mußte... Ich nenne mein Patenkind Ewka in Warschau, ein polnisches Kind, das von der dunklen Geschichte zwischen unseren Völkern noch kaum etwas weiß und das unbekümmert dem Morgen entgegenträumt... Ich nenne meinen verewigten, väterlichen Freund Professor Dr. Józef Bogusz,[2] zu dessen Ehre und Gedächtnis gestern in Kraków eine Akademie stattfand. In seiner Freundschaft habe ich viele Jahre gelebt, habe ich das humane und humanistische Kapital Polens für Europa kennen gelernt.
Im Warschauer Ghetto schrieb Janusz Korczak in sein *Tagebuch*: „Nach dem Kriege werden die Menschen einander lange nicht in die Augen sehen können."
Diese Tagebuchnotiz begleitet mich noch immer auf meinen Reisen nach Polen. Wie kann es diesmal, wie darf es heute anders sein: im Gedenkjahr des Aufstands des Warschauer Ghettos vor 50 Jahren und unmittelbar vor dem Gedenkjahr des Warschauer Aufstands vor 50 Jahren.
Daß ich in ein schwieriges Beziehungsfeld, und wenn ich an meine

---

[1] Vgl. hierzu: S. 172.
[2] Vgl. hierzu: S. 167.

jüdischen Freunde denke, in ein „brennendes Dreieck" (H. Wermus)[1] – Deutsche-Polen-Juden – geraten bin, Orientierung fand und Verständigungsarbeit leisten konnte, verdanke ich den Freunden in Warschau und Lublin, in Krakau und gewiß denen im *Gelobten Land* (Reymont), hier in Łódź. Ich fand Einführung und Einfühlung auch durch meinen Freund Karl Dedecius, den ‚Hieronymus aus Łódź': den Fährmann, der die kostbare Fracht der Poesie Polens ans andere Ufer gebracht hat. Von ihm, aus seinem Mund, hörte ich zum ersten Mal in polnischer und deutscher Sprache die Zeilen Ihres großen Dichters Mieczysław Jastrun. Diese Zeilen haben mich sehr berührt; sie sind leitend und begleitend für mich geworden:

> „Uczyń pierwszy krok w pustyni.
> Poszukaj ziarenek ognia w kamieniu
> Wyprowadź z materii ostygłej
> Żywy sok winorośli"

> „Setze den ersten Schritt in die Würde,
> Such nach dem Körnchen Feuer im Stein.
> Locke aus der erkalteten Materie
> Den Lebenssaft des Rebstocks"

Magnifizenz, Sie haben mir herzliche, freundschaftliche, ehrenvolle Worte gewidmet und Sie, Exellenz, eine hohe Auszeichnung der Republik Polen überreicht. Aber Lob, gar öffentliches Lob, malt mitunter allzu kräftig. Das weiß ich als Erziehungswissenschaftler aus dem Kapitel der „Erziehungsmittel". Unter dem Eindruck dieser Stunde, in „Bescheidenheit" zu flüchten, würde mich womöglich eitel machen, noch eitler machen. Deshalb sage ich: ich freue mich außerordentlich, ich danke Ihnen von Herzen.

Ihre Worte, Magnifizenz, und diese hohe Auszeichnung, binden mich treu an dieses Land und an diese Alma Mater.

Viele meiner Träume der langen Jahre, unserer Träume, sind der Wirklichkeit nähergerückt, und Sie wissen ja, daß die heute hier

---

[1] Wermus, Hersz (Henri), Prof. Dr. phil., geb. 1919, geb. in Warschau, Einsatz in der polnischen Armee in Frankreich, Internierung in der Schweiz, Studium in Zürich. Mathematiker, Psychologe, Wissenschaftsphilosoph. Zuletzt Ordinarius an der Fakultät für Psychologie und Pädagogik der Universität Genf.

gesagten Worte und die Auszeichnung, einem glühenden Europäer gewidmet sind.

Der englische Historiker und Journalist Timothy Garton Ash, der viele Jahre aus den Zentren Mitteleuropas berichtet hat, schließt sein großes Buch *Ein Jahrhundert wird abgewählt* (The uses of Adversity) mit folgenden Zeilen:

„'Litwo! Ojczyzno moja! Ty jesteś jak zdrowie', beginnt das berühmteste aller polnischen Gedichte, Adam Mickiewiczs *Pan Tadeusz*. Setzen wir anstelle von Litauen das Wort Europa ein, dann erhalten wir vielleicht die wichtigste Lehre, die uns das Jahr der Wahrheit '89 erteilt hat." So Garton Ash.

Ich füge noch eine einprägsame Zeile aus dem Gedicht *Von Engeln* (Czesław Miłosz) hinzu: „Bald ist es Tag, noch einer, tu, was du kannst".

Für meine Gießener Kollegen und Freunde möchte ich einen Nachgesang anschließen. Ich tue das aus verständlichen Gründen in meiner Sprache:

Vaclav Havel sagte am 26. April 1990 an der Hebräischen Universität in Jerusalem, als er akademisch geehrt wurde, ihn beschleiche das Gefühl, daß jeden Moment ein Herr kommen wird, der die gerade übergebene Auszeichnung ihm aus der Hand reißt, ihn am Kragen packt und aus der Aula herauswirft mit der Begründung, dies alles sei ein Fehler gewesen und Ausdruck seiner Frechheit...

Um diesem Gefühl und diesem Herrn zu entgehen, beende ich eilig meinen Dank und stelle mich geschützt hinter Sie.

(Ansprache in der Universität Łódź am 4. November 1993)

Polen, unser Nachbar. Wege zu Verstehen und Verständnis

Vor wenigen Tagen, am 1. September 1999, dirigierte der polnische Komponist Krzysztof Penderecki in Berlin aus Anlaß des 60. Jahrestages des Kriegsausbruchs, in Erinnerung an den Überfall Hitler-Deutschlands auf Polen, mit dem Orchester der Dresdner Philharmonie und dem Chor der Krakauer Philharmonie sein *Polnisches Requiem.* Am gleichen Tag reichten sich der polnische Staatspräsident Aleksander Kwaśniewski und Bundespräsident Johannes Rau, auf der Oderbrücke, auf der Westerplatte, in Danzig die Hand und am 9. November wird im Roten Rathaus in Berlin ein Podiumsgespräch stattfinden zum Thema: Polen im kulturellen Gedächtnis Europas – Für Eure und unsere Freiheit. An dieser europäischen Gesprächsrunde nehmen u. a. teil: Der Außenminister der Republik Polen Bronisław Geremek, die ehemalige Präsidentin des Deutschen Bundestages Rita Süßmuth und Norman Davies der Autor des berühmten Buches über Polen: *Gods playground – Gottes Spielwiese.*

Drei herausragende Ereignisse im Dienst der Erinnerung, im Dienst an der Erneuerung gutnachbarschaftlicher Beziehungen.

Es gibt ein altes polnisches Sprichwort: „Ein guter Nachbar in der Nähe ist besser als ein Bruder in der Ferne.“

In diesem Sinn will ich zu Ihnen sprechen, meine Damen und Herren.

Ich spreche zu Ihnen
- nicht als Historiker,
- nicht als Polonist,
- schon gar nicht als Politiker.

Ich spreche zu Ihnen als einer, der beim täglichen Blick auf die Wetterkarte Europas nach Warschau sieht und zur Kenntnis nehmen muß: „Verhängt, bedeckt, wolkenlos, heiter, Regen, Nebel, Schauer...“

Mit dieser politischen Metereologie bin ich seit über 30 Jahren beschäftigt.

Begonnen hatte alles mit der Spurensuche nach dem jüdisch-polnischen Arzt, Schriftsteller und Erzieher Janusz Korczak – geboren in Warschau, ermordet in Treblinka 1942. Auf der Suche nach ihm, dem Mann des einsamen Weges, habe ich Polen entdeckt: Menschen, Städten, Landschaften bin ich begegnet, der Geschichte auf Schritt und Tritt – Freunde sind mir viele geworden auf dieser schwer gebügelten

Landkarte. Sie können nicht erwarten, schon gar nicht von mir, meine Damen und Herren, daß ich eine 1000-jährige Nachbarschaft mit ihren Höhen und Tiefen in einem Vortrag darstelle – nicht ein Vortragszyklus vermag eine Nachbarschaft mit dramatischen Abläufen in 1000 Jahren erhellend zu beschreiben. So müssen Sie mit dem Versuch einer Annäherung vorlieb nehmen, mit meiner Wahrnehmung von Polen zufrieden sein.

Zwei kluge Sätze bitte ich beim Nachsinnen über Polen zu bedenken:

1. Ein Aphorismus des wohl ersten Aphoristikers unseres Jahrhunderts, Stanisław Jerzy Lec sagt in seinen *Unfrisierten Gedanken* (entlehnt von H. Heine: „schön gekämmte, frisierte Gedanken"): „Uns nennt man im Westen den Osten, und im Osten den Westen."

2. Der ehemalige Präsident des polnischen PEN-Clubs Jan Parandowski sagt: „Polen liegt an der Adria." Der erste Satz wird in einer Szene erhellt – ich glaube der bei uns sehr bekannte Schriftsteller Andrzej Szczypiorski (Autor des vielgelobten Buches *Die schöne Frau Seidemann*) hat sie irgendwo erzählt: Ein Russe will mit dem Zug nach Paris...Wo steigt er schon aus? – In Warschau. Ein Franzose will nach Moskau...Wo steigt er bereits aus? in Warschau...So sieht man Polen von weit im Westen, von weit im Osten. Zum zweiten Satz – Polen liegt an der Adria: Mit dieser Geographie müssen wir uns vertraut machen, müssen wir vertraut sein.

Der polnische Herzog Mieszko I. nahm 966 unter Einfluß seiner Gemahlin, der tschechischen Königstochter Dubrava, den christlichen Glauben im römischen, im lateinischen Ritus an. Damit war der Weg zum europäischen Abendland eingeschlagen.

Über die Latinität der Polen ist viel geschrieben worden. Karl Dedecius, der bedeutendste Mittler zwischen Polen und Deutschen, ein Fährmann, ein Brückenbauer, ein pontifex maximus, sagt dazu: „Es ist nicht nur die Tatsache, daß im polnischen Wörterbuch Lateinisches vorherrscht, daß es – natürlich deformiert – sogar in den Volksmund und in die Dialekte Eingang gefunden hatte, daß lateinische Nomina im Polnischen unverwüstlich fortleben (wie zum beispiel die deutsche Städtename: München = Monachium, Köln = Kolonia, Trier = Trewira, Aachen – Akwizgran). Es ist – auf eine vereinfachende Formel gebracht – ein metaphysisches Heimweh eines zum Osten verdrängten Volkes nach seiner Wiege im Westen. Ein fast biblischer Zustand: nach dem Verlust des Paradieses – ohne Sündenfall, dessen man sich bewußt wäre..."

Und weiter sagt Dedecius: „Eifer, Ehre und Schule – ambitio, honor, schola – sind die drei ersten von den vielen Vokabeln, die im polnischen Wörterbuch unverfälscht lateinisch und vollkommen im Polnischen naturalisiert weiterleben.“. Und in der Tat sind diese drei Wörter „ambicja“ = Ehrgefühl, „honor“ = Ehre und „szkola“ = Schule Grundwörter! Schlüsselwörter zum Verstehen, zum Verständnis, zur Verständigung.

Czesław Miłosz, polnischer Nobelpreisträger für Literatur, 1980 ausgezeichnet, heute zwischen Berkeley und Krakau lebend, hat das Polnische als lateinische Sprache im slawischen Lautgewand bezeichnet. Übrigens stehen noch drei weitere Polen auf dem Podest des Nobelpreises für Literatur:

– Władysław Stanisław Reymont (1924)
– Wiesława Szymborska (1996)
– und nehmen sie auch noch den in Polen geborenen, später in Amerika lebenden, jiddisch schreibenden Isaac Bashevis Singer dazu.

Woher beziehen wir denn unsere Kenntnisse aus der wissenschaftlichen Forschung

– aus literarischen Werken,
– aus Reisebildernrn, Reisejournalen,
– aus journalistischen Arbeiten,
– aus touruistischen Erlebnissen und Erfahrungen.

Aus der Fülle dieser Materialien wird Nachricht gebracht, Urteil gesprochen – werden Bilder gemalt und gezimmert.

In der *Süddeutschen Zeitung* vorn letzten Samstag habe ich einen Satz gelesen, der mich noch heute nicht los läßt: „Man darf nie zu genau hinsehen, sonst gehen einem die schönsten Vorurteile verloren. Man darf die Menschen nie richtig kennen lernen, sonst gelingt die pauschale Empörung nicht mehr...“

Ich denke, daß auch die Quellen unseres Wissens vom Nachbarn von den Nachbarn nicht immer so ganz genau hingesehen haben, auch nicht hinsehen wollten um der schönsten Vorurteile wegen. Schlagen wir einmal bei Heinrich Heine nach, der 1823 einen Aufsatz 'Über Polen' in der Zeitschrift Der Gesellschafter veröffentlichte.

Da lesen wir z.B., daß die polnischen Bauern sonntags ein dreifaches Geschäft erledigen: sich in der nahen Stadt rasieren zu lassen, die Messe zu besuchen und sich voll zu saufen. Und wenn dann einer in der Gosse liegt, würden die Herumstehenden in wehmütiger Betrachtung bedauern, daß ein Mensch so wenig vertragen könne. Und weiter lesen wir: „Die Vaterlandsliebe ist bei den Polen das große Gefühl, worin alle anderen Gefühle wie der Strom in das Weltmeer zusammenfließen. Ein Franzose, der diese Liebe nicht begreifen konnte, betrachtete eine trübselige polnische Sumpfgegend, stampfte ein Stück aus dem Boden und sprach pfiffig und kopfschüttelnd: ‚Und das nennen die Kerle ein Vaterland'..." und Heine weiter: „Wenn Vaterland das erste Wort des Polen ist, so ist Freiheit das zweite. Ein schönes Wort! Nächst der Liebe gewiß das schönste..."

Und dazu noch Heine über die polnischen Frauen: „Jetzt aber knien Sie nieder, oder wenigstens ziehen Sie den Hut ab – ich spreche von Polens Weibern... Hätte ich den Pinsel Raffaels, die Melodien Mozarts und die Sprache Calderons, so gelänge es mir vielleicht, Ihnen ein Gefühl in die Brust zu zaubern, das Sie empfinden würden, wenn eine wahre Polin, eine Weichsel-Aphrodite, vor Ihren hochbegnadigten Augen leibhaftig erschiene... In einem hellen Blumentale würde ich mir eine Polin zur Begleiterin wählen; in einem mondbeleuchteten Lindengarten wählte ich eine Deutsche. Zu einer Reise durch Spanien, Frankreich und Italien wünschte ich eine Polin zur Begleiterin; zu einer Reise durch das Leben wünschte ich eine Deutsche." Heinrich Heine... dann noch: „Glauben Sie mir, man ist in Warschau um nichts weniger tugendhaft als in Berlin, nur daß die Wogen der Weichsel etwas wilder brausen als die stillen Wasser der seichten Spree."

Leichter Plauderton, humoristische, satirische Exkurse, brillianter Witz durchziehen den Text, Insgesamt eine Mosaikarbeit von Charakterschilderung mit vielen Adjektiven. Zitat: „gastfrei, stolz, mutig, geschmeidig, falsch (in Klammer dazu: dieses gelbe Steinchen darf nicht fehlen – und es geht weiter: spielsüchtig, lebenslustig, edelmütig, übermütig...")

Und dann gibt es auch noch ein bissiges Gedicht von Heine: Zwei Ritter, die Geschichte von Crapulinski und Waschlapski, die für die Freiheit gegen Moskowiter Tyrannei kämpften, nach Paris entkamen, dort in derselben Stube wohnten, im selben Bette schliefen, in derselben Kneipe speisten und jetzt Zitat: „Und da keiner von den beiden wollte leiden, daß der andre für ihn zahle, zahlte keiner von den beiden..."

Ich denke, daß Heines Bissigkeiten und das polnische Selbstverständnis auch in Polen gar nicht so feindlich und beleidigt aufgenommen werden, sind sie doch mit sich selbst auch ironisch umgegangen „Worüber

lachen die Polen?“ E. Lipiński:„Vor allem über sich selbst.“ Deshalb auch dieses Gedicht.
Ein Gedicht, 350 Jahre alt, 1627 entstanden, noch lateinisch geschrieben, gibt Auskunft:

> Tapfere Polen, Gott anempfohlen,
> Als Christen strenger, oft Müßiggänger,
> Die meisten halten, heilig am Alten
> Und jeder schmachtet, daß man ihn achtet.
> Sie reden offen, weinen betroffen,
> Sind ausgelassen und groß im Prassen,
> Zechen und essen, ohne Ermessen,
> An vollen Tischen, verschwenderischen,
> Und alles Morgen macht sie nicht sorgen.
> Wo sie verweilen, kommts leicht zu Keilen.
> Sie schimpfen später einen Verräter,
> Wer ihrem Zeuge sich nicht gleich beuge.
> Doch sie verachten Gefangenschaften,
> Sind rechtbeflissen, treu dem Gewissen,
> Lieben das Wahre, fürchten die Pfarre,
> Sind unbegierig, dafür nicht rührig
> So ist das, bitte, in Polen Sitte.

Noch einmal zurück zu Heines *Polen*-Aufsatz. Hier findet sich dann ein Satz, der uns stets begleiten sollte – nicht nur in Ansicht Polens und der Polen: „Aber ich selbst habe zu oft geeifert gegen unsere Broschürenskribier, die, wenn sie einen Pariser Tanzmeister hüpfen sahen, aus dem Stehgreif die Charakteristik eines Volkes schreiben, und die, wenn sie einen Liverpooler Baumwollenhändler gähnen sahen, auf der Stelle eine Beurteilung jenes Volkes liefern. Diese allgemeinen Charakteristika sind die Quelle aller Übel. Es gehört mehr als ein Menschenalter dazu, um den Charakter eines einzigen Menschen zu begreifen: und aus Millionen einzelner Menschen besteht eine Nation.“
Nehmen Sie diese Heine-Zeilen und auch das polnische Selbstporträt heiter auf und nicht als Bekräftigung bestehender Vorurteile. Ja, die vorgefaßten Urteile, die allzu haltbaren Urteile sind im Umlauf:
Von „polnischer Wirtschaft“ ist die Rede,
„Polacken“ sagen die Leute – die Betonung liegt auf dem „ck“.

Die „Polenwitze“ in einem Nachtprogramm.
Und auf der anderen Seite das lächerliche Sprichwort aus dem 16. Jahrhundert:
„Solange die Welt besteht, wird nie der Deutsche dem Polen ein Bruder werden.“
Als der junge Warschauer Arzt Janusz Korczak 1907 in Berlin seine Studien erweiterte schrieb er in der (Zeitschrift *Krytyka Lekarska* (Ärztliche Kritik): „Der Engländer ist phlegmatisch, der Italiener launisch und rachsüchtig; der Jude sparsam und gewitzt, der Deutsche systematisch und schroff. Das hat man uns schon von Kindesbeinen an beigebracht, das hat sich wie Rost in unser Hirn gefressen – und nun finden wir uns nur schwer ab mit der Tatsache, daß es keinen einzigen Deutschen gibt, der einem anderen Deutschen aufs Haar gleicht, auch keinen preußischen Professor, keinen Ferienkurs, der dem anderen gleicht, selbst wenn er ein und dasselbe Fachgebiet behandelt.Wir waren fünf Hörer: drei Russen, ein Deutscher und ich. Der Deutsche kam immer zu spät, aber wir, entgegen dem Klischee, erschienen stets pünktlich...“ (Janusz Korczak aus Berlin, 1907.)
Der „Rost im Hirn“, von dem Janusz Korczak sprach, zeugt und streut munter Urteile über Menschen und Völker und dann begegnen wir, erleben wir den Stereotypen, den Klischees Entgegenstehendes, daß doch etwas anders ist. „Fehleinschätzung von Völkern hat fatale historische Folgen“, schrieb Karl Dedecius einmal, besonders mit Blick auf Polen.
Aber wie kommen wir der Gerechtigkeit gegenüber dem anderen näher? Als Erziehungswissenschaftler bin ich hier gefragt und ich lasse mich belehren von Janusz Korczak. Er hatte stets die Bereitschaft, Vorgefaßtes aufzugeben, wenn die Wirklichkeit eines anderen belehrt, daß keine Ansicht zur absoluten Überzeugung werden darf, daß der heutige Tag immer nur ein Übergang von der Summe der gestrigen Erfahrungen zu dem höheren Stande der Erfahrungen von morgen sein möge.
Wie oft habe ich mich auch nicht frei von Vorurteilen, auf meinen zahllosen Aufenthalten in Polen von Ansichten, Meinungen und mitgebrachten Urteilen verabschieden müssen. Leider wird am Zoll nicht nach Vorurteilen im Gepäck gefragt.
Gestatten Sie mir nun meine Wegempfehlung, meinen Wegeplan zu Verstehen, Verständnis, Verständigung aufzulegen:
Es ist der Weg mit polnischer Literatur in Begleitung, mit Polens

Schriftstellern und Poeten also zu gehen. Sie ermöglichen uns den Zugang ins Innere, zur polnischen Seele. War es doch die Sprache, waren es doch die Schöpfungen der Sprache, die in den geschichtlichen Abläufen von Teilungen und Unterdrückung polnische Identität bewahrte. Die Sprache war Säule des Volkes, solange das Volk unterjocht war, sagt Alfred Döblin, der 1924 Polen bereist hatte. Nun sage niemand, die polnische Literatur sei uns nicht oder nur schwer zugänglich, um mit ihr den Nachbarn kennen zu lernen.
Mein guter Kollege, der Łódźer Germanist Krzysztof Kuczyński, hat eine Bibliographie der polnischen Literatur in deutscher Übersetzung von den Anfängen bis 1985 vorgelegt – von Jan Kochanowski über Adam Mickiewicz und Henryk Sienkiewicz bis Stanisław Lem und Hanna Krall – ein fast 300 Seiten starkes Buch. Allein Henryk Sienkiewicz, der Autor von *Quo vadis*, ist mit 14 Seiten in dieser Bibliographie vertreten – übrigens ist *Quo vadis* das in Deutschland am meisten aufgelegte Buch eines polnischen Schriftstellers. Wer es nicht lesen will, kann es regelmäßig in der Karwoche im Fernsehen zur Kenntnis nehmen.
Zugänglich ist sie also, die polnische Literatur, aber leicht ist sie nicht – man braucht schon Kommentare, Nachschlagewerke, historische Begleitung. (Ich weiß das aus unserer Editionsarbeit der 16-bändigen Ausgabe sämtlicher Werke von Janusz Korczak.) Auch die literarische Form des Kassibers – weil ja seit Jahrhunderten mit dem Zensor zu kämpfen war – macht die Lektüre nicht gerade entspannend. Kein leichter und bequemer Weg also. Und erst die Gedichte, mit denen man sich poetisch wehrte!
„Neben dem Werk Chopins ist die Lyrik das Schönste, was die Polen zur europäischen Kunst beigetragen haben... „Wer sagt das?“ Marcel Reich-Ranicki sagt es in seinem soeben erschienenen Bericht *Mein Leben*.
Noch prägnanter hat es der im Exil lebende, in Oxford lehrende polnische Philosoph Leszek Kolakowski ausgesprochen, wenn er sagt, daß Polen am Himmel der Poesie einen Stern erster Größe darstellt. Diesem Stern folgen, meine Damen und Herren!
Aber nicht nur der Schönheit wegen seien Gedichte als Wegbegleiter anempfohlen, man muß viele von ihnen als Koinformation, als Zusatzpflichtlektüre zum Geschichtsunterricht nutzen, denn sie sind, wie Dedecius sagt „Wegweiser, die uns aus dem Flachland der

Äußerlichkeit und Beliebigkeit unserer Kenntnisse vom ‚anderen', vom ‚fremden' hinausführen, uns in die sonst mehr oder weniger verstellten Intim-bereiche der sozialen und politischen Verhältnisse einsehen lassen."
So werden Gedichte dem rein ästhetischen Vergnügen entzogen und zu Fußnoten der Geschichte und Kommentaren zum heutigen Tag. Mit dieser polnischen Eigenart und Einzigart hatten die Zensoren aller Couleurs und aller Zeiten zu rechnen und zu rechten. Ich denke, daß Gedichte als Fußnoten nicht nur zur Politischen Geschichte, zur Politischen Auseinandersetzung des Tages kommentierend stehen, auch zur Theologie beispielsweise. Wie soll ich sonst meinen alten Freund, den Priester und Dichter Jan Twardowski[1] in der Warschauer Krakśowskie Przedmieście 32, im Kloster der Visitantinnen verstehen, wenn der fromme Mann auf diese Weise in den theologischen Disput eintritt:

> „Und schließlich am grauen Ende
> er1öse auch die Theologen
> daß sie nicht alle Kerzen aufessen und nicht im Dunkeln sitzen
> daß sie im Rosengarten keine Jagden veranstalten
> das Evangelium nicht in Pflästerchen zerschneiden
> den heiligen Worten nicht an den Nerven reißen
> die Schilfrohre nicht verheeren, um Angelruten daraus zu machen
> daß sie einander nicht in den Haaren liegen
> nicht auf dem Flußpferd Latein einher reiten."

Also: „Man muß die Anzahl der Gedanken derart vervielfachen, dass die Anzahl der Wächter für sie nicht ausreicht", hatte Stanisław Jerzy Lec in seinen *Unfrisierten Gedanken* empfohlen – und die Polen sind gefolgt. Leszek Szaruga, Jahrgang 1946, Opfer der Zensoren in Volks-polen, schrieb z.B. diese Zeilen, seine poetischen Fußnoten zur Wirklichkeit: „Die größte Gefahr ist in den Bibliotheken versteckt. Man muß alle Wörter verbieten. Man muß sogar die Pausen ausschließen. Die Pausen sind bedeutungsvoll. Das Schweigen ist bedeutungsvoll. Daher muß man das Schweigen verbieten." Leszek Szaruga in *Licentia poetica*.
Ich muß an diese Zeitung erinnern, an die tapfere katholische

---

[1] Vgl. hierzu S. 163.

Wochenzeitung *Tygodnik Powszechny*, eine legendäre Zeitung mit einem legendären Herausgeber, Jerzy Turowicz, der in diesem Jahr hochbetagt verstorben ist. Dieses tapfere Blatt setzte hinter ihre durch die Zensur verstümmelten Sätze und Absätze den amtlichen Erlass mit Nummer und Bezug, z.B. Dekret z dn 12.12.1981, O stanie wojennym, rozdz. II, art. 17 pkt 4 DZ U. nr 29. poz 154).
Diese geniale List machte schon optisch einen Zeitungsartikel mit diesen dunklen Ziffern zu Poesie.
Jean Jacques Rousseau schrieb in seinen Betrachtungen über die Verfassung Polens den Polen ins Stammbuch: bei aller Bedrohung und Verschlingung unverdaulich zu bleiben.
Meine Damen und Herren. Es geht um die Frage: „Nachbar, wer bist du", „Pole, wer bist du". Dank des imponierenden Lebenswerkes von Karl Dedecius steht uns allen die 50-bändige *Polnische Bibliothek* zum Kennenlernen des Nachbarn zur Verfügung, auch das gewaltige *Panorama der polnischen Literatur des XX. Jahrhunderts in 7 Bänden*.
Es gibt auch andere Wege, die nach Warschau und Krakau, nach Łódź und Kutno und Konin führen und Verstehen und Verständnis befördert haben. Initiativen von Institutionen und Einzelgänger. Ich kann sie nicht alle nennen. Hier nur einiges: die Städte- und Universitäts-Partnerschaften, die deutsch-polnische Gesellschaft, das deutsch-polnische Jugendwerk, das Max-Kolbe-Werk, die Anna-Morawska-Gesellschaft, die deutsche Korczak-Gesellschaft, die Viadrina.
Auch auf der anderen Seite ist das so: derzeit zeigt sich Frankfurt in Krakau, an der Universität Łódź wurde ein schönes Buch zweisprachig vorgestellt, das den deutschen Spuren in der Vielvölkerstadt, in diesem *Gelobten Land* nachgeht, auch die Gründung des Institus für Deutschlandstudien an meiner Partneruniversität Łódź gehört zu den lobenswerten Taten.
Diese Initiativen waren geleitet und begleitet von den schönen Zeilen des Dichters Mieczysław Jastrun:

„Setze den ersten Schritt in die Wüste,
Such nach dem Körnchen Feuer im Stein,
Locke aus der erkalteten Materie
Den Lebenssaft des Rebstocks..."

Aber lassen Sie mich auf eine Initiative besonderer Qualität noch ein wenig eingehen. Am 18. November 1965 schrieben die polnischen Bischöfe an die Hochwürdigen Konzilsbrüder in Deutschland einen Brief, eingeleitet mit den Worten: „Es sei uns gestattet, ehrwürdige Brüder, ehe das Konzil sich verabschiedet, unseren nächsten westlichen Nachbarn die freudige Botschaft mitzuteilen, daß im nächsten Jahr, im Jahr des Herrn 1966, die Kirche Christi in Polen und mit ihr zusammen das gesamte polnische Volk das Millenium seiner Taufe und damit auch die Tausendjahrfeier seines nationalen und staatlichen Bestehens begehen wird.“ Danach folgen Ausführungen zur Geschichte, die – Zitat: „Vielleicht auch mit Hilfe Gottes unsere beiden Völker im gegenseitigen Dialog einander noch näher bringen.“ Der berühmte und gewiß folgenreiche Brief schließt: „Wir bitten Sie, katholische Hirten des deutschen Volkes, versuchen sie auf Ihre eigene Art und Weise, unser christliches Millenium mit zu feiern, sei es durch Gebet, sei es durch einen besonderen Gedenktag. Für jede Geste dieser Art werden wir ihnen dankbar sein. Überbringen Sie auch, wir bitten sie darum, unsere Grüße und unseren Dank den deutschen evangelischen Brüdern, die sich mit uns und mit ihnen abmühen, Lösungen für unsere Schwierigkeiten zu finden. In diesem allerchristlichsten Geist strecken wir unsere Hände zu Ihnen in den Bänken des Konzils, gewähren Vergebung und bitten um Vergebung. Und wenn sie, deutsche Bischöfe und Konzilsväter, unsere ausgestreckten Hände brüderlich erfassen, dann erst können wir wohl mit ruhigem Gewissen in Polen auf ganz christliche Art unser Millenium feiern. Wir laden Sie dazu herzlichst nach Polen ein. Das walte der barmherzige Erlöser und die Jungfrau Maria, die Königin Polens, die ‚Regina mundi‘ und ‚Mater ecclesiae‘. Rom, 18. November 1965.“

Am 5. Dezember 1965 antworteten die deutschen Bischöfe. Auch sie erinnern eingangs an gemeinsame Geschichte – an furchtbares und unermeßliches Leid. Dann heißt es: „Eine Aufrechnung von Schuld und Unrecht – darin sind wir einer Meinung – kann uns freilich nicht weiterhelfen. Wir sind Kinder des gemeinsamen himmlischen Vaters. Alles menschliche Unrecht ist zunächst eine Schuld vor Gott, eine Verzeihung muß zunächst von ihm erbeten werden. An ihn richtet sich zuerst die Vaterunserbitte ‚vergib uns unsere Schuld‘. Dann dürfen wir auch ehrlichen Herzens um Verzeihung bei unseren Nachbarn bitten. So bitten auch wir zu vergessen, ja wir bitten zu verzeihen. Vergessen ist eine menschliche Sache. Die Bitte um Verzeihung ist ein Aufruf an

jeden, dem Unrecht geschah, dieses Unrecht mit den barmherzigen Augen Gottes zu sehen und einen neuen Anfang zuzulassen." Und der Brief schließt: „Der Gott des Friedens gewähre uns auf die Fürbitte der ‚Regina pacis', daß niemals wieder der Ungeist des Hasses unsere Hände trenne. Rom, 5. Dezember 1965."
Die polnischen Bischöfe sahen sich nach der Veröffentlichung ihres Briefes monatelangen, heftigen Angriffen der polnischen Partei- und Staatsführung und der gelenkten Presse ausgesetzt. Den Bischöfen wurde das Recht abgesprochen, im Namen der Nation zu sprechen und dabei „Vergebung zu gewähren" und um „Vergebung zu bitten".
Der Briefwechsel der polnischen und deutschen Bischöfe vom Jahre 1965 ist nicht nur ein großes kirchengeschichtliches Dokument mit hoher politischer Wirkung – er ist bleibendes Mahn- und Sendschreiben an uns alle.
Ich schließe meinen Vortag mit einem Gedicht – wie kann es anders sein, wenn ich über ein poetisches Volk einige Wahrnehmungen mitgeteilt habe.
Das Gedicht stammt von Heinz Winfried Sabais, geboren in Breslau, einst Oberbürgermeister von Darmstadt. Er schreibt an den in Wrocław lebenden Dichter Tadeusz Różewicz:

„Lieber Tadeusz Różewicz, wir beide
sind Cives Wratislavienses, Gott will es.
Die Stadt hat uns beide in ihre Geschichte genommen.
Die heraklitische Oder
Umfriedet ihre und meine Jahre.
Wir müssen uns leiden.
Oder wir sterben."

(Vortrag am 7. September in Seligenstadt)

1. Mai 2004

Tauben vom Rynek in Krakau
flüstert dem Fürsten der Dichter:
„Mickiewicz, die Stunde ist da..."
Und ihr, Spatzen vom Saska in Warschau,
verkündet die Botschaft:
„Die Stunde ist da...
Polen kehrt heim..."
Schlagt die Glocken im Land,
den „Zygmunt" zuerst,
der die Wolken zerstreut.
Ruft die Poeten
Zum Chorgesang:
Gaude, mater Poloniae.
Webt
Den Stern
In das blaue Tuch,
das die schöne Europa,
Königstochter,
Geliebte des Gottes, umhüllt.

Für meine polnischen Freunde!

Korczak, Deutschland und die Deutschen

Janusz Korczak, als Henryk Goldszmit 1878 in Warschau geboren, 1942 von Deutschen im Vernichtungslager Treblinka ermordet, war Arzt, Schriftsteller, Erzieher. Dieser Beitrag zum 50. Todestag des polnischen Juden Goldszmit/Korczak beschäftigt sich mit seinem Verhältnis zu Deutschland, zu Deutschem und zu Deutschen. Der Beitrag wird auch fragmentarisch antworten, wie Deutschland, die Deutschen seine Hinterlassenschaft aufgenommen haben, mit seinem Vermächtnis umgegangen sind und weiter umgehen, ein Stück Rezeptionsgeschichte also.

I.

Goldszmit/Korczak, dem Nachbar Deutschland nicht fremd, war frei von »Antigermanismen« – wie sie in der polnischen historischen Belletristik zwischen 1908-1914 häufig zu finden sind. In Korczaks Werk findet sich – nach Karl Dedecius – kein einziger antideutscher Satz![1] – Korczak kannte und nutzte deutsche Literatur („Ich muß mich mit Literatur befassen... Schiller...")[2], zumindest in Übersetzungen, nicht nur medizinische und pädagogische – auch philosophische, wie seine Auseinandersetzung mit Nietzsche, dem »falschen Propheten«, im *Ghetto-Tagebuch* beweist.[3] Korczak sprach deutsch. Aus seinen Notizen im Warschauer Ghetto erfahren wir: »Deutsch zu sprechen hatte mich Erna gelehrt...«[4] An der Spree kam er in den Jahren 1907/1908 (August bis Mai) durch die Metropole mit Deutschland in enge Berührung, mit der akademischen Medizin durch ihre vorzüglichen Vertreter Heinrich Finkelstein, Adolf Baginski, Theodor Ziehen, Leo Langstein, Otto Heubner. Er hat damals die Ambulanz der Psychiatrischen Klinik der Charité kennen gelernt, er erfuhr, was es hieß, „Kandidat für Zehlendorf" oder „Wuhlgarten" zu sein. Auch hatte er die Internats-

---

[1] Vgl. Deutsch-Polnische Ansichten zur Literatur und Kultur. Jahrbuch 1991. Deutsches Polen Institut Darmstadt, hier den Aufsatz von Stępnik, K.: Antigermanismen. S. 57ff. Dedecius zitiert in: Reif, A.: Was wir leisten, ist harte Steinbrucharbeit. In: Universitas. Heft 6 / 1990. Stuttgart, S. 553.

[2] Korczak, J.: Beichte eines Schmetterlings. In: Von der Grammatik und andere pädaogische Texte. (Hrg. Beiner, F. / Lax-Höfer, E). Heinsberg 1991, S. 150.

[3] Korczak, J.: Erinnerungen, In. Korczak, J.: Das recht des Kindes auf Achtung. Göttingen 1970, S. 246.

[4] Ebd., S. 277.

schule für idiotische Kinder in der Irrenanstalt Dalldorf, ebenso die Zentraleinrichtung für straffällig gewordene Jungen in Lichtenberg besucht. In der polnischen Zeitschrift *Krytyka Lekarska* (Ärztliche Kritik)[1] erschienen im Oktober und Dezember 1907 seine *Eindrücke aus Berlin*. Darin berichtet Goldszmit/Korczak z.B. über die „Ferienkurse für praktische Ärzte". Der Warschauer Arzt bewunderte das öffentliche Verkehrswesen in Berlin, die Litfaßsäulen mit einem Streifen, auf dem „die Adressen der nächstgelegenen Polizei und Post, die Telefonnummern von Feuerwehr und Rettungsdienst und die nächstgelegene Volksbadeanstalt angegeben" sind, den leichten Zugang zu Literatur, kritisiert aber den „Jahrmarkt der Wissenschaft", für den man Geld brauche. Geht man den Biographien der Berliner Mediziner nach, so darf man annehmen, daß Goldszmit/Korczak viel für sein engeres Fach, die Pädiatrie, gewonnen hat, vielleicht mehr aber für sein erwachendes sozialpädagogisches Interesse, das durch Besuche in Erziehungsanstalten entwickelt wurde. „Das Krankenhaus in Berlin und die deutsche medizinische Literatur lehrten mich, darüber nachzudenken, was wir gesichert wissen, und langsam systematisch vorzugehen..." Der Göttinger Kinderarzt und Informatiker Bernd Graubner hat auf verschiedenen internationalen Symposien, geradezu kriminalistisch, Korczaks Aufenthalt in Berlin recherchiert und dokumentiert.[2]

Wehmütig in Berlin bleibt Goldszmit/Korczak beim Anblick eines „Pasteur-Instituts" oder eines „Virchow-Krankenhauses"; er denkt an das „Kindlein-Jesu-Spital" im fernen Warschau, an das Spital des Łódźer Fabrikanten Poznański.

In der *Zweiten Korrespondenz* schreibt er: „Der Engländer ist phlegmatisch, der Italiener launenhaft und rachsüchtig, der Jude sparsam und schlau, der Deutsche systematisch und schroff. Von Kindheit an hören wir diese Urteile, sie fressen sich uns wie Rost ein, – und später finden wir uns nur schwer mit der klaren Wahrheit ab, daß es weder zwei ähnliche Deutsche noch zwei ähnliche preußische Professoren oder gar zwei ähnliche Ferienkurse in ein und derselben Spezialeinrichtung gibt. Wir waren fünf Hörer: drei Russen, ein Deutscher und ich. Der Deutsche verspätete sich immer, wir jedoch

---

[1] Korczak, J.. Sämtliche Werke. Bd. 8. Gütersloh, 1999, S. 29ff.

[2] Vgl. Graubner, B. in: Beiner, F. (Hrg.): Janusz Korczak-Zeignisse einer lebendigen Pädagogik. Heinsberg 1982, S. 139ff.

kamen ausnahmsweise pünktlich..." Dazu: „Ein paar Mal bin ich Berliner Studenten in der Vorlesung begegnet... sie machen ebenfalls den Eindruck der vom Odium der Wissenschaft berauschten, betäubten, vergifteten Leute..." Ein Berliner Erlebnis: „Eines Abends zeigte sich am Himmel ein Fisch ungeheuren Ausmaßes. Er schwamm über der Stadt, machte eine Reihe gezielter Drehungen, hob sich in die Höhe und senkte sich. Ein vernünftiger Gedanke lenkte die Bewegungen des Riesen in dem bis heute nicht eroberten Element. Es war ein steuerbarer Ballon. Alle hatten ihre Köpfe nach oben gerichtet, die Krämer ihre Läden verlassen. Auf dem Mund der Menge spielte ein unbewußtes Lächeln, mit bewundernden Augen, und mit einer gewissen Ungläubigkeit verfolgten sie die Bewegungen des Riesen. Zum ersten Mal seit der Befreiungskundgebung, die ich in Charbin erlebt hatte, berührte mich wieder so etwas Machtvolles..."

Die zweite Begegnung Korczaks mit Deutschland, mit den Deutschen war feindlich, war der erste Weltkrieg, als Korczak, Militärarzt der russischen Armee, in Ostpreußen stationiert war und im Schützengraben, zwischen Angriff und Verteidigung, sein berühmtes Buch *Wie man ein Kind lieben soll* niederschrieb.

Die dritte Berührung mit Deutschland, mit Deutschen wurde Umschlingung, Verschlingung, sie begann in den Septembertagen 1939 im besetzten Warschau, schloß sich enger im Warschauer Ghetto, endete an den Pforten der Hölle von Treblinka am 5. August 1942. Letzte Tagebuchnotiz: „Ich genieße die Blumen. Meine Glatze am Fenster – ein gutes Ziel. Er hat einen Karabiner. Warum steht er da und betrachtet mich so friedlich? Er hat keinen Befehl. Vielleicht war er im bürgerlichen Leben Dorfschullehrer, vielleicht Notar, Straßenkehrer in Leipzig oder Kellner in Köln? Was würde er tun, wenn ich ihm zunickte? Freundlich winken? Vielleicht weiß er gar nicht, daß es so ist, wie es ist? Vielleicht ist er erst gestern von weither gekommen."[1] Über das *Ghetto-Tagebuch* hinaus müssen neuerdings zur Begegnung mit Deutschen und Deutschem auch die neuentdeckten Quellen *Janusz Korczak im Ghetto*, Warszawa 1992, herangezogen werden.[2]

Zu den „strafenden Ausdrücken" und pädagogischen Beschimpfungen,

---

[1] Korczak, J.: Erinnerungen. A.a.O., S. 345.

[2] Vgl. hierzu: Lewin, A.: So war es wirklich. Die letzten Lebensjahre und das Vermächtnis Janusz Korczaks. Gütersloh 1998.

denen Korczak besonderen Effekt zuerkennt, gehören die mit „rrr“: „Das deutsche ‚Donner-Wettern’ hat schon etwas für sich; aber wir kommen durchaus ohne Import aus; die Inlands-produktion reicht völlig... historisch-politische Beschimpfungen (manchmal auch gut): ‚Barbar, Catilina ..., Diktator, Duce, Benito, du Hit!... (nein-nein), du Napoleon ...’“ Lies Korczaks *Fröhliche Pädagogik*!

Als Pädagoge und Schriftsteller ausgewiesen und außerhalb von Polen schon gekannt, konnte man im Dezember 1918 im *Frankfurter Israelitischen Familienblatt* in einem Artikel zum Lemberger Pogrom vom November 1918 lesen: „... Auch auf die assimilierten Kreise haben die Lemberger Vorgänge einen ungeheuren Eindruck gemacht. Man erzählt, daß der bekannte Schriftsteller Janusch Kortschak (Dr. Goldschmidt) mit mehreren seiner nächsten Freunde beschlossen hat, nach Palästina zu gehen ...“[1]

Die Esperantisten sind dann die ersten, die den Namen Janusz Korczak aus seinen Schriften in Deutschland vernommen haben, denn in der Biblioteko Tutmonda (Nr. 20), Verlag Rudolf Mosse, Berlin, erschien 1927 das bibliophile Bändchen *Bonhumoraj Rakontoj* (Fröhliche Geschichten), aus dem Polnischen übertragen von Anna Weinstein.[2] Der schönen Titelvignette, einem Korczak-Porträt, folgen zwei Seiten *Pri la autoro*, geschrieben von der Übersetzerin in Warschau 1926 – die wohl erste biographische Skizze über Janusz Korczak in Deutschland. Biographische Fragmente tauchten vorher nur in Enzyklopädien, jüdischen Zeitungen und Zeitschriften auf, z.B. in der *Jüdischen Zeitung für Ostdeutschland*, Breslau, vom 12. Juli 1929 und vom 21. August 1931. Die Namenssuche ist ebenso in der *Großen Jüdischen National-Biographie* (1925-1936) und in der *Enzyklopaedia Judaica* (1930) fündig.

Von einer persönlichen Begegnung im Warschauer Waisenhaus Krochmalna 92, im Jahre 1914, berichtet der Gründer der »Marburger Schule« des Neukantianismus, der Philosoph Hermann Cohen.

1935, als in Deutschland schon die Bücher brannten, erschien in Berlin, Verlag Williams & Co., unbemerkt von der Zensur, das Kinderbuch des polnischen Juden Janusz Korczak *Der Bankrott des kleinen Jack* (im

---

[1] Vgl. Dauzenroth, E.: Alte Neuigkeiten zu Korczak und dem Umfeld. Im vorliegenden Band, S. 41.

[2] Vgl. auch: Banet-Fornal, Z.: Korczak i Esperanto. In: Biuletyn Międzynarodowego Stowarzyszenia im. Janusza Korczaka. Warszawa 1983, Nr. 7.

Bücherregal von Mister Taft steht Karl Mays *Winnetou*!), kaum zur Kenntnis genommen und mit einer Rezension bedacht.[1]

II.

Nach 1945 endgültig etabliert wurde Korczak durch den deutschen Schriftsteller Erwin Sylvanus (1917-1985), dessen Stück *Korczak und die Kinder*, seit 1957 im Programm des internationalen Theaters, das Schicksal des Doktor Korczak auf die Bühnen der Welt brachte.[2] Die Uraufführung war am 1. November 1957 auf der Studiobühne in Mönchengladbach. Für seinen *Korczak* erhielt Erwin Sylvanus 1958 den Leo-Baeck-Preis. »Meditation und Imagination« haben Erwin Sylvanus die erstaunliche Wahrnehmung eines Menschen und eines Schicksals gelingen lassen. Die Spuren nach Warschau waren noch zugeweht; nur auf spärlichen Informationen fußend, hat Sylvanus die Einlassung mit Korczak eröffnet. Die erste Fassung des Stücks enthält grobe Irrtümer: Korczak war nicht deutscher Militärarzt im Ersten Weltkrieg, Korczak trug nicht das Eiserne Kreuz; deutsche Auszeichnungen besaß er überhaupt nicht – auch keine akademischen –, vielleicht eine Bescheinigung des „Kaiser-und-Kaiserin-Friedrich-Kinderkrankenhaus", Berlin, aus Anlaß seines Aufenthaltes 1907/08 in der Hauptstadt des Deutschen Reiches. Sylvanus hat in der revidierten Fassung von 1979 die unbedingt notwendigen Korrekturen vorgenommen; die verbliebenen Errata stören nicht einmal den wissenschaftlichen Biographen. Dieses Stück hatte die so folgenreiche Wirkung, daß weltweit – das Stück ist in fünfzehn Sprachen übersetzt – die Suche nach dem historischen Korczak begann. Dies war für viele Menschen in Deutschland ein Anfang mit Korczak.

Der Verlag Vandenhoeck und Ruprecht, Göttingen, brachte, beginnend 1967, Grundbücher Janusz Korczaks heraus; flankierend erschien die noch immer lesenswerte Biographie von Hanna Mortkowicz-

---

[1] Korczak, J.: Der Bankrott des kleinen Jack. Berechtigte Übertragung aus dem Polnischen von Aniela Grusczyńska, Berlin 1935 neu unter dem Titel „ Jack handelt für alle", Vorwort von Sybil Gräfin Schönfeldt. Berlin 1972. Auch Büchergilde Gutenberg 1972.

[2] Vgl. hierzu S. 178.

Olczakowa[1] Erste Materialien für eine wissenschaftliche Auseinandersetzung mit der Hinterlassenschaft Korczaks waren damit ausgebreitet.

Überraschend kam die Verleihung des Friedenspreises des Deutschen Buchhandels posthum an Janusz Korczak 1972. Die Urkunde vom 1. Oktober 1972 begründet die Entscheidung des Börsenvereins des Deutschen Buchhandels:

„Der Börsenverein verleiht seinen Friedenspreis 1972 posthum an Janusz Korczak. Er ehrt damit einen Mann, der gleichermaßen als Arzt, Erzieher und Schriftsteller für das Kind und seine Rechte eingetreten ist. Die seine Erziehungsarbeit darstellenden und begründenden Werke antworten einer ungerechten, unglücklichen, friedlosen und doch zu mehr Gerechtigkeit, Glück und Frieden fähigen Welt. Erwachsenen hat er die Veränderung dieser Welt zugemutet; den Kindern hat er sie zugetraut: an sie wenden sich seine liebenswürdigsten und zugleich kühnsten Bücher. Er hat der alten Sehnsucht nach einer neuen Ordnung zwischen den Generationen und nach Frieden unter den Menschen jeglicher Art und Herkunft Kraft und eine bis heute wirkende Chance gegeben. Seine Gedanken hat er nicht nur in Wort und Schrift vertreten, sondern er ist für sie mit dem Leben eingestanden: den ihm anvertrauten Kindern hat er auch angesichts des Todes die Treue gehalten.“[2]

Für die Laudatio in der traditionsreichen Frankfurter Paulskirche hatte man Hartmut von Hentig auserwählt, der im Magazin *Der Spiegel* (Hamburg, 1970, Heft 51) Korczaks *König Hänschen 1.* unter dem Titel *Kinder an die Macht* großseitig rezensiert hatte. Man hielt ihn für einen Kenner der Materie; daß er eine glänzende Lobrede halten werde, war auch schon sicher. Bis es aber zur Paulskirchen-Feier am 1. Oktober 1972 kam, waren delikate Probleme zu lösen. Es kamen, nach der Verkündung der Entscheidung im Mai 1972, aus Israel, den USA, aus diversen Emigrantenkreisen- und Organisationen, aus dem Zentralrat der Juden in Deutschland, aus der deutschen Presse heftige Einwände: Polen sei der falsche Adressat, das existierende Korczak-Komitee nicht akzeptabel für die Entgegennahme des Preises, schließlich sei die Entscheidung für Korczak falsch – nicht nur wegen der ersten

[1] Vgl. dazu: Internationale Korczak-Bibligraphie. 3 Bd. Hier besonders Bd. 2, Quellen und Literatur (deutsch), hrsg. Von Beiner, F. / Dauzenroth, E. / Lax-Höfer, E. Heinberg 1987.

[2] U.a. in: Friedenspreis des Deutschen Buchhandels 1972. Frankfurt a.M.

posthumen Ehrung. Am 24. Mai 1972 eröffnete Wolfram Schütte in der Frankfurter Rundschau die Fehde, bereits am 30. August 1971 hatte die *Frankfurter Rundschau* durch Christa Hunscha Korczaks *König Hänschen I.* unter der geschmacklosen Überschrift „Ein polnischer Junge weint nicht" massiv verurteilt und *König Macius I.* „den kleinen Dauerdulder aus Polen mit dem intakten Kriegsheldenethos" genannt und geschrieben, „die ganze masochistische Finsternis dieses Buches" veranlasse „zum Nachdenken über die Figur Janusz Korczak ..." Horst Köpke folgte in der *Frankfurter Rundschau* (30. September 1972) unter der Zeile: „Der nächste Friedenspreis an Jesus Christus". Auch in der Hamburger Wochenzeitung *Die Zeit* (28. September 1972) las man Anmerkungen zum „Un-Friedenspreis". Die Flapsigkeit der deutschen Presse machte auch die Zürcher *Weltwoche* mit. Francois Bondy am 4. Oktober 1972: „Ein namhafter Kritiker, der Korczak kannte... sagte mir beim Verlassen der Paulskirche: ‚Was soll's? Man könnte ja nächstes Jahr den Büchner-Preis an Franz Kafka verleihen. Er hat ihn gewiß verdient...'"
Zur Entgegennahme des Preises waren aus Warschau Frau mgr. Alicja Szlązakowa und mgr. Stanisław Rogalski[1] nach Frankfurt gekommen. Gegen die Annahme des Preises durch Rogalski protestierte mit einem Flugblatt vom 31. August 1972 die National Union of Israel Students, unterzeichnet von Ronnie Milikowski. Gewiß hatten die an der Verleihung des Friedenspreises 1972 Beteiligten bei ihrer Entscheidung die polnische Korczak-Szene, den israelischen Anspruch, überhaupt die jüdische Dimension nicht gründlich genug recherchiert.
Die Wogen glätteten sich, und zum Jahresende 1972 verschickten Adolf Hampel und Erich Dauzenroth Einladungen zu einem Internationalen Korczak-Symposion an der Justus-Liebig-Universität Gießen. Vom 23.-25. Mai 1973 fand dann das 1. Internationale Korczak-Symposion statt. Es referierten Maria Falkowska, Lola Lewin, Ida Meržan, Alicja Szlązakowa, Józef Bogusz, Karl Dedecius, Rudolf Gönner, Stanisław Rogalski und Erwin Sylvanus. Die Presse nahm das Gießener Symposion überraschend ernst: „Drei Tage im Zeichen einer großen polnischen Erzieher-persönlichkeit" (*Gießener Anzeiger*, 24.5.1973), „Korczaks überzeitliche Bedeutung" (*Gießener Allgemeine*, 24.5.1973), „Człowiek w czasie nieludzkim" (*Polityka*, Warszawa vom 30.6.1973),

[1] Vgl. hierzu S. 172.

Przegląd Lekarski (Warszawa, Nr. 1/1974), *Emuna* (Nr. 4/1973); auch die Monatsschrift *Polen* (Warszawa Nr. 7/1974) berichtete.
Sehr bald kam es zu Kontakten mit den „Les amis du docteur Janusz Korczak“ in Paris, besonders zu Adam Nowominski, Lena Lecalot, Jacques Dodiuk und Maurice Wajdenfeld. Schönste Frucht der Begegnung deutscher Korczakianer in der internationalen Szene der folgenden Jahre war die Freundschaft mit Joseph Arnon, Kibbuz Ein Hamifratz, mit dem Gespräche über die Gründung einer Internationalen Janusz-Korczak-Gesellschaft mit Sitz in Zürich, der Stadt Johann Heinrich Pestalozzis, geführt wurden.
Auf dem VII. Internationalen Kolloquium in Montecastello (1975) kam der polnische Einspruch, maßgeblich initiiert durch Professor Dr. Józef Bogusz, Krakau, der in einem wirkungsvollen Interview mit der Warschauer Literatura „Nie Zurych, nie Paryż ... tylko w Warszawie...“ (20.11.1975) die „Heimholung“ Korczaks nach Warschau begleitete.
Das 1978 in Zürich erschienene Korczak-Buch von Erich Dauzenroth konnte mit einem Geleitwort von Joseph Arnon seinen Weg gehen. Darin heißt es: ... Daß mein Freund Erich Dauzenroth, auch er ein Entdecker dieser wundervollen Persönlichkeit Korczaks, seine Botschaft weiter verbreiten hilft, freut mich. Dadurch hat er sich dem brüderlichen Bunde angeschlossen, dessen geistiger Vater Janusz Korczak war. Die Veröffentlichung dieses Buches begleiten mein herzlicher Gruß und die Hoffnung, es bahne den Weg für neue Schüler, die sich die Lebensphilosophie und die Kinderliebe unseres gemeinsamen Lehrers zu eigen machen...“[1] Eine weitere Anerkennung deutscher Arbeit für Korczak war die Einladung deutscher Korczakianer nach Israel zur Internationalen Korczak-Konferenz 1977 in Tel Aviv.
Im November 1976 hatten die Gießener Professoren Adolf Hampel und Erich Dauzenroth in Blick auf den 100. Geburtstag von Janusz Korczak bei den zuständigen Ministerien und Gremien den Antrag gestellt, eine Sonderbriefmarke der Deutschen Bundespost herauszubringen. Am 17. Februar 1977 wurde den Antragstellern mitgeteilt, daß die Deutsche Bundespost ein Sonderpostwertzeichen „Korczak“ herausbringen werde. Aus zwölf eingegangenen Entwürfen entschied sich der künstlerische Beirat für den Entwurf von Professor Günter H. Magnus. Als

[1] Arnon, J. in: Dauzenroth, E.: Janusz Korczak, der Pestalozzi aus Warschau. Zürich 1978.

Ausgabetag wurde der 13. Juli 1978 festgelegt. Ein deutsches Wertzeichen mit dem Bild eines polnischen Juden war auf den Weg um die Welt geschickt...

Die nachweislich seit 1969 an der Justus-Liebig-Universität betriebene Korczak-Arbeit sollte nach unseren Vorstellungen außeruniversitär erweitert werden, so kam es am 9. Februar 1977 zur Gründung der Deutschen Korczak-Gesellschaft e.V. Mit an der Wiege dieser Gesellschaft stand Frau Angela Nacken, die viele Jahre aus Warschau für die *Frankfurter Allgemeine* berichtet hatte. Zum Vorsitzenden wählte die Gründungs-versammlung Professor Dr. Erich Dauzenroth, zum Stellvertreter Professor Dr. Adolf Hampel. Große Zeitungen berichteten über die Gründung (*Frankfurter Allgemeine*, *Süddeutsche Zeitung*, *Życie Warszawy* u.a.). In einer Presseinformation erklärte der Vorstand u.a.: ... In einer Zeit, die erkannt hat, daß nicht Perfektion des Institutionellen die Bildungs- und Erziehungsprobleme des *Jahrhundert des Kindes* löst, sondern entscheidend die personale Zuwendung, die personale Verantwortung für das Individuum, gewinnt die Gestalt Janusz Korczaks eine beispielhafte Aktualität«. Die neugegründete Gesellschaft erreichten Briefe aus aller Welt, aus Deutschland kam spontan eine Zusage für künftige Mitarbeit von Professor Dr. Dr. Josef Ströder[1], Würzburg. Seine Geschichte, die auch ein Stück Korczak-Geschichte ist, kann in dem dramatischen Buch *Angeklagt wegen Polenfreundschaft* nachgelesen werden. Ströder ist es auch zu danken, daß eine Janusz-Korczak-Gedächtnistafel in der Universitäts-Kinderklinik Würzburg enthüllt wurde: „Corpora dormiunt, vigilant animae – Unter uns leben Dr. Janusz Korczak, Kinderarzt und Erzieher, * 22. Juli 1878 in Warschau und seine Schützlinge, + August 1942 im KZ Treblinka Polen“.[2] Die Satzung der Deutschen-Korczak-Gesellschaft e.v. formulierte als Ziele: „Popularisierung des wissenschaftlichen und literarischen Werkes von Dr. Janusz Korczak ... Förderung der wissenschaftlichen Auseinandersetzung und Durchführung wissenschaftlicher Veranstaltungen, auch auf internationaler Ebene... Auszeichnung herausragender Leistungen auf den Gebieten der Pädiatrie oder Kinderliteratur oder der praktischen Erziehungsarbeit...“

---

[1] Vgl. hierzu S. 168.

[2] Ströder, J.: Angeklagt wegen Polenfreundschaft – Als Kinderarzt im besetzten Krakau. Herderbücherei. Freiburg 1985.

Diesem Auftrag ist die Gesellschaft in ihrer nunmehr siebzehnjährigen Arbeit erfolgreich nachgegangen. Den mit 5000,- DM dotierten Preis erhielten: Dr. Andreas Mehringer, München (1978), Prof. Dr. Bogusław Halikowski, Szczecin (1979), Professor Dr. Shimon Sachs, Tel Aviv (1980), Bella Abramowna Dizur, Riga (1983), Mirjam Akavia, Tel Aviv (1985), Igor Newerly, Warschau (1986), Jüdische Gemeinde Gießen (1987), Professor Dr. Józef Bogusz, Krakau, Leon Harari, Kibbuz Maale Hachamisha, Dr. Rafael Scharf, London (1988), Szmuel Gogol, Ramat Gan (1990), Ks. Arkadiusz Nowak, Piastów (1993).
Im kritischen polnischen Winter 1981/82 hat sich die Deutsche-Korczak-Gesellschaft als humanitäres Werk erwiesen und Hilfsgüter nach Polen transportiert. Ein großer Dank kam vom Kinderkrankenhaus Olsztyn: die in rotem Granit gehauene Korczak-Portrait-Büste von Bolesław Marschall. Am 2. Dezember 1983 konnte der Vorsitzende der Gesellschaft die Büste in einer Feierstunde der Justus-Liebig-Universität übergeben. Sie steht vor dem Auditorium Maximum, Philosophikum II. Die Schenkung begleitete eine Broschüre, Dokument dieses Korczak - Ereignisses.[1] Das internationale Ansehen, das die Deutsche-Korczak-Gesellschaft e.V. genießt und die weltweiten Kontakte, die sie pflegt, ermunterten den Vorstand, die 1978 gegründete Internationale Janusz-Korczak-Gesellschaft vom 24.-29. Mai 1982 in die Bundesrepublik Deutschland einzuladen. Konzept des Symposions war der „Wandernde Kongreß", d.h. Begegnung an vielen Orten im Land: Gießen, Frankfurt, Darmstadt, Augsburg, Dachau, München... 1988 folgte das II. Symposion der Internationalen Janusz-Korczak-Gesellschaft unter dem Wort „auf daß nichts in Vergessenheit gerät..." (Schloß Rauischholzhausen).[2] Bereits 1976 hatte durch Dauzenroth und Hampel eine äußerst erfolgreiche Zusammenarbeit mit dem Gütersloher Verlagshaus begonnen. Hohe Auflagen erreichten die GTB-Siebenstern-Editionen: *Verteidigt die Kinder*, *Von Kindern und anderen Vorbildern*, *Allein mit Gott*, *Die Kinder der Bibel*, *Der kleine Prophet*, auch die in dritter Auflage erschienene Biographie von Erich Dauzenroth *Ein Leben für Kinder*. Eine Krönung deutscher Korczak-Editionen wurde das Lesebuch der *Polnischen Bibliothek Suhrkamp*, inzwischen auch in

[1] Broschüre: Deutsche Korczak-Gesellschaft e.V. (Hrsg.): Schenkung '83. Gießen 1983.
[2] Beiner, F. / Dauzenroth, E. (Hrsg.): Auf dass nichts in Vergessenheit gerät. Gießen 1989.

„Blindenschrift“ durch die Deutsche Blindenstudienanstalt, Marburg, ediert! Die historisch-kritische Werkausgabe in 15 Bänden wird von Friedhelm Beiner und Erich Dauzenroth ab 1994 im Gütersloher Verlagshaus erscheinen. Über 800 Titel hat die Korczak-Bibliographie (dt.) erfaßt, Beiträge aus Zeitschriften und Zeitungen, nicht versammelt sind die an deutschen Universitäten und Hochschulen geschriebenen Examensarbeiten. Ein wissenschaftliches Ereignis war die Veröffentlichung der dreibändigen Bibliografia (erarbeitet durch Aleksander Lewin u.a.), die mit Förderung der „Stiftung Inter Nationes“ in der Bundesrepublik Deutschland verlegt werden konnte (Heinsberg 1985f).[1] In der Bundesrepublik Deutschland gibt es über 60 Institutionen, Schulen, Krankenhäuser, sozialpädagogische Einrichtungen, die Korczaks Namen tragen. Es gibt Straßen: die Janusz Korczak-Allee in Hannover, die Korczak-Straße in Sobernheim an der Nahe. Es gibt Korczakianer in der Bundesrepublik Deutschland, die für ihr Engagement ausgezeichnet wurden. Korczak-Matineen nach Dauzenroths „Drehbuch“ unter der Mitwirkung von Józef Bogusz, Krakau, Felek Scharf, London, Jacques Dodiuk, Paris, Maurice Wajdenfeld, Rouen, Leon Harari, Maale Hachamisha, Jiro Kondo, Kyoto, dessen sieben Korczak-Haiku in Gießen entstanden sind,[2] und Aline Deerere, Antwerpen, fanden statt in Hannover, Oldenburg, Aachen, Frankfurt, Minden, Dortmund, Wuppertal, Gießen. Funk und Fernsehen vermittelten eindringliche Hörbilder, Filme, Szenen zu Korczak – auch *Planeta Ro* von Ryszard Marek Grofiski, auch *Wer war dieser Mensch* von Tamara Karren. Noch immer wichtig ist der Spielfilm *Sie sind frei, Doktor Korczak* (auch unter dem Titel *Der Märtyrer*), eine CCC-Film Produktion von Artur Brauner; Regie: Aleksander Ford. Dieter Reifarths Film aus der Reihe „Es war...“ (Prod. Hessischer Rundfunk) lief in vielen TV-Programmen. Konrad Weiss und Walter Petri schufen noch unter schwierigen Bedingungen der „DDR“ den DEFA-Film *Ich bin klein, aber wichtig*. Die große Korczak-Bekanntmachung international kam durch Andrzej Wajdas Film *Korczak*, mit Wojciech Pszoniak in der Rolle des Korczak, eine Regina-Ziegler-Produktion Berlin. Ausstellungen zu Korczak und seinem Werk

---

[1] Siehe: Internationale Korczak-Bibliographie. 3 Bd. Heinsberg 1985, 1987, 1988.

[2] Kondo, J.: Pan Doktor Korczak. Tokyo 1990. In Gießen enstandene sieben Korczak-Haikus. Erstveröffentlichung Gießen 1982, danach international publiziert u.a. in The Jewish Calendar 5747 (1986/87). New York.

waren in Tübingen, Springe, Hannover, Darmstadt, Gießen, München, Stuttgart, Sobernheim, Villingen-Schwenningen, Baunatal, Dortmund, Wuppertal, Bochum. Neben der Würzburger Gedenktafel und der Gießener Büste gibt es im Kinder- und Jugenddorf Klinge einen Bildstein mit Korczak-Relief von Emil Wachter; die Deutsche Korczak-Gesellschaft e.V. besitzt ein Korczak-Portrait der Krakauer Malerin Ewa Woźniak und eine Zeichnung von Marek Rudnicki, Paris, Professor Dr. Josef Ströder eine große Holztafel von Bolesław Marschall mit Korczaks eingeschnittenen Konturen; der Verleger Lampey, München, hat ein schreckendes Korczak-Bild der Schauspielerin Elke Sommer; viele Schnitzwerke der polnischen Naiven Jan Markowski[1], Mieczysław Zawadzki und Tadeusz Adamski sind in Korczak-Schulen und privaten Sammlungen.

Der berühmte Fragebogen des Marcel Proust, vom Magazin der Frankfurter Allgemeinen seit Jahren weitergefragt, enthält »Indiskrete Antworten« von Zeitgenossen. Auf die Frage nach den Helden der Wirklichkeit haben u.a. Peter Härtling, Marianne Koch, Hartmut von Hentig, Hoimar von Ditfurth, Will Quadflieg, Bernhard Wicky, Michael Ende, Richard von Weizsäcker, Heinz Eggert Janusz Korczak genannt. Im Jahre 1980 wählten die Leser des *Deutschen Allgemeinen Sonntagsblatts* (Hamburg, Nr. 29) „Sieben Heilige des XX. Jahrhunderts“ – Korczak »erreichte« Platz 6, gefolgt von Pater Maksymilian Kolbe.[2]

Neben der Justus-Liebig-Universität Gießen hat sich die Bergische Universität Wuppertal durch Friedhelm Beiner zu einem Zentrum deutscher Korczak-Forschung entwickelt. Drei Kolloquien (1982, 1984, 1986) haben den internationalen Rang bestätigt. Die 15jährige Partnerschaft der Universitäten Gießen und Łódź förderte Korczak-Arbeit auf beiden Seiten (Symposium Łódź 1985 zum Beispiel), ebenso hat die Evangelische Akademie Arnoldshain durch Werner Licharz zur Popularisierung Korczaks beigetragen.

Zum 10. Jahrestag ihrer Gründung erklärte der Vorsitzende der Deutschen Korczak-Gesellschaft e.V., daß sich die Gesellschaft als ein großes Versöhnungswerk zwischen Deutschen und Polen und Juden

---

[1] Vgl. hierzu S. 186.

[2] Siehe FAZ-Magazin und Hensel, G. / Hage, V.: Indiskrete Antworten – Der Fragebogen des FAZ-Magazins. Stuttgart 1985.

erwiesen habe. Mehr als 1000 Postkarten, Nachdruck einer polnischen Karte aus dem Jahre 1931, sind aus Anlaß des Jubiläums in alle Welt verschickt worden, darauf ein Wort Korczaks: „Wenig Traurigkeit und Tränen, aber viel Freude“. Weitere Publikationen, Symposien und internationale Begegnungen in der Bundesrepublik stehen bevor; mit dem *Konfrontationsspiel Korczak* von Siegfried Steiger (1991), der sakralen Oper *Ecce Homo* von Felicitas Kuckuck (1992), der großen *Korczak-Sinfonie* von Oskar Gottlieb Blarr, Uraufführung in Düsseldorf am 1. Oktober 1992 (von Blarr stammt auch die *Passacaglia Janusz Korczak für Klavier*!), sind die Annäherungen an Korczak gewiß nicht abgeschlossen.[1]

III.

Vom 9.-12. Mai 1991 fand in Berlin die 1. gesamtdeutsche Korczak-Konferenz statt. Vorher gab es nur deutsch-deutsche Korczak-Begegnungen bei den jährlichen Warschauer Konferenzen und einmal in Budapest (1987). Barbara Engemann und Professor Dr. Günter Schulze, beide vom Verlag Volk und Wissen, vertraten regelmäßig die 1980 gegründete „Forschungsgemeinschaft Janusz Korczak bei der Kommission für Erziehungs- und Schulgeschichte der Akademie der Pädagogischen Wissenschaften der DDR“, gelegentlich in Begleitung von Mitarbeitern aus Einrichtungen der DDR, die Korczaks Namen tragen, gelegentlich auch in Begleitung von Hanka Daube, einstigem Korczak-Zögling aus Warschau. Auf der konstituierenden Sitzung der Forschungsgemeinschaft am 12. September 1980 sagte Professor Dr. Günter Schulze u.a.: „Bei der Weiterentwicklung der kommunistischen Erziehung in Theorie und Praxis, bei der schöpferischen Umsetzung der Orientierung des VIII. Pädagogischen Kongresses hat die Lektüre von Schriften des ‚Alten Doktors’ aus der Warschauer Krochmalna immer mehr Pädagogen, Lehrern und Eltern Anregung und Ermunterung gegeben, haben die Beschäftigung mit dem Leben und Sterben dieses bedeutenden Menschen und das Studium des Vermächtnisses dieses polnischen antifaschistischen Märtyrers eine wichtige Quelle unserer marxistisch-leninistischen Pädagogik erschlossen... Die Bemühungen

---

[1] Steiger, S.: Korczak – Ein Konfrontationsspiel in sechs Teilen. Günzburg 1992. Kuckuck, F.: Ecce homo. Wolfenbüttel 1991. Die Werke von Blarr sind in der Edition Gravis. Bad Schwabach erschienen.

um das Erbe Korczaks, die schöpferische Anwendung seiner Erkenntnisse unter unseren Bedingungen und die Verallgemeinerung der dabei gewonnenen Erfahrungen wird ein kleiner, aber nicht unwichtiger Beitrag sein zur Sicherung des erforderlichen hohen Niveaus der marxistisch-leninistischen pädagogischen Wissenschaft." Barbara Engemann schließt ihren Bericht über die Gründung der Forschungsgemeinschaft: „Zusammensetzung und Arbeitsweise der Forschungsgemeinschaft ermöglichen es, die Erfahrungen auszuwerten, die sich aus der schöpferischen Umsetzung der humanistischen Gedanken der Korczakschen Erziehung unter den Bedingungen der entwickelten sozialistischen Gesellschaft ergeben. So erwies sich bereits die konstituierende Sitzung als interessanter Erfahrungsaustausch mit vielseitigen Informationen und Anregungen zu Traditionsbildung und internationalistischer Erziehung."[1]

Die Beziehungen zu den Vertretern der Deutschen Korczak-Gesellschaft e.V. (Dauzenroth, Hampel, Beiner) bewegten sich im Rahmen artiger Höflichkeiten – die „polnische Liberalität" hätte weitaus mehr „zugelassen" –, verbunden mit Literaturaus-tausch. Eine gemeinsame „Deutsche Bank" gab es in Warschau nicht, sich nähergerückt ist man Ende der achtziger Jahre. Eine Erziehung „bei geringster Verletzung der Menschenrechte" (Korczak), eine Pädagogik des „Offenen Fensters" (Korczak) konnte in der DDR keine Heimstatt finden; die „von der internationalen Reformpädagogik beeinflußten Erziehungsansichten Korczaks paßten zu wenig in das mehr an die preußische Pauk- und Drillschule erinnernde ‚Volksbildungssystem'".[2]

Was auf der „anderen Seite" mit Korczak und in Korczaks Namen geschah, war den Konferenzberichten, auch dem „Biuletyn" der Internationalen Janusz-Korczak-Gesellschaft zu entnehmen. Die *Bibliographie der Publikationen von und über Janusz Korczak*, Berlin 1988, enthält.144 Titel; eine Analyse dieser Publikationen ist in Vorbereitung. 14 Einrichtungen des Bildungswesens und der Medizin sind Korczak-Namensträger. Wie Korczak-„Traditionspflege" konkret

---

[1] Siehe: Jahrbuch für Erziehungs- und Schulgeschichte. Berlin 1982. Jg. 22, S. 77ff: Vom Sinn und Ziel der Korczak-Forschung in der DDR. Siehe auch S. 208: Bericht über die Gründung.

[2] Paetz, A.: Rezension: Janusz Korczak – Von der Grammatik und andere pädagogische Texte. (Hrsg. Beiner, F. / La-Höfer, E.) Heinsberg 1991. In: Sonderdruck Agentur Dieck. Heinsberg 1992.

aussah, hat Volker Berlin am Beispiel Halle in der Zeitschrift *Sonderschule* (30/1985) publiziert.
Die häufige Zusammenführung Korczaks mit N.K. Krupskaja, mit A.S. Makarenko und W. Suchomlinski und anderen Größen der roten Szene sicherte gewiß einzelnen Korczakianern eine „Nische“ und einen Rest unabhängiger Interpretation. Zu denen, die Korczak „abweichend“ sahen und lehrten, gehören z.B. Konrad Weiss, Walter Petri, Friedrich Stachat aus Fürstenwalde, dessen poetische Spielhöfe ein Geschenk für das „Centrum Zdrowia Dziecka“ in Warschau wurden – „Gestalt gewordener Kinderroman“ (*Der Sonntag*, Januar 1986) –, auch Karin Wolff aus Frankfurt an der Oder, deren Übersetzungen von Korczak-Texten und Korczak-Poesie außerhalb volkseigener Verlage publiziert wurden, gehört dazu.
Erich Honecker, als Vorsitzender des DDR-Luther-Kommitees zur Vorbereitung und Durchführung der Feier aus Anlaß des 500. Geburtstages von Martin Luther, gab den *Lutherischen Monatsheften* im April 1983 ein Interview, daraus dies: „Sein Auftreten gegen die damaligen Mißstände, die ich hier nicht im einzelnen aufzuzählen brauche, gab Luther die Kraft, gegen Kaiser und Reich durchzustehen. Eine solche Haltung, die nicht nur für den Augenblick, sondern auch für die Zukunft beispielhaft war, legten in der Geschichte, die nach unserem Verständnis eine Geschichte von Klassenkämpfen ist, viele Persönlichkeiten an den Tag. Dadurch wurden sie in ihrer ganzen Größe bekannt. Der Bogen spannt sich von Spartacus über Danton und Robespierre, über Janusz Korczak, Pfarrer Paul Schneider, Pater Maximilian Kolbe bis zu Georgi Dimitroff und Ernst Thälmann.“
Im August 1990 erhielten die erfaßten Korczakianer der DDR diesen Brief:
„Liebe Korczak-Freunde! Mit dem Ende der DDR, dem Ende der bisherigen Organisation der pädagogischen Forschung, erscheint es angebracht, auch die in unserer Forschungsgemeinschaft entwickelte Form der Arbeit an der Pflege des gedanklichen Erbes des Janusz Korczak aufzugeben. Wir denken gern an die interessanten Diskussionen, an die mit viel Liebe und Ideenreichtum organisierten Treffen an den Korczak-Einrichtungen zurück, die uns viele unvergeßliche Eindrücke schenkten. Dankbar erinnern wir uns der Möglichkeit, in Ihnen bemerkenswerte Persönlichkeiten kennen gelernt zu haben, die in Heimen, Schulen, Bibliotheken, medizinischen und

anderen Einrichtungen in praktischer Arbeit ihre Verbundenheit mit den Ideen Korczaks unter Beweis stellen, die sich dem humanistischen Gebot menschlicher Hilfe verpflichtet fühlen. Haben Sie Dank dafür und auch für die Freundlichkeit, die wir von Ihnen in den Jahren unserer Zusammenarbeit erfahren konnten. Wenn Sie auch weiterhin in einer gegenseitigen Verbindung der Korczak-Freunde eine geistige Bereicherung sehen, die Sie nicht missen möchten, empfehlen wir Ihnen, sich der Deutschen Korczak-Gesellschaft e.V., 6300 Gießen, anzuschließen. Wir wünschen Ihnen reiche und sinnvolle Entfaltungsmöglichkeiten bei der Praktizierung der Gedanken des Alten Doktors unter den neuen Bedingungen erzieherischen Bemühens.
‚Man sagt: Wir haben eine Krise der Moral. Andere nennen dies Inflation und Entwertung des Menschen. Vielleicht ist es das nicht, sondern nur eine vorübergehende, drohende Brise. Eine drohende, denn das Fundament jeder Erziehung ist der Glaube an den Wert und die Würde des Menschen und der Menschheit.' (Janusz Korczak)
Gez.: Hanka Daube, Günter Schulze, Barbara Engemann."
Bundespräsident Richard von Weizsäcker, Korczak innig verbunden, Korczaks gedenkend am Stein in Treblinka beim Staatsbesuch in Polen 1990, telegraphierte an die in Schloß Rauischholzhausen 1988 versammelte Internationale Janusz-Korczak -Gesellschaft:
„Die Internationale Janusz-Korczak-Gesellschaft pflegt die Erinnerung an einen außergewöhnlichen Menschen. Janusz Korczak setzte sich mit der Stärke seines Herzens und der Weite seines Verstandes für das Wohlergehen des Kindes ein. Er mutete sich und den aufwachsenden Menschen stets die ganze Wahrheit des Lebens zu, in der die Erkenntnis der Gewalt ebenso eingeschlossen ist, wie die Hoffnung auf die läuternde Kraft der Erziehung. Die liebende Zuwendung lebte er vor, bis auf die Wahrhaftigkeit seines Sterbens. Aufrecht ging er mit den ihm anvertrauten Kindern den Weg in die Todeskammer von Treblinka. Sein Schicksal, sein Wesen und Wirken empfinden wir mit Trauer, dankbarem Respekt und als unvergessenes Zeichen der Mahnung und der Humanität."[1]

(In: Einführung in die Korczak-Pädagogik. Weilheim / Basel 1994)

[1] Korczak-Archiv Erich Dauzenroth.

Hoffnung wider alle Hoffnung

Janusz Korczak (1878-1942), Gründer der *Kleinen Rundschau*, jener legendären Zeitung für Kinder und Jugendliche aus der Nowolipki 7 in Warschau, Beilage des polnisch geschriebenen, zionistischen Blattes Unsere Rundschau, schrieb als Premium für die jungen Abonnenten 1938 die Geschichte Die Menschen sind gut, erschienen in der Palästina Bibliothek für Kinder, Nummer 5. Am Ende der „5. Alija", der letzten Einwanderungswelle vor der sich ankündigenden Shoa, als auch in Polen „den Juden der Boden unter den Füßen brannte" (Joseph Arnon, Korczaks innigster Freund), als der polnische Außenminister Beck schon verkündet hatte, „in Polen gäbe es eine Million Juden zuviel" und der schillernde Literat Adolf Artur Julian Nowaczynski Warschau zynisch die „Hauptstadt von Judoslawien", die große „Mojschepolis" genannt, erschien die kleine Schrift mit einem Titel wider alle Realität und Erfahrung: Die Menschen sind gut... Korczak hatte Eretz Israel erreicht, zweimal: 1934 und 1936 – blieb aber seinem Warschau treu. Zöglinge und Mitarbeiter aus den bei den Warschauer Rettungshäusern von einst, denen er nichts gab als die „Sehnsucht nach einem besseren Leben, welches es nicht gibt, aber doch einmal geben wird, ein Leben der Wahrheit und Gerechtigkeit...", so das Wort zum Abschied – waren als Siedler, zionistische Pioniere, als „Chaluzim" gekommen, den Garten Eden neu zu bestellen. 42 Jahre nach der Gründung des Staates Israel übergeben wir die 1938 erschienene Schrift Doktor Korczaks erstmals deutschen Lesern. Der schon mit Korczaks Werk vertraute Leser wird den „Alten Doktor von Krochmalna" wiederfinden in seinen Themen: Das Kind, die Sehnsucht, das Vaterland und in der unzerstörbaren Überzeugung: Die Menschen sind gut....

(Vorwort zu: J. Korczak: „Die Menschen sind gut",1990

Wie ich zu Korczak fand

Am Anfang stand Erwin Sylvanus (1917-1985), der mit seinem Stück das Schicksal des Doktor Korczak auf die Bühnen der Welt brachte. Die Uraufführung war am 1. November 1957 auf der Studiobühne in Mönchengladbach. Für seinen „Korczak" erhielt Erwin Sylvanus 1958 den Leo-Baeck-Preis. „Meditation und Imagination" haben Erwin Sylvanus die erstaunliche Wahrnehmung eines Menschen und eines Schicksals gelingen lassen. Nur auf spärliche Informationen der polnischen Militärmission in Berlin angewiesen, hat Sylvanus die Suche nach dem „historischen" Korczak eröffnet. Die Einlassung mit Korczak begann – auch für mich. Nach Warschau, nach Polen waren die Spuren zugeweht in den sechziger Jahren; Korczak, noch nicht heimgeholt, schon wieder vertrieben; „Gomulkulusse" spielten in seinem Land den „Narren" und es „gierte nach schmutziger Macht" – so Alexander Galitsch (1918-1977) im „Kaddisch für Korczak". Doch Stanisław Rogalski öffnete mir und den Freunden 1969 einen Spalt in der Tür, die sich immer weiter öffnete, die mich in Polen einließ. Standen am Anfang die Neugier an einer dramatischen Biographie, das Interesse an einer literarischen Hinterlassenschaft, an einer erzieherischen Botschaft, traten dann immer mehr die Menschen in meinen Umkreis, Menschen die einst unter Korczaks Schirm und Schutz Kind sein durften, Menschen, die den „Alten Doktor" gekannt, bewundert, geliebt, ihm ihre Lebensorientierung verdankten. Posthum stiftete durch sie der „Heilige ohne Aureole" (Jerzy Szygiel) Begegnungen, Verständigung, Freundschaft in einem schwierigen Beziehungsgeflecht: Deutsche – Polen – Juden. Mein verewigter väterlicher Freund Professor Dr. Józef Bogusz (1903-1993) war der „Seher", als er von Korczak, der „pons inter nationes" sprach, vor vielen Jahren in Warschau und immer wieder. Das internationale Versöhnungswerk, das Menschen guten Willens weltweit vereint, bedeutet unendlich mehr als die Eroberung Korczaks durch die Wissenschaft (an der ich mich auch beteilt habe)! Nach mehr als fünfundzwanzig Jahren Teil-nahme am internationalen Gespräch mit Korczak, bleibt mir nur die schlichte Zeile der polnischen Dichterin Anna Kamieńska (1920-1968) als Versprechen: „Ich bleibe bei dir, kluger Doktor Korczak..."

(Undatiertes Manuskriptblatt)

Dankrede anlässlich der Überreichung der „Hedwig-Burgheim-Medaille“ der Stadt Gießen

Lieber Felek[1], meine Freunde, verehrte Gäste,
heute ist der 100. Geburtstag von Hedwig Burgheim[2], in deren Namen wir versammelt sind. –
Sie, Herr Oberbürgermeister, haben mir soeben eine Medaille überreicht, die den Namen Hedwig Burgheims trägt... –
Die hohe Auszeichnung ist unverdient,
der Lobgesang ist unverdient.
Ich bin kein „Chassid umot Haolam“,
kein „Gerechter unter den Völkern“,
ich habe kein Leben gerettet,
„nicht eine Kugel aufzuhalten hab´ich vermocht“ (Jerzy Ficowski),
für mich blüht kein Johannisbrotbaum in Israel...
Ich habe nur erinnert.
Wehigadeta lewincha heißt die hebräische Forderung der Haggadah:
„Erzähle Deinem Sohn...“
Ich habe erzählt,
ich habe erinnert:
an Janusz Korczak – auch an Oskar Schindler – erinnert an die Kinder der Nacht, die Kinder des Ghettos, die Kinder von Treblinka... und „aus der Asche gelesen“ (Jerzy Ficowski).
Ich habe die klassische Maxime des Tacitus aus den Annalen: „Sine ira et studio“ – Ohne Zorn und Eifer – als Historiker nicht akzeptiert, als Pädagoge schon gar nicht... „Cum ira et studio“ – Mit Zorn und Eifer – habe ich versucht, zu erinnern und dabei viele, ach so wichtige Themen meiner Fakultät unbeachtet gelassen, nicht das eine, das Theodor W.

---

[1] Zu Felek Scharf vgl. S. 174.

[2] Hedwig Burgheim (1887 – 1943) übernimmt 1920 nach dem Studium der Pädagogik und Philosophie in Leipzig die Seminarleitung des Fröbelinstituts in Gießen, einer Ausbildungsstätte für Kindergärtnerinnen und Hortnerinnen. 1933 wird sie in Gießen als Jüdin entlassen, gründet 1936 in Leipzig zunächst eine Kindergärtnerinnenschule, nach 1939 ist sie in der Altenpflege tätig. Ab 1941 muss auch sie den Judenstern tragen. Im Februar 1943 wird sie verhaftet, nach Auschwitz gebracht und dort ermordet. Die nach ihr benannte Medaille wird vom Magistrat der Stadt Gießen seit 1981 verliehen. E.D. erhielt sie für seine „hervorragenden Verdienste um Verständigung und Verständnis zwischen den Menschen“.

Adorno[1] – von dem mich vieles trennt – 1966 so definiert hat: „Die Forderung, dass Auschwitz nicht noch einmal sei, ist die allererste Erziehung... Jede Debatte über Erziehungsideale ist nichtig und gleichgültig diesem einen gegenüber, dass Auschwitz sich nicht wiederhole..."

Mit dem Erinnern, meine Freunde
stelle ich mich unter das Wort:
„Das Vergessenwollen verlängert das Exil,
und das Geheimnis der Erlösung heißt Erinnerung". –
Mit Horst Bienek weiß ich:
„Wenn ich nicht das,
was geschehen ist,
sage, erzähle oder beschreibe,
ist das Geschehen
überhaupt nicht geschehen.
Das Sagen wird fortgesetzt,
Stück für Stück.
Besser: Bruchstück für Bruchstück.
Niemals wird es das Ganze sein,
Niemals wird alles gesagt sein..."

Auf dem Weg des Sagens der „Wahrheit mit den scharfen Kanten" (Korczak, *Senat der Verrückten*), habe ich in all den Jahren in Polen und Israel Freunde gefunden, die eine tastende Hand nicht zurückgeschlagen haben. An sie in Warschau und Łódź, in Krakau und Lublin, in Maale Hachamisha, in Lohamei Haghetaot, in Tel Aviv, in Paris und anderswo - - - denke ich in dieser Stunde...

Ich denke an
Józef Arnon, sein Grab an der Grenze zum Libanon, einst Bursist in Korczaks Waisenhaus, der nicht mehr nach Deutschland kommen wollte und mir die brüderliche Hand gereicht hat, der in einer Nacht in unserem Haus die Schulbücher unserer Kinder durchwandert ist, die Lektionen der Geschichte gesucht hat, der mir 1978, todsterbenskrank, ein Bild, das er chagallisch gemalt, für meine Frau zum Abschied in Ein Hamifratz gab, darauf sein Wort:

[1] Vgl. hierzu: Dauzenroth, E.: „Tabus über dem Lehrerberuf". Einige Bemerkungen zu Theodor W. Adornos Berliner Vortrag. In: Katholische Frauenbildung. Paderborn 6/1966.

„Freunde sind Geschenke des Schicksals“
Ich denke an
Adam Nowominski, sein Grab in der Normandie, einst Redaktor bei Radio Warschau, zuständig für die *Radioplaudereien* des Alten Doktors Janusz Korczak, Adam –, der mich aufgenommen hat in den Kreis der Korczakianer in Paris...
Ich denke an
Ida Merżan, ihr Grab seit dem 6. Juli 1987 in Warschau, einst Kindergärtnerin für Doktor Korczak in Gocławek..., ihr Vermächtnis-Buch *Daß nichts in Vergessenheit* gerät, hat sie noch vollenden können in diesem Jahr...
Ich denke an
Kazik Dębnicki, sein Grab in Warschau, Schriftsteller aus Korczaks Nähe...
Ich denke an
Konstanty Jocz, den Advokaten der „Solidarność“ und Künstler, sein Grab in einem Dorf bei Łódź.
Ich denke an die Lebenden – und sie sollen lange leben... Sto lat...
Staś Rogalski, einst Erzieher an Korczaks experimenteller Schule, heute in Masuren lebend, der mir den Weg nach Polen eröffnet hat vor 20 Jahren...
Ich denke an
den guten Menschen Leon Harari, ein Judenjunge aus Starówka in Warschau, einst Kinderredakteur an Korczaks *Kleiner Rundschau*, mit seiner Geula, Gründer des Kibbuz Maale Hachamisha..., der sich mit meinem Sohn Johannes heue zum Shabbat versammelt in Maale Hachamisha...
Ich denke an
Benyamin Anolik, den Jungen aus dem Ghetto Wilna, heute in Beit Lohamei Haghetaot, dem Kibbuz der Ghetto-Kämpfer...
Ich denke an
Mirjam Akavia, die durch die Hölle ging...
Ich denke an
Shimon Sachs, der 1938 vom „Tränengleis“ des Anhalter Bahnhofs in Berlin aus Eretz Israel erreichte...
Ich denke an
Józef Bogusz in Krakau, den 84-jährigen väterlichen Freund, Herausgeben der Auschwitz-Hefte des *Przegząd Lekarski*...

Ich denke an
die Freunde des „Internationalen Kolloquiums", Freunde aus 15 Ländern, das in Gießen seinen Ausgang nahm 1969 und so viel Freundschaft gestiftet hat in 19 Jahren...
Korczak schrieb in sein *Ghetto-Tagebuch* am 26. Juni 1942: „Nach dem Kriege werden die Menschen einander lange nicht in die Augen sehen können..." –
Daß wir einander sahen,
dass wir uns ansahen,
dass wir uns in die Augen sahen - - - verdanke ich dem Erinnern. –
Der heutige Tag,
kein heiterer, kein unbeschwerter Tag,
bindet mich mit dem Namen Hedwig Burgheims noch inniger an die reale Utopie von Verständigung, Verstehen, Verständnis.–
Ich weiß nicht, ob Hedwig Burgheim etwas von Janusz Korczak wußte, ich weiß nicht, ob sie diesem Namen je begegnet ist.
Im hebräischen Humanismus und den besten Traditionen europäischer Erziehung arbeiteten Hedwig Burgheim und Janusz Korczak. Als Hedwig Burgheim sich in unserer Stadt unter dem Namen Friedrich Fröbels, und damit unter dem Namen Johann Pestalozzis der Erziehung verschrieb, gab es auch in Polen den Ogródek Freblowski, den Fröbel-Garten, und wer darin arbeitete, war eine „Freblanka", eine „Fröblerin". Janusz Korczak kannte diese achtbaren deutschen Traditionen und nutzte sie in seinen Warschauer Rettungshäusern für die Abgegebenen, die Ausgesetzten und die Ausgestoßenen.
Lassen Sie mich, meine Damen und Herren, für einen Augenblick aus dem Düsteren heraustreten, aus den Schatten fliehen und Hoffnung verkünden – Hoffnung, weil mir so viele Menschen begegnet sind, die in kleinen Welten, still und unerkannt und ungeehrt, ein Stück Land beackern, das Blumen hervorbringt, nicht nur das Brot der Erde, Blumen vom bittersüßen Duft des Jasmins. Dieser Ackerbau meint Verständigung, Verständnis, Verstehen – Versöhnung, von der oft und eilig die Rede ist, findet auf dem Narrenschiff statt – irgendwann...
Dies alles geschieht, was mich betrifft in einfacher Sprache, „damit jeder, der das Wort hört, die Apfelbäume sieht, den Fluß, die Wegkehre" – wie es in einem Gedicht des polnischen Poeten Czesław Miłosz heißt.

(Manuskript 1987)

Igor Newerly (1903 – 1987) zum Gedenken

Mehr als das literarische Polen erinnert die Internationale Korczak-Bewegung am 24. März 2003 an den 100. Geburtstag von Igor Newerly, geboren als Jerzy Abramow in Białowieża, im Urwaldgebiet Puszcza Białowieska, einst Jagdgebiet der Zaren, heute Nationalpark. Nach seinem Abitur in Simbirsk und seinem Jurastudium in Kiew, erzieherischer Arbeit in Kinderheimen, wurde er 1926 in Warschau Janusz Korczaks Sekretär und über-nahm 1930 die Redaktion der *Kleinen Rundschau*, Korczaks legendärer Wochenschrift „Der Kinder für Kinder". 1939 zunächst im Untergrund, wurde er 1943 verhaftet und überlebte Auschwitz, Bergen-Belsen, Majdanek und Oranienburg. „Pan Jerzy" oder „Der Redakteur", wie ihn Korczaks Zöglinge, Mitarbeiter und Leser der *Kleinen Rundschau* auch noch im Alter nannten, schrieb nach dem Krieg Romane, die in Volkspolen mit Staatspreisen ausgezeichnet wurden. In der DDR erschienen u.a. *Archipel des wiedergewonnenen Menschen* (1951), *Der Junge aus der Salz-steppe* (1959), *Das Waldmeer* (1969), *Der Hügel vom blauen Traum* (1990). Für die Korczakianer in aller Welt ist sein Buch *Lebendige Bindung* (*Zywe Wiązanie*. Warszawa 1966) ein bleibendes Bekenntnis zu Janusz Korczak. Ebenso das den polnischen Pfadfindern gewidmete *Gespräche im Garten am 5. August* (*Rozmow w Sadzie Piątego Sierpnia*. Warszawa 1978).

Ehemalige des Waisenhauses in der Krochmalna 92 wissen auch noch von anderen Talenten Newerlys: von seiner Tischlerkunst und seiner „Kajakweft" in Zolibor. Am 7. Juni 1986 erhielt Igor Newerly in Gießen den „Preis der Deutschen Korczak-Gesellschaft". Die Laudatio auf seinen „Herrn Redakteur" hielt der unvergessliche Leon Harari. Aus Anlaß seines 100. Geburtstags widmet die Warschauer Nationalbiblithek Igor Newerly eine Ausstellung, außerdem wird dem Korczak-Denkmal vor dem Dom Sierot in der Jaktorowska (früher Krochmalna) eine Gedenktafel für Igor Newerly beigefügt.

(In: Korczak-Bulletin, 1/2003)

Für Shimon Sachs

Ich habe Sie, Shimon Sachs, als einen brüderlichen Menschen kennen gelernt. Nehmen Sie unsere entgegengestreckte Hand an! Es steht mir nicht zu, niemandem eigentlich, in dieser Laudatio die Geschichte Ihrer Kindheit und frühen Jugend, Ihrer deutschen Kindheit, hier auszubreiten, hier aufzulegen – erst recht nicht an diesem Tag, der unter dem Namen des „Lehrers von Warschau und Treblinka“ (Dow Marmur) steht: Janusz Korczak – und der vieles in Ihnen aufrührt, was die Grenze des Fassbaren, des Aushaltbaren übersteigt. Im November 1938, als die drohenden Wolken über Deutschland sich schon zu einem Welt Gewitter zusammenballten und nicht nur in Ihrer Heimatstadt Berlin die Synagogen brannten, nahmen Sie Abschied von Ihren Eltern, von Ihrer Schwester, von Ihrer Stadt, von diesem Land. Das „Tränengleis“ des Anhalter Bahnhofs in Berlin war für Sie Aufbruch ins *Alt-Neuland*, mit Theodor Herzl gesagt... für die Zurückgebliebenen war es der Anfang des Grauens. Ich war damals 7 Jahre alt. Krieg, Verbrechen, Völkermord, Holocaust waren dem Kinde fern und fremd – mein Vater ahnte: er war ein einfacher Schlosser. Sie haben in Ihrem Buch, das den Namen Shimon Sachs in Deutschland weit über den Kreis der Pädagogen bekannt gemacht hat – *Der grüne Traum* – ein Stück Ihrer Lebensgeschichte öffentlich gemacht. Inge Aicher-Scholl, ein Name des ehrbaren Deutschland, hat Ihre Aufzeichnungen die eines ungewöhnlichen Pädagogen, der von demselben Elan ausgezeichnet ist, welcher heute von Israel ausgeht – genannt. Sie kamen, lieber Freund, im Rahmen der Jugend-Allijah in den Kibbuz Ejn Harod, jener Siedlung der Väter, die durch Janusz Korczaks Aufenthalte in Eretz Israel in den dreißiger Jahren geheiligt ist – geheiligt durch die Anwesenheit dieses Zaddik – des Bewährten, des Gerechten... In Ihrer Vita habe ich einen Namen entdeckt, der Ihren Weg maßgeblich beeinflusst hat: Henrietta Szoldt, jene amerikanische Jüdin, die eines der größten Rettungswerke der Welt geleitet hat. Ihren Namen sucht man vergeblich in unseren Büchern zur Geschichte der Hilfe für das Kind. Sie haben die Begegnung mir ihr, Henrietta Szoldt, bewegend geschildert, jenen Tag, an dem Sie mit Freunden bis zur Erschöpfung durch die Straßen von Jerusalem gewandert sind und in einer Busstation Bleibe suchten bis Sie – nächtlich aufgescheucht – das Haus der Szoldt in Rechavia suchten und offen fanden. Von Henrietta Szoldt sagen Sie: „Mit jedem sprach sie einzeln. Von ihr lernte ich, mich an das Individuum zu wenden, den persönlichen Kontakt zu suchen. Es ist schwer festzustellen, ob damals der Wunsch entstand, mich mit erzieherischer Arbeit zu beschäftigen. Sicher ist, dass wir Vorbilder suchten und brauchten. Formen und Einzelheiten sind verwischt. In mir bleibt die Erinnerung an diese Frau. Dieser Sicht, der Sicht auf den Einzelnen, das Individuum, das konkrete Du, in dem uns das Ewige DU anspricht, sind Sie treugeblieben... Es ging Ihnen fürderhin nicht um das Kollektiv, die Vergesellschaftungen, nicht um die Gruppe, nicht um die Kinder – es ging Ihnen um den Einzelnen mit seiner Geschichte in dieser Gegenwart. Hebräischer Humanismus (Martin Buber) hatte Sie gelehrt: In der Anrede *Ich-Du* geschieht Berührung, Berührung von Mensch zu Mensch, Anrede eröffnet *Zwiesprache* und stellt *Die Frage an den Einzelnen* – hören in dieser Deutung Martin Buber...

Mit einem subtilen Gespür für das Gemäße und das Richtige und das Rechte gaben Sie Geleit:
Edna aus Mauritius,
Baruch aus China,
Mosche aus Syrien,
Asriel aus Masagan,
Elchanan aus dem Irak,
Masal aus Jemen,
Nissim aus Marokko,
Elijahu aus Casablanca,
Shoshanna aus dem Hafenviertel,
Ruth aus Baracke 36.

Ich weiß, dass bei diesen Namen in Ihnen vieler Leben Augenblicke auferstehen und Sie mit Recht sagen, was wir denn wohl davon wissen: Schreibtischpädagogen, Kanzelprediger, Maulbraucher, dass wir erst recht nichts wissen von den *Kindern der Nacht*, denen Sie 1945 aufhalfen, die Sie aufrichteten, die Sie hielten – als sie aus den Todeslagern des SS-Staates kamen – mit den teuflischsten Schrecken geschreckt: Jerzy Kosińskis *Bemalter Vogel*.
Ich kann Sie pädagogisch nicht belehren; Sie wissen als Erzieher ohne Tarifvertrag zu gut, dass Erziehertum nicht in Wahl und Neigung

besteht, und dass der, der den Namen Erzieher verdient, kein Nachfahre der Götter Griechenlands ist, die sich Lieblinge raubten; der Erzieher in unserem gemeinsamen Verständnis nimmt die Gegenwart der Schöpfung, an in den Missratenen und Gescheiterten, den Gestörten und Bedrohten, den Fehlgeleiteten und Fehlenden – er ist aber, wie es Martin Buber im Geist unseres Herzensmannes Janusz Korczak gesagt hat: „Statthalter des wahren Gottes, denn in der Vielheit und Vielfältigkeit der Kinder stellt sich ihm eben die der Schöpfung dar ...“
Lassen Sie mich noch weiteres sagen von Shimon Sachs den wir ehren, dem wir danken.
Schon als Kibbutznik begann er sein Studium an der Hebräischen Universität in Jerusalem , nach der Lehrerausbildung übernahm er die pädagogische Leitung der Jugend-Allijah-Gruppen; er wurde Direktor der landwirtschaftlichen Mittelschule im Kinderdorf Ben Schemen - - - bis er ins Lachish kam.
Lieber Freund Shimon, ich habe gelesen, dass es ein arabisches Wortspiel gibt: „Lachish – Mafish“ – auf gut Deutsch heißt das: „In Lachish gibt es rein gar nichts.“ Dies war so – dies ist nicht mehr so, seit 1955 von Ihrer Regierung der Beschluss gefasst wurde, den in biblischen Zeiten von den Philistern bewohnte Nordrand der Negew-Wüste zu erschließen; die 24 Siedlungen entstanden, Kirjat Gat, Ihre Stadt wuchs, Ihre Schule – Modell einer Einwanderschule – erblühte... Resch Lakisch – ein beziehungsreicher Name zu ihrem Arbeitsfeld – sagte im Namen Rabbi Jehudas, des Fürsten: „Die Welt besteht nur um des Hauches der Schulkinder willen“ – Was Sie zum Bestand der Welt durch Schule in Kirjat Gat gestiftet, ist in Ihrem Aufsatz eindrücklich beschrieben.
Ich erkenne viele Ideen, Impulse, Anstöße unseres Dr. Korczak in Ihrem Lebenswerk wieder. Erfahrungsreich kehrten Sie 1964 ins alte Europa zurück, in die Schweiz. Sie „studierten“ in Zürich, der Stadt Pestalozzis, Sie wurden Doktor der Philosophie. Paul Moor, in dessen humaner „Heilpädagogik“ ich Sie erkenne, promovierte Sie mit der Arbeit *Aus Nomadenkindern werden Schüler – Erziehungsprobleme orientalischer Einwandererkinder in Israel* – einer Dissertation, die nicht Bücherschlauheit zusammen

(Hier bricht das Manuskript der Laudatio vom 5. Juli 1980 leider ab.)

Erzählte Theologie

Der Warschauer Priester und Schriftsteller Jan Twardowski wird 70 Jahre

Den Weg bin ich in Warschau oft gegangen in all den Jahren: die Nowy Świat entlang, die Krakowskie Przedmieście weiter, vorbei an der Heilig-Kreuz-Kirche, an den Palästen der Radziwills, Tarnowskis, Lubomirskis, Potockis, vorbei an der „Passauer Madonna", am edlen Reiterstandbild des Fürsten Poniatowski, dann kurze Einkehr in der barocken Kirche „Der Obhut de Heiligen Josef", schließlich: Krakowskie Przedmieście, Krakauer Vorstadt Nummer 34. Durch ein paar verwunschene Winkel im Kloster-komplex der Visitantinnen (Schwestern von der Heimsuchung Mariens) eine schmale Stiege hinauf in die kargen Wände eines großen Dichters: Jan Twardowski. Ein paar Bilder, ein paar Bücher, ein kleiner Sekretär – so haust der Mann in der Soutane, der fromme Jan Twardowski.

Siebzig Jahre wird er am 1. Juni. Gratulationen werden aus der Literaturszene kommen, aus der Lesergemeinde des Krakauer *Tygodnik Powszechny*, ganz gewiss auch von Johannes Paul II., auch Deutsche gratulieren, die seine Prosa lieben: *Ich bitte um Prosa* (1973), *Langweilig ist es in der Kirche nie* (1980), *Geheimnis des Lächelns* (1982) u.a.

Den schönsten Dank empfängt Jan Twardowski aus Kinderhand, aus Kindermund, von Jurek und Janka und Wojtek, denen der „Dumme-Kinder-Vikar" erzählt hat vom *Kreuzzeichen*, *Von den Drei Königen*, *Vom Eselchen*, *Von den Vögeln des Himmels* und *Ein bisschen Heiligenklatsch* dazu. Und es werden kommen, die sich als Kind während der Predigt nicht gelangweilt hatten, weil sie sich mit zusammengeklappten Regenschirmen beschäftigt hatten, die Beine der Frauen zählten, das Opfergeld behielten, um davon Bonbons zu kaufen. An solches erinnert sich der Dichter in seinen Zeilen, auch an den Frosch, den Paweł ins Brevier gelegt hat...

Ich weiß nicht, ob Jan im Disput der Theologie bestehen kann, einer dogmatischen Anhörung gewachsen wäre. „Zur gefälligen Kenntnisnahme" schrieb er: „Ich werde mich einfach neben Sie setzen und Ihnen mein Geheimnis anvertrauen: dass ich, ein Priester, an Gott glaube wie ein Kind."

Über den Arzt, Pädagogen und Schriftsteller Janusz Korczak fanden wir uns. Am 29. Dezember 1971 hatte Jan Twardowski in der Kirche der Visitantinnen eine Messe für den Juden Janusz Korczak gehalten, in der Predigt gesagt, wie viel wir Christen aus seinem Leben und Tod lernen können. Korczaks Liebe zum Kind, sein Leben für das Kind und sein Tod mit den Schützlingen in der Hölle von Treblinka haben den Warschauer Priester tief bewegt und geleitet. „Möge uns der gute Geist Korczaks vereinigen." „Gerührt über die herrliche Gestalt von Janusz Korczak, die uns verbindet", schrieb er mir auf Karten und Heiligenbildchen. Ich habe seine Widmungen vor mir, Widmungen des „polnischen Priesters, welcher nicht an zufällige Begegnungen glaubt."
Ich grüße Jan Twardowski in der geliebten Stadt Warschau zu seinem Siebzigsten, Gott lasse ihn noch lange singen vom Schöpfer und der Schöpfung.

(In: Christ in der Gegenwart, 22/1986)

Wanderer

Die Warschauer Katze,
Schwarz wie die Soutane des Dichters Jan,
Adresse: Krakauer Vorstadt Nummer 34,
Konvent der Visitantinnen,
Kirche zum Heiligen Josef,
Sakristei,
Ist weihrauchverwöhnt,
Mäuseentwöhnt,
Ausflüge nur auf die Kanzel mit dem goldenen Anker,
Um kalten Predigern die Füße zu wärmen,
Ausflüge nur in den Beichtstuhl,
Um arme Sünder zu schrecken...
Wanderer, kommst Du nach Warschau,
Grüß mir den Kater Kazik, den Hilfssakristan,
Die Nonnen,
Die Ehrwürdigen,
Und vergiß nicht,
Dich vor dem Poeten Jan
Zu verneigen,
Der hier betet,
Der hier dichtet.

(In: Christ in der Gegenwart, 12/2001)

Asperges me

Dieser Schmetterling, ein Admiral,
Im November, dem zehnten,
Das Licht suchend
Und Wärme,
Irrt in der Kirche des Heiligen Thomas Morus.
Der geistliche Hirte teilt kräftig aus:
Asperges me.
Eine Lache geweihten Wassers auf kalten Fliesen
Und der taumelnde Admiral.
Wäre dabei
Jan Twardowski – doch im fernen Warschau –
Der Priester,
Der Dichter,
Der Freund...
Was hätte er für ein Gedicht geschrieben!
Von der Kreatur,
Der verirrten,
Fliehend ins Heilige Wasser gefallen...
„Heil wurden alle, die das Wasser netzte“,
Spricht der Psalmist.
Asperges me
Uind den Admiral von Thomas Morus
Und alles, was flattert.

(In: Christ in der Gegenwart, 50/2002)

Ein Arzt aus Krakau

Über Józef Bogusz

Am 11. September 1984 wird der international bekannte Krakauer Chirurg Józef Bogusz achtzig Jahre alt: Geboren in Tarnopol, Schüler des Polnischen-Gymnasiums in Wien, Abiturient des Sobieski-Gymnasiums in Krakau, Studium der Medizin an der Jagiellonen-Universität Krakau, Assistent des berühmten Maksimilian Rutkowski, Studienaufenthalte in der Schweiz und in Österreich, den USA und Holland, während des Warschauer Aufstands 1944 Chef eines Lazaretts der Heimatarmee (AK) in den Warschauer Stadtteilen Wola und Ochota, von 1948 bis 1974 tätig an der Chirurgischen Abteilung der Krakauer Universitätskliniken, seit 25 Jahren Herausgeber der *Auschwitz-Hefte der Ärztlichen Rundschau*, befasst mit den Themen „Okkupation und Medizin“, Mitglied wissenschaftlicher Akademien und Senior der „Internationalen Janusz-Korczak-Gesellschaft“, seit 1974 auch Mitglied des an der Justus-Liebig-Universität Gießen gegründeten „Internationalen Kolloquiums“, unvergessliche Reden zur deutsch-polnischen Annäherung und Aussöhnung, Prediger der drei großen polnischen „K“: Janusz Korczak – Maksimilian Kolbe – Antoni Kepinski, begehrt als Referent an den Akademien Bad Boll und Rottenburg, Autor des Buches *Der Arzt und sein Patient*, Pianist und Freund des Künste, verbunden den Herausgebern der katholischen Wochenzeitung *Tygodnik Powszechny* – engagiert und treu...

(In: Christ in der Gegenwart, 37/1984)

Josef Ströder: Arzt und Erzieher im Geiste Janusz Korczaks

Meine Damen und Herren,
gestern erhielt die Schule für Geistigbehinderte in Springe bei Hannover den Namen Janusz-Korczak-Schule. Ich hatte die schwierige Aufgabe, den Kindern, Eltern und Erziehern etwas über den Schulpatron Janusz Korczak zu sagen. Die wenigen Stunden in dieser Schule und die Begegnungen mit den Kindern waren für mich eine eindrückliche Eröffnungslektion für unser heutiges Kolloquium. Es war ein langgehegter Wunsch, daß wir zu diesem Kolloquium zusammengekommen. Bevor ich einige grundsätzliche Bemerkungen wage, mich dann meiner Forschungsthematik Korczak zuwende, danke ich Herrn Kollegen Wolf vom Zentrum für Kinderheilkunde und meinen Kollegen Bachmann und Widmann vom Fachbereich Erziehungswissenschaft für die gute Zusammenarbeit beim Zustandekommens dieses interdisziplinären Kolloquiums und ich grüße Herrn Prof. Koch und mit Freude meinen Freund Prof. Dr. Dr. J. Ströder, Würzburg.
Lieber Freund Ströder: Sie sind in Gießen herzlich willkommen! Unvergessen bleibt Ihre Laudatio in der Aula unserer Universität auf Bogusław Halikowski im Jahre 1979, hier klang bereits das große Thema unseres Kolloquiums an: Arzt und Erzieher.
Es drängt mich aber, noch etwas zu sagen – und dies den so zahlreich erschienenen Studenten und Kollegen aus verschiedenen Fachbereichen: Josef Ströder, der heute morgen zu uns spricht, ist nicht nur ein guter Kinderarzt, er ist auch ein guter Student der Pädagogik geworden. Aber für mich ist etwas ganz anderes an ihm wichtig: das möchte ich Ihnen aus einer polnischen Publikation vorlesen:
„Ähnlich wie ganz Polen machte auch Krakau schwere Okkupationsjahre durch.
In jenen Jahren kam nach Krakau Dr. Josef Ströder, der von den NS-Behörden zum Kommissarischen Leiter der Kinderklinik ernannt wurde. Er war Deutscher, doch durch seine Arbeit, seinen Mut und seine Haltung erwarb er sich die Hochachtung und die Dankbarkeit vieler Polen. Ohne auf die ihm von Seiten der deutschen Verwaltung drohenden Gefahren zu achten, leistete er Hilfe polnischen Kindern, polnischen Juden, Ärzten und einfachen Menschen. Bis heute behielten ihn in dankbarer Erinnerung die ehemaligen Patienten und Ärzte der

Krakauer Krankenhäuser (St. Anna, St. Ludwig). Sie sind es vor allem damals, wie andere Polen ausgehungert und verschüchtert, in ständiger Lebensgefahr schwebend – die die Haltung dieses sich so sehr von seinen Landsleuten unterscheidenden Deutschen richtig einschätzen konnten. Auch nach dem Krieg brach Dr. Ströder seine Kontakte zu Polen und jenen Menschen, mit denen er während der NS-Okkupation zusammengearbeitet hatte, nicht ab. Bis heute besitzt er zu ihnen herzliche, freundschaftliche Bindungen.

Lieber Josef Ströder: in weiß-roter Verbundenheit grüße ich Sie nochmals herzlich.

Ich spreche als Erziehungswissenschaftler zu Ihnen, als Erziehungswissenschaftler, dem nicht verborgen geblieben ist, daß wir – Ärzte und Erzieher – einen gemeinsamen sehr abenteuerlichen Beruf haben: den „Beruf ständiger Enthüllungen". So hat Karl Jaspers, der als Psychiater in Heidelberg begann, in seinem Essay *Die Idee des Arztes und ihre Erneuerung* einmal den Arztberuf charakterisiert. Ich erlaube mir, uns, die Erzieher, in diese Beurteilung einzubeziehen.

Ein „Beruf ständiger Enthüllungen". Unsere gemeinsame Aufgabe, „das Menschliche" zu erkennen, „Wege zu seinem Verständnis" zu suchen, bringt „Enthüllungen" zutage: Neues wird sichtbar, Unbekanntes erscheint, Ungeahntes kündigt sich an. Der Mensch offenbart sich als das Wesen der großen Überraschungen. Den Überraschungen stehen wir oft hilflos und ratlos gegenüber. Rat und Antwort verweigert die eigene Fakultät, die engere Disziplin – weiter hilft nur der Dialog mit den Grenzwissenschaften.

Aus der Erfahrung der Ratlosigkeit im eigenen Haus, aus der Erfahrung, immer wieder „an den Grenzen des Wissens" der eigenen Fakultät zu stehen, eröffnen wir einen Dialog: heute mit Ihnen, der Medizin.

Was wüßten wir, die wir über Erziehung reden, günstigenfalls im täglichen Geschäft der Erziehung stehen, über den Menschen, über das Kind, ohne z.B. ärztliche „Enthüllungen", ihre Folgerungen und Gewißheiten!

Was wüßten wir, die Erzieher, ohne die „Enthüllungen" von Adolf Portmann und Rene Spitz beispielsweise, was wüßten wir Erzieher über:

– die „Frühgeburt Mensch" (Portmann)
– das „extrauterine Frühjahr" (Portmann)
– den Hospitalismus (Spitz)
– die Deprivation (Bowlby, Robertson)

– die anaklitische Depression (Spitz)
– den Autismus (Asperger)
– den Gestaltwandel (Zeller)
– die Akzeleration (Koch, Saller), um nur einige Phänomene und Probleme beim Namen zu nennen.

Was wüßten wir ohne die Beobachtungen und Beschreibungen aus der medizinischen Fakultät? Ich möchte meine Fakultät gar nicht gering schätzen, nicht so klein machen, ich möchte nur unser Angewiesensein aufeinander, unsere Abhängigkeiten voneinander herausstellen.

Wenn ich die Geschichte der europäischen Erziehung befrage, wie sie es gehalten hat mit dem Gespräch über den Zaun, mit dem Gespräch über die Grenzen, besonders mit der medizinischen Fakultät, dann entdecke ich überraschenderweise einige glanzvolle Namen, die „bevor sie sich mit der Seele befaßten, den Körper kennen gelernt hatten: eine weise Vorsicht, welche die Träumer meist verabsäumt haben" (so der Franzose Paul Hazard über den Engländer John Locke – Arzt und Pädagoge). Ich entdecke Ärzte, die Erzieher waren, Erzieher, die Ärzte waren. Da begegnen mir u.a.:

– John Locke (1632-1904)
– Jean Itard (1774-1838)
– Edouard Segouin (1812-1880)
– Maria Montessori (1870-1952)
– Ovide Decroly (1871-1932)
– Janusz Korczak (1878-1942)

Neben diesen weltbekannten Namen sollten an diesem Ort, vor diesem Kreis, zwei Namen doch nicht verschwiegen werden; ich meine die Professoren für Pädiatrie Heinrich Finkelstein (1865-1942) und Adolf Baginski (1845-1918). Beide sind nicht in die Geschichte der Pädagogik eingegangen, obwohl sie ihren Blick über das Eng-Medizinische hinaus auf das Pädagogische, das Sozialpädagogische gerichtet hatten. Ihr Schüler an der Berliner Universität im Jahre 1907 war Janusz Korczak: Arzt, Schriftsteller und Erzieher – auch Josef Ströder – folgt dieser Spur.

(Vortrag, Gießen 4. Juni 1983)

Ein deutscher Arzt mit Gewissen

Ausgezeichnet mit dem Verdienstorden in Gold der Volksrepublik Polen, mit der Würde eines Ehrendoktors der Jagiellonen-Universität zu Krakau (als erster Deutscher seit 600 Jahren), mit der Ehrenmitgliedschaft der Polnischen Kinderärztlichen Gesellschaft, unmittelbar nach Kriegsende eingeladen, nach Krakau zurückzukehren und einen Lehrstuhl für Kinderheilkunde zu übernehmen, Rheinländer von Geburt, ein Bürger Krakaus aus Entscheidung, Katholik, Josef Ströder aus Würzburg.

Die abenteuerliche Zeit, seit er im Jahr 1942 in Krakau die dortige Kinderklinik St. Ludwig übernahm, endete 1945 in Ehre und mit großen Ehrungen. Davor liegen die täglichen Konflikte eines bekennenden Christen und hippokratischen Arztes mit einem System der Menschenverachtung und Menschenvernichtung. Vierzig Jahre nach der Befreiung kann man nun Ströders Erinnerungen[1] lesen – Erinnerungen an polnische Treue und Zusammenarbeit mit einem Deutschen in Grenzsituationen.

Man erfährt in diesem Buch von den frühen Zusammenstößen des Studenten Ströder mit der braunen Herrschaft, von einem Kriegsgerichtsverfahren, das gegen den Unterarzt der Luftwaffe angestrengt war, von den Dossiers der Anklageschrift betreffend „Polenfreundschaft“ mit einem Katalog von Todsünden. Schon die Krakauer Begrüßung durch den Ärztlichen Direktor gab dem Arzt Josef Ströder einen Vorgeschmack des Kommenden: „Wir haben nur ein Interesse: das fremde Volkstum hier so schnell wie möglich auszurotten, je mehr polnische Kinder Sie an einem Tag umbringen, desto schneller erhalten Sie das Kriegsverdienstkreuz...“

Mit dem lebensgefährlichen Mut zum Gewissen und der nicht minder lebensgefährlichen Treue zu christlich-europäischer Kultur und Moral blieb Ströder ein Standhafter. Eine Lektion, dieses Buch.

(In: Christ in der Gegenwart, 17. März 1985)

---

[1] Ströder, J.: Angeklagt wegen Polenfreundschaft, Als Kinderarzt im besetzten Warschau. (Vorwort von Berthold Beitz,) Freiburg 1985.

Er hat die Tür geöffnet...

Erinnerung an Stanisław Rogalski

Sechsundzwanzig Jahre zurück, November 1970, Allerheiligen, Warschau. Das „Komitet Korczakowski", ein kleiner Zirkel in einer Nische des Systems, unterschrieben von Stanisław Rogalski, schickte den Freuden und mir eine erste Einladung nach Warschau. Welche Schwierigkeiten Staszek lösen musste, deutsche Korczakianer nach Warschau einzuladen, das kam erst später ans Tageslicht.
Er wohnte damals in der „Nowotki", heute ul. Andersa, ganz nahe am Ghettoquartier.
Er war zwei Jahre Lehrer an Korczaks Experimenteller Schule im Nasz Dom, ein Talent von Lehrer und Erzieher.[1]
Ich sah seine Söhne groß werden, ihn alt werden bis er eines Tages von Warschau genug hatte, nach Masuren ging, in Pasym und Ramsowo und Giława bäuerlich lebte, schnitzte, malte, dabei die alten Freunde nicht vergaß.
Zuletzt sah ich ihn in Iława (Deutsch-Eylau), wo eine Schule Janusz Korczak heißt, dann noch einmal in Warschau 1995.
Zu Korczak schrieb er und sprach er noch immer, obwohl andere das Reden und das Regiment längst übernommen hatten.
In der Erinnerung bleiben die Begegnungen mit ihm in Warschau, in Gießen, in Frankfurt, wo er den Friedenspreis des Deutschen Buchhandels für Janusz Korczak mit Alicja Szlązakowa in der Paulskirche entgegennahm.
Die Türen, die er uns öffnete, sind weit offen gebleiben.
Danke, Staszek!

(In: Korczak-Bulletin, 2/1996)

---

[1] Vgl. hierzu in: Janusz Korczak in der Erinnerung von Zeitzeugen. (Hrg. Beiner, F. / Ungermann, S.) Gütersloh 1999, S. 380 ff.

Brief an Felek Schaf

Brief aus Gießen nach London via Krakau

Während ich diese Zeilen schreibe, lieber Felek. begleitet mich ein neues Buch von Karlijn Stoffels *Mojsche und Rejsele* (Amsterdam 1996, Weinheim 1998). Es geht darin um Janusz Korczak, um zwei Kinder, um Warschau, das Waisenhaus in der Krochmalna 92 während der Okkupation, um das Ghetto Warschau – und viel im Buch steht auch von Krakau, von Mordechai Gebirtig und von Rejsele...
Von Rejsele wußte ich ja schon von Dir so allerhand, auch, daß Du der „Taugenichts“ gewesen sein kannst, der Gebirtigs Töchterlein ans Fenster gepfiffen hat, daß es herausgelaufen kommt...
Über zwanzig Jahre sinds nun her, seit wir uns begegneten, damals im labyrinthischen Dom Nauczyciela an der Weichsel, gegenüber dem Theater Ateneum, dort wo Stanisława Perzanowska am 1. Oktober 1931 mit dem großen Stefan Jaracz in der Rolle des „Traurigen Bruders“ Korczaks düstere, visionäre Humoreske *Senat der Verrückten* auf die Bühne brachte. Über zwanzig Jahre also. Seit wir uns sahen, ansahen, ansprachen, damals in Warschau. Hier hatte 1978 die offizielle „Heimholung“ Korczaks ihren Anfang genommen, international begleitet. Auf einer Treppe trafen wir aufeinander, eine flüchtige Begegnung – rückblickend eine schicksalhafte Fügung.
Dein Weg nach Deutschland war noch weit – Korczak wußte wie es kommen würde: „Nach dem Krieg werden die Menschen einander lange nicht in die Augen sehen können...“, notiert er in seinem *Pamiętnik.*
Dann 1982, im Rahmen eines internationalen Korczak-Symposions in der Bundesrepublik Deutschland, fand unsere Warschauer Annäherung Bestätigung und einen hoffnungsvollen Fortgang: Es folgten mit Dir unsere viel beachteten Korczak-Matineen „Die Wahrheit hat scharfe Kanten“ in Hannover und Oldenburg, in Aachen, Frankfurt, Dortmund, Wuppertal, auch in Gießen. Du hast dabei stets dem bewegenden Gedicht deines Freundes Jerzy Ficowski *5. VIII. 1942* Deine Stimme geliehen, die polnische Sprache erklang, Korczaks Sprache.
Dann Deine Lektionen an unserer Justus-Liebig-Universität: Das waren keine akademischen Vorlesungen nach universitärem Ritual.
Ein Mann erinnert sich, ein Mann erinnert: an Auschwitz, das Ghetto, Łódź, an Isaac Bashevis Singer, an eine Krakauer Kindheit...

Du, Felek, hast in zahlreichen Semestern an unserer Alma mater viele Studenten erreicht, Studenten, die künftig an deutschen Schulen unterrichten und erziehen werden – denk an den Hörsaal 03 – und einige werden nichts vergessen, denn Du sprachst immer so, daß „jeder, der das Wort hört, die Apfelbäume sieht, den Fluß, die Wegkehre“, wie Czesław Miłosz seinen *Traktat poetycki* eröffnet...
Dies alles ist gegenwärtig, wenn ich an Dich denke, teurer Freund – natürlich auch Dein abenteuerlicher Gang mit Johanna zu Willy Georg, einem deutschen Soldaten damals in Warschau, dessen Fotos aus dem Ghetto Du gerettet, dem Verlieren entrissen, in einem bedrückenden Buch veröffentlicht hast.
Wir wissen beide, daß alles, was zum Ungeheuerlichen unseres Jahrhunderts gesagt und geschrieben ist und noch wird, nur Bruchstück ist. „Aber wenn ich nicht das, was geschehen ist, sage, erzähle oder beschreibe, ist das Geschehen überhaupt nicht geschehen“, schreibt Horst Bienek einmal.

(In: Korczak-Bulletin, 1/1999)

Abschied von Felek Scharf

Am 16. September 2003 starb in London Rafael „Felek" Scharf, geboren 1914 in Krakau. Er war mein Freund. Begonnen hatte alles 1978 im Warschauer Lehrerhaus als wir uns erstmals sahen, ansahen, ansprachen, damals, als wir, international versammelt, des 100. Geburtstages von Janusz Korczak gedachten. Felek nahm die Einladung nach Deutschland an, und es begann unsere Erinnerungsarbeit. *Auf dass nichts in Vergessenheit gerät.*[1] Von Felek inspiriert und ermutigt gestalteten wir Korczak-Matineen. Unsere alte Universitätsstadt Gießen ist zu Feleks deutschem Zielort geworden, hier sprach er in unvergesslichen Vorlesungen und Seminaren. Groß war stets die Zahl der Hörer, nicht nur junge Studenten waren es, die in eindringlichen Lektionen einen Lehrer des Erinnerns erlebten.

Felek war nicht nur ein gelernter Jurist der Krakauer Jagiellonen-Universität, er war auch ein Mann der Literatur, der polnischen, der deutschen, ein Autor geschliffener Essays, veröffentlicht in der Jewish Quarterly, zu deren Editorial Board er jahrelang gehörte. Seine Liebe zur polnischen Sprache war nicht erkaltet, er lebte und litt in ihr auch in der Londoner Emigration seit 1938. Namen und Texte polnischer Literatur hat er uns beigebracht – welche Gedichte und Zitate von Adam Mickiewicz bis Julian Tuwim kannte er eigentlich nicht, auch welche Maler von Jan Matejko, Juliusz Kossak bis Rafał Malczewski und Roman Kramsztyk waren ihn nicht begleitend?[2]

Über die schmerzliche Trennung hinaus blieb er ein Civis Cracoviensis, „The Chronicler of Cracow Jewry" (Antony Poloński). Lies Feleks wunderbaren, bitteren Essay *Krakau seligen Angedenkens*, als er sich in das Haus wagte, nahe der ulica Sebastiana, in der er Kindheit und Jugend verbrachte, und ihn ein Mann im Treppenhaus anherrschte:

---

[1] Meržan,I.: Aby nie uległo zapomnieniu. (Auf dass nichts in Vergessenheit gerät).

[2] Scharf, R.F.: Co mnie i Tobie Polsko / Poland. What have I to do with thee. (poln. / engl). Kraków 1996. Siehe auch: Scharf, R.F. (Hrg.): In the Warsaw Ghetto. Summer 1941. Photographs by Willy Georg with passages from Warsaw Ghetto diaries. London 1993.

Kłanska, M. (Hrg,): Krakau. Frankfurt 1994, S. 163 – 173.

Kapralski, S. (Hrg.): The Jews in Poland. Bd. II. Cracow 1999. (Zu Feleks 85. Geburtstag mit Beiträgen u.a. von Jerzy Ficowski, Andrzej Szczypiorski, Norman Davies, Andrzej Wajda, Sławomir Mrożek.)

„Haben Sie hier was verloren? Was suchen Sie hier? Sie haben hier nichts zu suchen..." Und Felek: Er hatte recht, dachte ich mir. Was suche ich hier?"
Und doch: Daß wieder jüdisches Leben in Kazimierz einzog, das Zentrum der jüdischen Kultur entstand, die Fundacja Judaica ihr Arbeit aufnahm, ist Felek zu verdanken. Bewegende Nekrologe zu Feleks Tod erschienen in polnischen Zeitungen darunter auch Worte von Jerzy Ficowski und Norman Davies.
Ich als die Nachricht in Warschau am 19. September morgens in der *Gazeta Wyborcza* – erschrocken, denn just an diesem Morgen wurde im Zentrum von Warschau, im Schatten des „Kulturpalastes", der Grundstein für ein Denkmal zu Ehren Janusz Korczaks gelegt – Anstoß hatte vor Jahren Felek gegeben. Wie ein Lauffeuer verbreitete sich die Nachricht unter den versammelten Korczakianern: „Felek ist tot..."–
Janusz Korczak schrieb in sein *Ghetto-Tagebuch*: „Nach dem Krieg werden die Menschen einander lange nicht in die Augen sehen könne..."
Mir und meiner Familie war es vergönnt, mit Felek zu gehen, 25 Jahre...
Nun ruht der gute Freund am Guten Ort, in London.

(In: Korczak-Bulletin, 2/2003)

Dem Sämann

Für Karl Dedecius zum 75.

Vor wenigen Tagen: Krzywowa, Kreisau, nicht weit von Wrocław, Breslau, wo Ihr Freund Tadeusz Różewicz „dichterisch wohnt". Inmitten einer großen Baustelle, wo heftig gemauert, geziegelt, gepinselt wird: Deutsche und Polen, Studenten, Dozenten an historischem Ort. Referate, Diskussionen, Gespräche in sommerlicher Aprilnacht. Adolf Reichwein, Janusz Korczak das Thema. Im Hof des Anwesens präsentiert sich provisorisch symbolisch eine Sämaschine, sagen wir Jahrgang 1921. Übergroße eisenbereifte Holzräder, die die Last tragen, zwei kleine Lenkräder, in der Nabe die Nummer 989 und am Kasten für das Saatgut das Firmenschild A. J. Troester, Butzbach; auf dem Deckel des Firmenzeichen „Hassia". Ein gründgefrischtes altes Gestell mit einer intakten Lenkung. Keiner der „Kreisauer" dieser Apriltagung ging unberührt an diesem poetischen „Denkmal" vorbei. Ob die alte Sämaschine aus dem Gut des Grafen Moltke stammt, das weiß man nicht; aus dem Dorf, aus der Nachbarschaft ist sie auf jeden Fall, sagen die Leute.
Sie verstehen, lieber Freund, das Bild aus dem Schlesischen 1996 und die dazugehörenden ewigen Worte: „Ein Sämann ging aus, seinen Samen zu säen..." Sie haben gesät in den schweren Boden der deutsch-polnischen Beziehungen; nicht nur herrliche Poesie ist aufgeblüht, auch Verstehen und Verständnis der Nachbarn seit tausend Jahren gereift.
Nennt man Sie „Fährmann" und „Brückenbauer";
nenne man Sie auch einen „Sämann".

(In: Korczak-Bulletin, 2/1996)

Zum Tode von Erwin Sylvanus

Ende November starb Erwin Sylvanus, Jahrgang 1917. Er gehörte nicht zu den Schriftstellern der Herbst- und Frühjahrsprogramme. Zurückgezogen lebte er in den letzten Jahren auf Ägina. Über seinem Schreibtisch die Korczak-Briefmarke der Deutschen Bundespost, in Silber gefasst von einem griechischen Schmuckschmied. Wir hatten uns 1972 in Frankfurt kennen gelernt, dann anlässlich des 1. Internationalen Korczak-Symposions an der Justus Liebig-Universität Gießen wiedergesehen, danach bei der ersten Tagung der deutschen Korczak-Gesellschaft 1977, als das Jüdische Haskala-Theater im Auditorium Maximum sein Stück *Korczak und die Kinder* aufführte. Welt-berühmt, übersetzt in viele Sprachen, uraufgeführt von den Vereinigten Bühnen Krefeld-Mönchengladbach 1957, bis heute haltbar und aktuell. Dann saßen wir zusammen 1978 in Warschau im ehemaligen Palais der Radziwiłłs in der Krakowskie Przedmieście, heute Sitz des Ministerrats, dort wo 1955 der Warschauer Vertrag unterzeichnet wurde, Bankett aus Anlaß des 100. Geburtstages von Dr. Janusz Korczak. Im Jüdischen Theater spielte man sein Stück in jiddischer Sprache. Zum ersten Male hatte man Sylvanus nach Polen eingeladen.

Tod, das war Lebensthema von Erwin Sylvanus. Seinen Sarg hatte er im Dachboden des Hauses in Möhnesee-Völlinghausen und mit der Nachbarin der letzten Ruhestätte hatte er zu Lebzeiten Kontakt aufgenommen. Tod, das war das Thema seiner Stücke: Korczak – Jan Palach – Sanssouci...

„Ohne Tod sind die Worte Pathos...“, heißt es im *Jan Palach*. Viele Literaten haben es inzwischen unternommen, Korczak und den Opfergang mit seinen Kindern an den Pforten der Hölle von Treblinka zu präsentieren: die Kulmowa und die Karren, Ryszard Marek Groński und Emmanuel Eydoux. Bleiben wird das Stück von Erwin Sylvanus.

(Undatiertes Manuskript 1985)

Leon Harari zum Gedächtnis

Es muß im Jahre 1937 gewesen sein, im April, kurz vor dem 1. Mai, als Leon Finster (sein Deckname) ins Gelobte Land, nach Łódź geschickt wurde, geschickt und bezahlt von der Polnischen Sozialistischen Partei. Leon Finster war einer der 14 Sekretäre der PPS in Warschau und hatte den Auftrag, die Łódźer Sozialisten zu überzeugen, daß der 1. Mai gemeinsam mit den Kommunisten zu feiern sei. Mit diesem Auftrag also reiste Finster nach Łódź.

Angefangen hatte er seine politische Karriere als Sekretär des Kohlenträgerverbandes in Warschau, Sektion Stare Miasto, Altstadt, dort wo er zu Hause war, am Rynek, in der Gasse „Unter dem steinernen Treppchen". In Janusz Korczaks Kleiner Rundschau hatte er einmal seine Hände „Zum Verkauf" angeboten, Kohlen hatte er aber nicht getragen. Nun stieg er mit Auftrag der „Fortschrittlichen" in den Zug nach Łódź. Und es liest sich so wie bei Schalom Asch 1930:

„... Unsere Genossen werden Sie erwarten...". Was alles durch seinen Kopf ging in den zwei Stunden von Warschau nach Łódź, weiß Leon Finster nach fünfzig Jahren so genau auch nicht mehr. Jedenfalls stieg er in ‚Łódź-Fabryczna'- Station (‚An den Fabriken') aus, unauffällig, doch mit gespielter Lässigkeit. Da kamen auch schon zwei, denen man es ansah, auf Finster zu, ‚Dokumenty ...' Finster zurück: ‚Weisen Sie sich aus...' Zur Legitimation zeigten sie eine Metallmarke unter dem Revers und Finster sagte, er kenne sich da nicht aus, er sei kein Numismatiker.

So viel Humor war zu viel Humor. Auf so viel Schlagfertigkeit folgte Schlagfestigkeit. Fachmännisch nahmen sie ihn beiseite und es hagelte. Zwei Tage setzten sie ihn fest im Revier Kiliriski-Straße, nicht weit von der berühmten Piotrkowska, wo noch heute die Policja sitzt. Dann steckten sie ihn in den Zug, zurück nach Warschau.

Ob die Sozialisten vom Gelobten Land allein den 1. Mai gefeiert haben, das weiß er auch nicht mehr, der Leon Finster, und in der „Weltgeschichte" steht davon nichts.

Eine der vielen Leon-Geschichten, die er uns erzählt hat, eingeleitet mit dem unvergeßlichen Satz: „Hör mal zu, mein Lieber..." Und wir haben ihm zugehört in so vielen Jahren, seinen Geschichten und Witzen, seinen Lebensregeln und Lebenslehren. Er war ein brüderlicher Mensch, der Versöhnung und Freundschaft lebte, der die Hände reichte, gewaltige Hände, die Steine räumen und Bäume pflanzen konnten, auch die Feder führen, original und originell. Der ungelernte Pädagoge war vielen ein Lehrer. Seinen Weg von Warschau nach Eretz Israel hat Karin Friedrich in ihrem Buch Wege ins Gelobte Land, Berlin 1994. ausführlich beschrieben. Vielen Deutschen hat er Wahrheiten gesagt, nicht nur den Korczakianern, an vielen Orten in unserem Land. Er war nicht Herr Harari aus dem Kibbuz Maale Hachamisha, nicht Pan Leon Wolf Glatenberg aus der Warschauer Starówka, er war Leon – unser geliebter Leon.

Was sterblich an ihm, ruhte noch in Budapest, wo ihn auf einer touristischen Reise der Tod ereilte, als ich in Warschau am 28. August 1995, nachmittags, über den Alten Markt in Warschau schlenderte und den Freunden Haus und Gasse von Leons Kindheit und Jugend zeigte...Ein langer Weg nach Palästina, nach Israel, fand in Europa sein Ende... Vergessen kann man den guten Menschen Leon nicht.

Leon in Korczaks Kleiner Rundschau vom 3. Februar 1933:

„Ich suche eine Stelle. Es beginnt ein Rundgang durch die Verlagsgebäude, um die Zeitungen oder besser gesagt die Stellenangebote durchzusehen. Darauf folgt ein weiterer Rundgang durch die Stadt, von Laden zu Laden, von Arbeitsatz zu Arbeitsplatz. Ein kurzer, dünner Mantel, den Kälte und Wind glatt durchdringen. Schuhe mit Löchern, wo das Wasser eintritt, und überall: Wir brauchen niemanden, hier ist nichts frei. Ich glaube, es wäre gut, wenn man diese Wendungen aus dem Wörterbuch der Menschheit löschen würde. Jede Aufschrift, jedes Aushängeschildchen machen mich nervös. Meine Faust ballt sich, will jemanden zerschmettern, aber wen? Eine graue, zugefrorene Weichsel, die nur entlang der Ufer noch offen ist. Ich sitze daneben auf den Steinen. Die Kälte spüre ich nicht mehr. Ich bin in Gedanken versunken. Sitze in tiefem Schweigen. Ich denke nach, über die Armut, die unter den Menschen herrscht, darüber, wie man die Krise abwenden könnte. Leider habe ich weder Wirtschaftswissenschaften noch Soziologie studiert. Aber diejenigen, die es sehr wohl haben, warum hört man nichts von denen? Müde bin ich, kalt ist mir und dann wird es mir wieder ganz heiß. Und stell Dir vor, da sehe ich meine Mutter mit einem ofenwarmen Brot vor mir und meinen Vater mit einem Portemonnaie voll Geld. So ist es gut, jetzt bin ich glücklich... Aber am Tag darauf wieder wie immer ein winziger Bericht unter den täglichen Meldungen: von Kälte, von Hunger... Ich liege im Bett. Die Tage verstreichen. Durch die zugefrorenen Fensterscheiben fallen manchmal blasse Sonnenstrahlen in den Raum und werden von der Wand reflektiert. Obwohl ich noch schwach bin, stehe ich auf und verlasse mein Bett. Ich gehe auf die Straße. Ich möchte es herausschreien, herausbrüllen: Hände zu verkaufen! Die Stimme versagt mir. Niemand braucht Hände, niemand kauft sie......"

(In: Korczak-Bulletin, Spezial 1/1995)

In memoriam Maurice Wajdenfeld

Am 16.7.1995 starb in Rouen Docteur Maurice Wajdenfeld.
Paris. Vor 20 Jahren. Erste Begegnung mit Korczakianern im Exil. Damals u.a. dabei: Dr. Adam Nowominski, Dr. Stanisław Tomkiewicz, Jacques Dodiuk, Clara Malraux, Zofia Romanowicz (*Der Zug durchs Rote Meer*), Zofia Bobowicz-Potocka, Lena Lecalot – und Docteur Wajdenfeld, de la faculte de Medicine de Montpellier, aus Rouen. Maurice hatte keine Probleme mit mir, dem einzigen Deutschen, auf der Reunion zu sprechen. Unkomplizierte Annäherung. Maxime: „Je pardonne, mais je n'oublie pas ...“, ohne zu vergessen, verzeihe ich ..., Anfang der langen Freundschaft. Er kam nach Gießen – „Es ist für mich eine große Ehre, hier in der Justus-Liebig-Universität das Wort zu ergreifen – ", und noch oft kam er in die Universitätsstadt an der Lahn, dann nach Hannover, Oldenburg, nach Stuttgart, nach Sobernheim.
Wir trafen uns in Jerusalem und Warschau, in Moskau und Wien; er hatte immer viel zu erzählen, von Geld und Kunst und seinem ruhelosen Leben. Gelacht haben wir mit ihm. Gelacht haben wir über ihn. Er war original (wie seine Kunstwerke), er war originell, liebenswert meschugge („Zweimal im Monat brechen sie bei mir ein ...“ Einmal haben Sie ihm eine Madonna gestohlen. „Ich habe gebetet: ‚Madonna, komm zurück...' – ‚Zu Dir komme ich nicht, Du bist ein Jud' ...“)
Maurice hatte Korczaks *König Macius* ins Französische übersetzt, viel Kraft und Geld für die Bekanntmachung Korczaks investiert, unterstützt von seiner geliebten Frau Marguerite, der er Rettung verdankte, als Deutsche nach ihm griffen ...

(In: Korczak-Bulletin, Spezial 1/1995)

Haltestellen

Für Friedhelm

Nach Warschau...
Durch Warschau ziehn...
Leg das rote Buch von Baedecker aus der Hand,
Die bunten Blätter mit Sternchen, was sehenswert,
Such die Haltestellen andrer Art.
Geh zum Cicerone Janusz –
Treffpunkt bei den Spatzen im Saska –
Dem Mann,
Der Warschau war,
Dem Mann,
Der Warschau ist.
Laß Dich geleiten,
Begleiten,
Auch „führen wohin Du nicht willst“ –
Zu Haltestellen,
Anlegestellen,
Wartestellen –
Nicht nach Prospekt...
A Mensch,
Ein trauriger Bruder,
Ein Tränensammler,
Ein alter Doktor,
Der „Alte Doktor“,
Der Warschau war,
Der Warschau ist,
Erzählt Dir alles:
Geschichte,
Geschichten,
Alles, alles...
Eine schöne Reise?

(In: Janusz Korczak in Theorie und Praxis, 2004)

Für Eugeniusz Zegadło

Es ist anders gekommen als bei der polnischen Poetin Wisława Szymborska,
die in Ihrem Gedicht *Autorenabend* sagt:
„Zwölf Zuhörer sind im Saal,
es ist Zeit zu beginnen.
Die Hälfte ist da, weil es regnet,
der Rest sind Verwandte...“
Es ist wirklich anders gekommen, wie wir erfreut feststellen – es war ja auch so zu erwarten, denn zu Lob und Ruhm polnischer Volkskunst ist auch hierzulande schon viel gesagt und geschrieben worden, auch zum Lob und Ruhm des Künstlers Eugeniusz Zegadło, den ich herzlich grüße.
Polen offenbart sich – mehr als andere in Europa – rein und ursprünglich in einer traditionsreichen, vielseitigen Volkskunst. Sie ist Sprache ausgeprägter Individualität und eröffnet faszinierende Einblicke in die Seele des Nachbarn. Die Kunst der „einfachen Leute“, der Arbeiter, der Bauern im Ausdruck von Naivität und Sentimentalität, frei von Uniformität und Perfektion, hat nach dem Zweiten Weltkrieg alte polnische Tradition weitergeführt und damit einen bewundernswerten Beitrag zur nationalen Identität geleistet. Museen der Volkskunst, private ethnographische Sammlungen, nationale Wettbewerbe und Jahrmärkte haben der primitivistischen Kunst mit sakraler, historischer, legendärer, dörflichen Thematik zu viel Popularität verholfen. Alle Regionen des Landes haben in der Töpferei und Weberei, in der Schmiedekunst, in der Malerei – am erfolgreichsten in der Holzbildhauerei – Eigenart und Einzigartigkeit entwickelt. Holz und Stein und Kohle und das Salz der Erde verwandelten sich unter ungelenken und unverschulten Händen zu Gestalten aus tief in der Seele ruhenden Schätzen. Die Naiven, die Primitivsten, die „Maler des siebenten Tages“, die „Ungeschulten“ und „Unverschulten“, die „Unverdorbenen“, haben sichtbar gemacht, was ich nennen möchte: „Viel Himmel, viel Erde“.
Polnische Väter, die erst im Alter mit Pinsel und Schnitzereien begannen, wurden von den Söhnen und Töchtern eingeholt. Ihre „Christusse im Elend“, die „Erbärmebilder“, die Madonnen und

Heiligen, die Schutzpatronen von Gemeinden und Berufen, die Helden und Märtyrer polnischer Geschichte, die leidende Kreatur – auch die Fratzen des Dämonischen und Diabolischen – sind Stimmen aus den Tiefen der Seele.
Im Leitartikel der ersten Nummer der Krakauer Literaturzeitschrift *Leben* (*Życie*) schrieb Stanisław Przybyszewski im Jahre 1899: „Kunst ist Nachgestaltung des Lebens der Seele in all ihren Äußerungen, unabhängig davon, ob sie gut oder schlecht, hässlich oder schön sind..." Wie diese Ästhetik des Jungen Polen der Jahrhundertwende „Kunst" begriff, ist in den Primivisten und ihren Werken gegenwärtig.
Unter den 300 im *Atlas der Volkskunst und Folklore in Polen*, Warszawa 1980, von Marian Pokropek genannten Künstlern ragt der Name Zegadło heraus – Vater Adam und seine Söhne Eugeniusz und Henryk aus Krzyżka, Wojewodschaft Kielce. Verwurzelt in der bäuerlichen und religiösen Welt der Góry Swiętokrzyskie, des Heilig-Kreuz-Gebirges, schuf Eugeniusz keine glatten Devotionalien, keine „kanonisierte Kosmetik" (Jan Twardowski), keine schönen Dekorationen, keine Andenken, sondern Zeugnisse „erstmaliger Verwunderung", wie mein Freund, der Priester-Poet Jan Twardowski aus dem stillen Hinterhof in der Warschauer Krakowskie Przedmieście, neben der Kirche der Visitantinnen, sagen würde. Auf seine Weise voll von viel Himmel und viel Erde, schrieb Janek Twardowski einmal Zeilen, die ich auch der Poesie polnischer Holzschnitzer zuspreche:

> „Unbewußt mit wunderbarer Hässlichkeit...
> Brauen, die vor Ergriffenheit unsymmetrisch geraten,
> einen Mund von Ohr zu Ohr,
> und fieberrote Backen
> und kugelrunde Tränen
> gleich einer altmodischen Brille..."

Ich wünsche Ihnen, Eugeniusz Zegadło, einen guten Aufenthalt in Frankfurt, auch ungestörtes Arbeiten in ihrer „Warsztat nad menem", gute Werkstattgespräche und letztlich – erstlich: viele Besucher.
Möge diese Exposition auch Freunde für Polen gewinnen...

(Vortrag 1985)

Der Korczak-Schnitzer aus Ciechanowiec

Jan, mein Freund Markowski, wartete schon auf dem Platz Johannes Paul II., diesmal in einer zivil gestutzten Uniformjacke der polnischen Luftwaffe. Umarmung und Küsse. Unverändert, seit ich ihn kenne: hager, zerbrechlich. Die sechs Jahre Sibirien, wohin sie ihn am Schluß des Krieges verbannt hatten, weil er der Armia Krajowa, der nicht-kommunistischen Landesarmee angehört hatte, sind nicht spurlos geblieben. Mit den Zähnen hat Jan so seine Schwierigkeiten; wenn er genüßlich an der Zigarette zieht, fallen die Wangen noch mehr ein. Hinter der Hornbrille stecken pfiffige Augen. Die Hände haben sich umgestellt vom Hammer des Schmieds auf das Schnitzeisen des Künstlers. Jan ist vor dreißig Jahren vom Hufbeschlag und vom Armboß zum Holz gekommen. Und was er so macht, und wie er das macht, und warum er das macht, noch jetzt mit 79 auf dem Buckel, darüber hat Alicja Mironiuk an der Warschauer Universität eine Magisterarbeit geschrieben.

Die Schwiegertochter hat den polnischen Tisch reich gedeckt in der guten Stube des Holzhauses im Stil von Mazowsze-Podlasie. Wir verschlingen die bäuerlichen Köstlichkeiten. Jan erzählt derweil ein bißchen aus 79 Jahren: daß er aus dem Dorf „Nur" stammt, nicht weit von der Mündung des Nurzec in den Bug, nach Ciechanowiec, nahe bei Treblinka, geheiratet habe, als junger Trompeter in der Militärmusik dem Marschall Piłsudski ein Geburtstagsständchen blies, anschließend mit dem Kapellmeister vorgestellt und beschenkt wurde, daß er sich an Janusz Korczak erinnert, der nicht weit von „Nur" in den zwanziger Jahren mit den Kindern des Warschauer Waisenhauses die Sommerferien verbrachte, er könne uns noch die Wiese zeigen. Jan lebt in Erinnerungen.

Endlich nimmt er uns mit in sein Altenteil, in die Stube mit seinem Bett und den Borden ringsum, dicht bestückt mit seiner Kunst. Da stehen sie, die Hölzernen, über die wir den Meister Jan vor Jahren kennen gelernt haben. Unfrisierte Schönheit aus der Welt des Heiligen und der Heiligen, aus der Welt des Irdischen und der Irdischen: der „Chrystus Frasobliwy", der „Christus im Elend", der „Christus auf der Rast", die Madonna, Bruder Franz, Petrus, Sebastian, Christophorus; daneben, dahinter Generäle und Kardinäle, Figuren der polnischen Geschichte bis

Wojciech Jaruzelski und Lech Wałęsa. Für einen General mit der dunklen Brille gab im polnischen Krieg 1981 ein Amerikaner unserem Freund Markowski 5 Dollar. Dominierend aber in Jans Schlafkammer und Museum ist der polnische Papst, Karol Wojtyła: segnend, kniend, die Erde küssend... und: Janusz Korczak, umringt von Kindern, die Kinder schützend vor einem Soldat mit Pistole... Über 20 Versionen hat Jan für seine Freunde geschnitzt. Die Skulpturen stehen in Gießen und Ibbenbüren, in Oldenburg, Berlin und Wuppertal, in Gütersloh, München und Wien.
Die wahre Schatzkammer des Jan Markowski ist der ausgediente Schweinestall. Hier hat Jan sein Holz gestapelt, und die großen Pappkartons sind voll von seiner Kunst, eingewickelt in alte Zeitungen. Wir rollen die Schnitzwerke aus, stellen sie auf alte Bretter und Balken und Kisten, da kommt Leben in den Verschlag und vor die klapprige Holztür. Auf einmal steht das ganze Ensemble aus dem weltberühmten Werk des Nationaldichters Adam Mickiewicz *Pan Tadeusz* zwischen unseren Beinen: der Herr Thaddäus Soplica, Telimena, Zosia, der Mönch Robak, der Jude Jankiel. Illustration für eine Prachtausgabe des *Pan Tadesz*, Szenario für einen poetischen Film zu den Versen des Dichters.
Es war schwer, von Jans poetischer Holzwelt Abschied zu nehmen, aber der Meister wollte mit uns unbedingt noch in das Museum der Landwirtschaft. Im gepflegten Herrenhaus wartete der Direktor schon lange, Jan hatte ihn bestellt. Nun sollten wir noch eine unvergeßliche Präsentation der polnischen Naiven erleben. Aus der berühmten Sammlung polnischer Volkskunst des Deutschen Ludwig Zimmerer sind hier die schönsten Stücke mit religiösen Motiven ausgestellt. Und siehe noch einmal begegnen wir unserem Freund Markowski: „Moja Rzeźba", „Mein Schnitzwerk", wiederholt der alte Jan; und noch mehr stolz sind wir, diesen Jan zum Freund zu haben.

(In: Korczak-Bulletin, 2/1994)

Franz von Ciechanowiec

Unterwegs mit einer Heiligenfigur

Meister Jan saß schon zwei Stunden vor unserer Verabredung in den Lederpolstern des Hotels in Warschau. Drei Schritte entfernt, in zwei Zuckersäcken verkordelt, stand etwas Figürliches. Die Aufmachung passte besser in einen Bahnhof mit Zügen in die tiefste Provinz als in die Halle eines Nobelhotels. Da stand nun eingehüllt, was lange erwartet: Franz von Assisi, aus Holz geschnitten von Jan Markowski aus Ciechanowiec, Schmied von Beruf, 77 Jahre alt. Vier Stunden war Jan mit diesem Sperrgut per Bus nach Warschau gereist, um meinen Wunsch zu erfüllen. Nur den Kopf des Heiligen haben wir im Hotel freigelegt, die schönen Zutaten, Kutte und Strick, Blumen, Körnersack blieben eingepackt.
Mit Franz von Ciechanowiec fahre ich nach Łódź, nun in der ersten Klasse. Dem jungen Polen sage ich vorsorglich, was er mir da in den Zug heben hilft. Vorbei zieht die satte Erntelandschaft, wo die Garben noch handgebunden zu Pyramiden gestellt stehen. Mein „Nachdenken über F." findet die schönsten Bilder und Beziehungen. Ich denke an den Sonnengesang des stummen Mitreisenden: „Gepriesen seist Du, mein Herr, durch unsere Schwester Mutter Erde, die hilft uns regieren und nähren, und schenkt uns vielerlei Früchte, Buntblumen und Kräuter und Ähren..." Mir kommt ins Gedächtnis, was Mirkin in Schalom Aschs Roman auf seiner Reise von Warschau nach Łódź vom Eisenbahnfenster aus sagt: „Slawische Erde, der Boden für Karoffeln, Kraut, Rüben und für das gewöhnliche Brot der Menschen..." Mir fällt Lyrisches von Freund Jan Twardowski ein, der so viele Fragen an den heiligen Franz, den „Patron der Zoologen und Ornithologen" hatte: „Warum schackert die Wacholderdrossel", „Warum kerbelt die Schwalbe..." Ich sehe auch die Franziskaner vom Frauenberg in Fulda, die in meiner Kindheit noch am Bahnhofsschalter auf den Spender einer Fahrkarte warteten. Jetzt ist Bruder Franz mein Reisebegleiter und mein Reisegepäck. Ein paar Tage steht er dann entblößt im achten Stock, mitten im *Gelobten Land* Łódź, im Heim von Brygida und Staś; wenn wir sitzen, haben wir seine Größe, er ist mitten in der Freundesrunde, sprachlos sprechend.
Nun hat er auch die Reise nach Gießen überstanden. Zwischenstation in unserem Haus, bald soll er seinen Platz in der Kirche des Heiligen-

Kollegen Thomas Morus haben. Polnisch steht auf dem weißen Sockel in roter Schrift: „Św. Franciszek z Assyżu“, dazu deutsch und polnisch: „Bewahret die Schöpfung.“

Vielleicht nimmt ihn die Gemeinde an, vielleicht nimmt sie ihn auf. Eindringlich genug bettelt er ja. Jetzt müssen wir ihm aber noch das zarte „Blümlein“ der deutsch-polnischen Freundschaft anvertrauen, dreisprachig natürlich:
Heiliger Franziskus, bitte für uns –
Święty Franciszku módl się za nami –
Sancte Francisce, ora pro nobis.

(In: Christ in der Gegenwart, 35/1991)

Quellennachweis

1. Janusz Korczak. (Gedicht) In: Arnoldhainer Texte – Bd. 28. Frankfurt a. M. 1981.
2. Janusz Korczak. (Vortrag) Korczak-Symposium Wien 23. 4. 1992.
3. Ich bin Warschau. In: Christ in der Gegenwart. Freiburg 28/2003.
4. Im Sächsischen Garten. In: Christ in der Gegenwart. Freiburg 22/2002.
5. Mein Heiliger Janek. In: Christ in der Gegenwart. Freiburg 7/1995.
6. Annäherung an Korczak. In: Schweizer Schule. Zug 14/1984.
7. Die Straße, das Haus und die Erben. In: Heilpädagogik. Wien 2/1992. Und in: Erziehung und Unterricht. Wien 4/1992.
8. Der koffer von k. (Gedicht) In: Steiger, S. (Hrg.): Korczaks Koffer. Günzburg 1999.
9. Alte Neuigkeiten zu Korczak und dem Umfeld. In: Pädagogische Rundschau. Frankfurt 6/1988.
10. Wehigadeta lewincha. Erzähle deinem Sohn. (Undatiertes Manuskript 1992.)
11. Frühe Tage, letzte Tage. In: Christ in der Gegenwart. Freiburg 30/1992.
12. Amal und die Kinder des Ghettos. In: Christ in der Gegenwart. Freiburg 22/1985.
13. Korcczak: Humoresken, Satiren, Albernes Zeug. In: Sämtliche Werke. Bd. 2. Gütersloh 2002.
14. Korczak: Geschichten und Erzählungen. Betrachtungen. Die Schweizreise. In: Sämtliche Werke. Bd. 6. Gütersloh 2000.
15. Korczak und seine „Kinderrepublik“. (Undatiertes Manuskript.)
16. Korczak und die „Kleinen Rundschau“. In: Sämtliche Werke. Bd. 14. Gütersloh 2005.
17. Korczak, der Arzt. (Vortrag, Gießen 4. 6. 1983.)
18. Korczak und die Sozialpädiatrie. (Vortrag, Kraków 29.1.1975.)
19. Korczak als Friseur. (Vortrag, Gießen 1999 ?)
20. Korczak – die andere Sprache in der Erziehung. (Vortrag, Intern. Korczak-Symposium Genf 18. / 19. 2. 1981.) In: Unsere Jugend. München 1982, Heft 7.
21. Notiz. (Undatierte Notiz.)
22. Religiöse Elemente im Leben und Werk Janusz Korczaks. In: Vierteljahresschrift für wissenschaftliche Pädagogik. Münster 4/1972.

23. Reminiszenzen – Schicksalserinnerungen. Einleitung zu: Janusz Korczak oder die Sache des Kindes. (Manuskript 1974.)
24. Friedhof in Warschau. In: Illustrierte Neue Welt. Wien April 1993.
25. „Unter dem Adler" – Im Ghetto von Krakau. (Undatiertes Manuskript.)
26. „Münzen in meiner Hand". Lodzer Ghettogeld. (Undatiertes Manuskript, 1992 ?)
27. Der Kampf um die Würde. Vor 50 Jahren: Aufstand des Warschauer Ghettos. Korczak-Bulletin. Gießen / Wuppertal 1/1993.
28. Dieser 5. August. In: Christ in der Gegenwart. Freiburg 31/2002.
29. Korczaks Nachruhm. In: Christ in der Gegenwart. Freiburg 37/1982.
30. Mein Buch des Jahres. Arabisch-hebräisches Korczak-Lesebuch. In: Christ in der Gegenwart. Freiburg 60/1991.
31. Über Janusz Korczak und Polen. (Vortrag, Universität Łódź 4. 11. 1993.)
32. Polen unser Nachbar. Wege zu verstehen und Verständnis. (Vortrag, Seligenstadt 7. 9. 1999.)
33. „1. Mai 2004" (Gedicht, nicht nur den polnischen Freunden gewidmet.)
34. Korczak, Deutschland und die Deutschen. In: Kunz, L. (Hrg.): Einführung in die Korczak-Pädagogik. Weilheim und Basel, 1994.
35. Hoffnung wider alle Hoffnung. Vorwort zu: Korczak, Janusz: Die Menschen sind gut. Gießen 1990.
36. Wie ich zu Korczak fand. (Undatiertes Manuskript.)
37. Dankrede anlässlich der Verleihung der „Hedwig-Burgheim-Medaille". In: Sonderdruck des Magistrats der Stadt Gießen aus dem Jahre 1987.
38. Igor Newerly (1903 – 1987) zum Gedenken. In: Korczak-Bulletin 1/2003.
39. Laudatio für Shimon Sachs. In: E. D. / Hampel, A. (Hrg.): Preis der Deutschen Korczak-Gesellschaft 1980, Zwei Reden – Eine Erinnerung. Gießen 1980.
40. Erzählte Theologie. Jan Twardowski zum 70. Geburtstag. In: Christ in der Gegenwart. Freiburg 22/ 1986.
41. Wanderer. (Gedicht) In: Christ in der Gegenwart. Freiburg 12/2001.

42. Asperges me. (Gedicht) In: Christ in der Gegenwart. Freiburg 50/2002.
43. Ein Arzt in Krakau. In: Christ in der Gegenwart. Freiburg 37/1984.
44. Josef Ströder: Arzt und Erzieher im Geiste Janusz Korczaks. (Vortrag, Gießen 4. 6. 1983.)
45. Ein deutscher Arzt mit Gewissen. (Rezension) In: Christ in der Gegenwart. Freiburg 17. 3. 1985.
46. Er hat die Tür geöffnet. Erinnerung an Stanisław Rogalski, In: Korczak-Bulletin. Gießen /Wuppertal 2/1996.
47. Brief aus Gießen nach London via Krakau. Für R. Scharf. In: Korczak-Bulletin, Gießen /Wuppertal 1/1999.
48. Abschied von Felek Scharf. In: Korczak-Bulletin 2/2003.
49. Der Sämann. Für Karl Dedecius zum 75. In: Korczak-Bulletin. Gießen/Wuppertal 2/1996.
50. Zum Tode von Erwin Sylvanus. (Undatiertes Manuskript 1985.)
51. Nachruf auf Leon Harari. In: Korczak-Bulletin. Gießen/Wuppertal, Spezial 1/1995.
52. Nachruf auf Maurice Waijdenfeld . In: Korczak-Bulletin. Gießen/Wuppertal, Spezial 1/1995.
53. Haltestellen (Gedicht) In: Ungermann, S. / Brendler, K. (Hrg.): Janusz Korczak in Theorie und Praxis. Bd. II. Wuppertal 2004.
54. Für Eugeniusz Zegadło. In: Dialog mit Polen. Halbjahresschrift 5/1980.
55. Der Korczak-Schnitzer aus Ciechanwicz In: Korczak-Bulletin. Gießen/Wuppertal 2/1994.
56. Franz von Ciechanowicz. Unterwegs mit einer Heiligenfigur. In: Christ in der Gegenwart. Freiburg 35/1991.

Erich Dauzenroth

Biographische Skizze

Erich Dauzenroth wurde am 5. März 1931 als Sohn einer Handwerkerfamilie in Fulda geboren. Dort verbrachte er eine sorgenfreie und schöne Kindheit, besuchte dann allerdings schon unter Kriegsbedingungen die Volksschule sowie das Gymnasium und studierte nach dem Abitur am Pädagogischen Institut Jugenheim (Darmstadt) und an der Johann Wolfgang von Goethe-Universität in Frankfurt Pädagogik, Philosophie und Geschichte. Nach glänzend bestandenen Staatsprüfungen (das Referendariat absolvierte er im Volksschuldienst in Künzell) übernahm er eine Assistentenstelle am Pädagogischen Institut. Dort lernte er seine künftige Frau, die Grundschulpädagogin Johanna Vonderau kennen. Der glücklichen Ehe entstammen eine Tochter und zwei Söhne (auch sie mit ausgesprochen pädagogischen Neigungen).

Nach Auflösung des Pädagogischen Instituts in Jugenheim folgte Erich Dauzenroth seinem Lehrer Friedrich Trost an die Universität Frankfurt und promovierte mit einer Arbeit über den *Pädagogischen Realismus Michael Sailers* zum Doktor der Philosophie. Die sich anschließenden wissenschaftlichen Publikationen galten den Grundlagen der Pädagogik im Allgemeinen sowie Fragen der Mädchen- und Frauenbildung im Speziellen. Als Dozent wechselte er dann an die „Hochschule für Erziehung“ in Gießen. 1972 wurde er zum Professor der Erziehungswissenschaften an der Justus Liebig–Universität Gießen ernannt. Von 1987 – 1989 war er deren Vizepräsident. Über viele Jahre hin leistete er durch den Ausbau der Partnerschaft mit der Universität Lodz deutsch-polnische Verständigungs- und Versöhnungsarbeit. (Dem Titel nach als „Beauftragter“, der „Sache nach“ als „inspirator“ und „curator“.) Aufgrund seiner langjährigen Erfahrung war er nach der „Wiedervereinigung“ Deutschlands auch Mitglied in der Hochschulstrukturkommision für das Bundesland Thüringen und Vorsitzender der Berufungskommision „Erziehungswissenschaft“ für die Friedrich Schiller-Universität Jena und die Pädagogische Hochschule Erfurt.

Über all die Jahre hin durften seine Kollegen, Assistenten und vor allem seine Studentinnen und Studenten Erich Dauzenroth stets als einen freien Kopf mit offenem Herzen, als einen „Lehrer des Ganzen“ erleben. Die langjährige Beschäftigung mit dem Theologen und Poeten Michael Sailer (1750 – 1832) prägten nicht nur seine klare Sprache, sondern auch sein Denken. Zeitlebens widersetzte er sich in Wort und Tat den: „Johanniswürmchen der gespaltenen Vernunftsideen“, der „Hyperorthodoxie“, der „Hyperphilosophie“ und stritt mit den „Buchstabenleuten“, den „Gelehrten ohne Licht“. (Eben dieses Programm wird Erich Dauzenroth wenig später im Kampf Janusz Korczaks gegen die „Kasten der Autorität“, die „Buchgelehrten“ wieder finden.)

Aus einem Besuch von zwei Gießener Dozenten (E.D. und Fritz Seidenfaden) im Baseler Institut für Lehrerbildung bei Hans-Peter Müller im Jahre 1967 entwickelte sich als ein Grenzen überschreitendes pädagogisches Fachgespräch: das „Internationale Kolloquium“, dem Hochschullehrer aus 15 Ländern angehörten. Dieses „Internationale Kolloquium“ traf sich zu seinem XXXV. Kolloquium 2003 auf Schoß Rauischholzhausen.

Dem jüdisch-polnischen Schriftsteller, Kinderarzt und Pädagogen Janusz Korczak begegnete Erich Dauzenroth erstmals im Anschluß an die Uraufführung des Theaterstücks *Korczak und die Kinder* von Erwin Sylvanus am 1. November 1957. Er schreibt später über diese Begegnung mit Korczak: „Nach Warschau, nach Polen waren die Spuren zugeweht in den sechziger Jahren; Korczak noch nicht heimgeholt, schon wieder vertrieben. (...) Der polnische Korczak-Mitarbeiter und Pädagoge Stanisław Rogalski öffnete mir und den Freunden 1969 einen Spalt in der Tür, die sich dann immer weiter öffnete, die mich einließ nach Polen. Standen am Anfang die Neugier an einer dramatischen Biographie, das Interesse an einer literarischen Hinterlassenschaft, an einer erzieherischen Botschaft, traten dann immer mehr die Menschen in meinen Umkreis, Menschen, die unter Korczaks Schirm und Schutz Kind sein durften, Menschen die den ‚Alten Doktor‘ gekannt, bewundert und geliebt hatten, ihm ihre Lebensorientierung verdankten. Posthum stiftete Korczak durch sie Begegnungen, Verständigung, Freundschaft in einem schwierigen Beziehungsgeflecht: Deutsche – Polen – Juden. (…) Das internationale Versöhnungswerk, das Menschen guten Willens heute weltweit vereint, bedeutet unendlich mehr als die Eroberung Korczaks durch die Wissenschaft (an der ich mich auch beteiligt habe).“

Wissenschaftlich hat sich Erich Dauzenroth zunächst durch die Herausgabe / Mitherausgabe wichtiger Einzelwerke von Korczak einen Namen gemacht. Die Liste der Einzel-Veröffentlichungen umfasst mehr als 150 Einzeltitel. Grundlage für die weitere Forschung war die fraglos mühsame Erstellung der dreibändigen Bibliographie (gemeinsam mit A. Lewin und F. Beiner) 1985 – 1988. Gekrönt wurde all dies schließlich durch die Edition der 15 bändigen Ausgabe *Janusz Korczak: Sämtliche Werke* im Gütersloher Verlagshaus 1996 – 2006.
Als wichtige Daten für die Entdeckung Janusz Korczaks seien genannt: die gemeinsam mit Adolf Hampel initiierte Verleihung des (posthumen) Friedenspreises des Deutschen Buchhandels an Janusz Korczak 1972 und die Herausgabe eines Sonderpostzeichens zum 100. Geburtstags von Korczak.
1973 war Erich Dauzenroth Mitbegründer der Internationalen Korczak-Gesellschaft.
1977 folgte die Gründung der Deutschen Korczak-Gesellschaft, deren 1. Vorsitzender , später Ehrenvorsitzender er über Jahrzehnte war.
Aus der Fülle der Korczak-Kongresse seien genannt: die Internationalen Korczak-Symposien 1973 und 1982 in Gießen bzw. Süddeutschland, die Symposien 1978 in Warschau und Tel Aviv, die Internationalen Treffen 1985 in Lodz und Israel und 1992 in Warschau und Moskau.
Erwähnt seien auch die vielen Vorträge in nahezu allen Städten Deutschlands, aber auch in Basel, Zürich, Genf, Wien, Montecastello, Warschau, Krakau, Lodz, Lublin, Leuven, Paris, Tel Aviv und Shafaim;
Im (äußerst strengen) Winter 1981/82 schaffte die junge Deutsche Korczak-Gesellschaft im Rahmen einer großen Spendenaktion mehr als 10 Tonnen Hilfsgüter nach Polen.
Auf mehr als 100 (!) Polen-Reisen und 5 Israel-Reisen warb Erich Dauzenroth unermüdlich für „die Sache“ des „Alten Doktor aus der Krochmalna“. Der Freundeskreis wuchs kontinuierlich, das gastliche „Haus Eichdorffring in Gießen“ war der zentrale Treff- und Mittelpunkt für all diese Aktivitäten über viele Jahre hinweg. Dabei wußte sich Erich Dauzenroth von seiner Familie nicht nur unterstützt, sondern auch getragen. Er brachte das einmal so zum Ausdruck: „Daß meine Frau und meine drei erwachsenen Kinder ein unruhiges, ein abenteuerliches Leben mit mir teilten, ist des Glückes wahrhaft viel.“ Alle Freundinnen und Freunde wußten all dies stets zu schätzen – und zu genießen.

Auch die Öffentlichkeit würdigte das enorme Engagement Erich Dauzenroths, insbesondere seine schier „unerschöpfliche“ Verständigungs- und Versöhnungsarbeit im „brennenden Dreieck“ (H. Wermus): Polen-Deutschland-Israel. So erhielt er u.a. das „Bundesverdienstkreuz am Bande“, die „Hedwig Burgheim Medaille des Magistrats der Stadt Gießen“, die Medaille der Universität Lodz, die Ehrennadel der Stadt Lodz und natürlich diverse Korczak-Medaillen. Als eine besondere Auszeichnung empfand er die persönliche Einladung des damaligen Bundespräsidenten Richard von Weizsäcker, ihn auf der Polen-Reise, insbesondere auf dem Weg nach Treblinka zu begleiten.
Aus diesem erfüllten Leben wurde Erich Dauzenroth am 23. Juli 2004 durch eine kurze Krankheit gerissen, für alle unerwartet und noch immer unfaßbar.
Aus zwei „Nachrufen“ von Freunden der „ersten Stunden“ sei abschließend zitiert:
„Erich Dauzenroth bleibt dankbar in Erinnerung als ‚der gute Mensch aus Gießen‘, als ein unermüdlicher Anwalt für die ‚Erscheinung‘ und Wiederbelebung Korczaks. Mit dem Buchtitel ‚Ein Leben für Kinder‘ hat er Korczaks Dasein einprägsam charakterisiert. Dauzenroths Wirken war im besten Sinne ‚Ein Leben für Korczak‘. (Leonhard Jost, Schweiz)“
„Er war ein Mensch mit reichem Geist und Intellekt, ein Experte für die geistige und pädagogische Hinterlassenschaft Korczaks, ein strahlender Redner und treuer Freund voller Humor. Bescheidenheit und Einfachheit, Ehrlichkeit und Kameradschaft lagen in seiner Natur. (Aline Dereere, Belgien)“

Michael Kirchner